후설 현상학에서의
직관 이론

Théorie de l'intuition dans la phénoménologie de Husserl

에마뉘엘 레비나스 Emmanuel Levinas, 1906~1995 | 리투아니아의 유태인 가정에서 태어났다. 1923년 프랑스로 유학해 스트라스부르 대학에서 수학했고, 1928~1929년 독일 프라이부르크 대학에서 후설과 하이데거로부터 현상학을 배운 뒤, 1930년 스트라스부르 대학에서 『후설 현상학에서의 직관 이론』으로 박사 학위를 받았다. 1939년 프랑스 군인으로 2차 대전에 참전했다가 포로가 되어 종전과 함께 풀려났다. 1945년부터 파리의 유대인 학교 교장으로 일했다. 이 무렵의 저작으로 『시간과 타자』(1947), 『존재에서 존재자로』(1947), 『후설과 하이데거와 함께 존재를 찾아서』(1949) 등이 있다. 1961년 『전체성과 무한』 이후 독자성을 지닌 철학자로 명성을 얻기 시작했고, 1974년 두 번째 주저 『존재와 달리 또는 존재성을 넘어』가 출판되었다. 다른 중요한 저작들로는 『어려운 자유』(1963), 『관념에 오는 신에 대하여』(1982), 『주체 바깥』(1987), 『우리 사이』(1991) 등이 있다.

옮긴이 김동규 | 총신대학교에서 신학을 공부하고, 서강대학교 대학원 철학과에서 폴 리쾨르 연구로 석사 학위를, 마리옹과 리쾨르의 주체 물음에 관한 연구로 철학박사학위를 받았다. 또한 벨기에 루뱅대학교 신학&종교학과에서 마리옹의 계시 현상에 관한 연구로 석사 학위를 받았다. 옮긴 책으로는 피에르 테브나즈의 『현상학이란 무엇인가』, 에마뉘엘 레비나스의 『탈출에 관해서』, 『윤리와 무한』, 장-뤽 마리옹의 『과잉에 관하여』, 리처드 카니의 『재신론』 등이 있다. 저서로는 『미술은 철학의 눈이다』(공저), 『우리 시대의 그리스도교 사상가들』(공저), 『선물과 신비』가 있고, 이 외 다수의 연구 논문이 있다. 현재 서강대학교 생명문화연구소 연구교수, 인문학&신학연구소 에라스무스의 운영위원으로 일하고 있으며, 암스테르담 자유대학교 종교&신학과 박사 과정에서 현대 유럽 대륙철학과 종교철학, 종교 간 대화 문제 등을 연구하고 있다.

Emmanuel Levinas

La théorie de l'intuition dans la phénoménologie de Husserl

Copyright © Librairie Philosophique J. Vrin, Paris, 1930; 2001
http://www.vrin.fr

All Rights Reserved

Korean translation copyright © 2014 by Greenbee Publishing Company

This translation of **Théorie de l'intuition dans la phénoménologie de Husserl** is published by arragement with J. Vrin through Milkwood Agency

후설 현상학에서의 직관 이론

초판1쇄 2014년 4월 30일 | 초판2쇄 2021년 12월 20일

지은이 에마뉘엘 레비나스 | **옮긴이** 김동규 | **펴낸이** 유재건 | **펴낸곳** 그린비
주소 서울시 마포구 와우산로 180, 4층 | **대표전화** 02-702-2717 | **팩스** 02-703-0272
홈페이지 www.greenbee.co.kr | **원고투고 및 문의** editor@greenbee.co.kr

주간 임유진 | **편집** 홍민기, 신효섭, 구세주, 송예진 | **디자인** 권희원, 이은솔 | **마케팅** 유하나, 육소연
물류유통 유재영, 한동훈 | **경영관리** 유수진

ISBN 978-89-7682-416-5 94160   978-89-7682-405-9(세트)

레비나스 선집 2
Emmanuel Levinas

후설 현상학에서의
직관 이론

에마뉘엘 레비나스 지음 | 김동규 옮김

Théorie de l'intuition dans la phénoménologie de Husserl

응B
그린비

앙리 카르트롱을
기억하며

---

† [옮긴이] 앙리 카르트롱(Henri Carteron, 1891~1929)은 레비나스가 공부하던 시절의 스트라스부르그 대학교에서 철학을 가르쳤다. 주로 고대 철학을 가르쳤으며, 레비나스는 그를 깊이 존경했다. 그의 후임자는 마르샬 게루(Martial Gueroult)다.

옮긴이의 말

이 책은 에마뉘엘 레비나스의 『후설 현상학에서의 직관 이론』(*Théorie de l'intuition dans la phénoménologie de Husserl*, Paris : J. Vrin, 1984, Vᵉ)을 번역한 것이다. 번역을 하면서 참조한 또 다른 번역본은 *The Theory of Intuition in Husserl's Phenomenology*(trans. André Orianne, Evanston : Northwester University Press, 1973; 1975)다. 영어 번역본은 의미를 더 분명하게 파악하는 데 도움이 되었다. 각주 형식이 요즘 학술 서적에서 사용하는 형식을 따르고 있다는 점도 유익했다. 다만 지나친 의역 탓에 원저의 의미를 훼손하는 부분도 있었다. 나는 기본적으로 프랑스어의 의미를 충실하게 번역해 내려고 했다. 또한 후설의 저작이 매우 다채롭게 인용되어 있기 때문에, 필요한 경우에는 마르티누스 네이호프Martinus Nijhoff의 후설 전집 중 인용된 것들을 찾아 대조해 보았다. 아울러 춘천교대 이종훈 선생님이 번역하신 우리말 후설 저작(『순수현상학과 현상학적 철학의 이념들 1』, 이종훈 옮김, 한길사, 2009; 『엄밀한 학문으로서의 철학』, 이종훈 옮김, 지만지, 2008)도 레비나스의 후설 저작 인용 대목을 번역할 때 많이 참조했다. 한 번도 마주한 적은 없지만 귀한 후설의 책들을 번역해 주신 이종훈 선생님께 이 지면을 빌려 감사드린다. 따로 우리말 번역서의 면수를 표기하지는 않았지만, 본서에 『순수현상학과 현상학적 철학의 이념들 1』이 인용되었을 경우, 각주마다 해당 절(§)이 모두 표기되어 있고, 『엄밀한 학문으로서의 철학』이 인용되었을 경우에는 이 책의 우리말 번역본에 독일어 원전의 면수가 병기되어 있으므로, (적어도 이 두 저서에 대해서는) 독자들이 필요할 때마다 레비나스가 인용한 후설 원문과 우리말 번역을 쉽게 찾아 비교해 볼 수 있을 것이다.

원래 이 책은 레비나스의 박사 학위 논문으로 1930년에 알캉^Alcan 이란 출판사를 통해 출간되었다. 이후 브랭^J. Vrin에서 판권을 가져간 다음 상당 기간 출간되다가 현재는 그 판권이 레비나스 전집을 기획하는 그라쎄^Grasset로 넘어간 상태다. 아직 그라쎄에서는 이 책이 출간되지 않은 관계로, 내가 가지고 있는 브랭에서 출간된 판본을 저본으로 삼을 수밖에 없었음을 밝혀 둔다. 그린비 출판사에서 이 책의 판권을 계약했던 시기는 2011년 초였고, 그때의 계약 역시 브랭 출판사와 맺은 것이다. 사실 아직까지도—2014년 현재—이 책은 브랭 출판사를 통해 출간되고 있다. 향후 그라쎄의 판본이 나온다고 하더라도, 당연히 1930년에 출간된 원 저작이 내용상으로 달라지지는 않을 것이므로, 판권이나 번역 저본의 문제가 본서를 읽는 일에 별다른 장애 요소로 작용하지는 않을 것이다.

이렇게 판권 관계가 복잡했지만 그린비 출판사에서 수고해 주신 덕분으로 이 책이 우리말로 번역되어 나올 수 있었다. 번역과 관련한 여러 오류를 바로잡아 주시고, 책이 나오기까지 많은 수고를 해주신 김효진 선생님께 특별히 감사드린다. 그리고 번역 원고를 함께 읽고 공부하는 모임을 통해 조언을 아끼지 않은, 번역 작업 당시 서강대 현대유럽철학연구회의 회원들인 곽소현, 김태웅, 박진희, 윤동민 선생님에게도 감사드린다. 이분들과의 공부가 많은 도움이 되었다. 또한 책을 내는 일에 있어 늘 힘겨워하는 나에게 늘 관심과 사랑을 보내 준 아내 김행민 님에게 큰 감사의 뜻을 전한다. 아울러 서강대 철학과의 강영안 교수님에게도 감사드린다. 선생님이 아니었으면 현상학도, 레비나스도 제대로 공부할 수 없었을 것이다. 마지막으로 어려울 때마다 여러모로 도움을 주신 언약교회 황영숙 집사님과 새맘교회 김광수 집사님에게도 깊은 감사를 드린다. 그분들의 격려가 늘 큰 힘이 된다.

이 책의 내용이나 배경과 관련해서는 따로 옮긴이 해제를 통해 설명해 두었다. 해제가 있기 때문에, 옮긴이 주는 상대적으로 최소화했다. 용어와 관련한 옮긴이 주를 달 때는 간혹 사전(기다 겐 외 엮음, 『현상학 사전』, 이신철 옮김, 도서출판b, 2011; John Drummond, *Historical Dictionary of Husserl's Philosophy*, Maryland : Scarecrow Press, 2008)을 참조했다. 내용과 관련해서는 해제를 참조하면 되기에, 여기서는 독자들이 본서를 통해 얻을 수 있는 유익에 대해서만 말하고 싶다. 현상학 자체가 매우 어렵고, 후설의 위대한 저작들 중 다수가 아직 우리말로 나오지 않은 탓에, 현상학이라는 철학에 관심이 있는 많은 분들도 선뜻 이 관문에 들어서지 못하는 경우를 종종 보게 된다. 이 책은 그런 분들에게 훌륭한 안내자 역할을 할 것이다. 박사 학위 논문이라는 특성상 매우 난해한 것처럼 보이지만, 레비나스는 자신의 말로, 자신의 관점에서 그 당시까지 출간된 후설의 저작을 기반으로 삼아 최대한 명쾌하게 그의 현상학을 해명한다. 단지 해명만 하는 데 그치는 것이 아니라 레비나스의 탁월하고 세련된 비판적 관점 역시 곳곳에 스며들어 있다. 이러한 본서의 특징은 프랑스에 현상학이 소개되고 해석되는 경로의 한 측면을 아로새기고 있다. 이 점에서 본서는 큰 역사적 가치를 가지며, 레비나스의 현상학에 대한 초창기의 관점이 어떻게 형성되고 있는지도 분명하게 알려 준다. 아울러 같은 맥락에서 이 책을 통해 우리는 후설의 현상학만이 아닌, 레비나스의 사유의 형성 과정과 철학함의 방식에 대한 이해를 가질 수 있고, 후설 현상학 자체의 진화 가능성 역시 엿볼 수 있다.

부디 이 소중한 책이 현상학적 사유에 천착하려고 하는 사람들에게 얼마간의 도움이 되기를, 그리고 우리 시대 문화의 작지만 귀한 유산으로 자리 잡기를 간절히 소원한다.

2014년 4월

김동규

머리말

현상학적 철학의 특정 요점을 해명하는 이 작품은, 이 저명한 철학을 전제로 삼지는 않는다. 에링의 뛰어난 작업의 일부를 보면,[1] 프랑스에서 후설은 거의 연구되지 않고 있으며, 극단적으로 문헌학의 역사만이 후설에게 할애되기 쉬운 형편이다.

1911년에 빅토르 델보스는 『형이상학과 도덕 연구』*Revue de Méta physique Et de Morale*에서 후설에 대한 논문을 발간했는데,[2] 여기서 그는 『논리 연구』 1권에 담긴 비밀을 명료하게 개괄한다. 『논리 연구』 2권이 암시하고 있는 내용이 논고의 결론에 가서 등장하긴 하지만, 그 또한 정밀한 이념을 선사하거나 중대한 철학적 논점을 제시하기에는 미흡하다. 분명 델보스가 『논리 연구』 2권이 아니라 1권에 한정하여 논의를 전개해야 한다고 주장한 것은, '논리학주의'가 후설의 철학의 핵심에 있다는 생각을 불러올 수 있다. 우리는 이 작업에서,[3] 『논리 연

---

1) Jean Héring, *Phénoménologie et philosophie religieuse*, Paris : Alcan, 1925.
2) Victor Delbos, "Husserl : Sa critique du psychologisme et sa conception d'une Logique pure", *Revue de Métaphysique Et de Morale*, 19(5), 1911, pp. 685~698.
3) 이 책의 6장.

구』1권을 그의 철학의 전 체계 안에 포섭시킴으로써 해당 문제를 해결하고자 한다.

1925년에 후설 문하의 졸업생인 에링의 『현상학과 종교철학』이라는 책이 발간된다. 이 작품은 맨 처음으로 현상학적 사유의 총체에 정확한 이념을 부여했다. 하지만 에링은 자신을 후설의 사유 자체에만 국한시키지 않았다. 에링은 현상학적 운동을 총체적으로 검토했으며, 더 나아가 그것과 엄밀한 철학의 문제와의 관계를 연구했다. 따라서 그는 더 특정하게 후설 그 자체, 그리고 그의 사유의 특수한 지점을 연구할 자리를 마련해 주었다. 우리는 여기서 이 점에 대해 그에게 분명한 감사의 뜻을 전하며, 동시에 우리의 작업의 경로에 주어진 그 소중한 지표에 대해서 다시 한 번 고마움을 표하고 싶다. 후설의 술어를 프랑스어로 번역하기 위해, 우리는 많은 경우 그의 책과 그의 개인적 조언에 의지할 수밖에 없었다.

에링의 작품이 나온 다음에는, 셰스토프Lev Shestov의 두 편의 논고가 나온다. 1926년 1~2월호 『철학』Revue philosophique에 수록된 「메멘토 모리」Memento mori, 같은 잡지의 1927년 1~2월호 수록된 「진리란 무엇인가?」Qu'est-ce que la vérité가 바로 그것이다. 이 글들은 현상학에 대한 해설이 아니라 특별히 후설 현상학의 합리주의적 측면을 비판하는 것이다. 이 점에 관해서, 1927년 『종교사 및 종교철학 연구』Revue d'histoire et de philosophie religieuse에 수록된 「영원한 상에 있어서」Sub specie æterni의 에링의 응답을 상기하는 것이 중요하다.[4]

---

4) Georges Gurvitch, "La Philosophie phénoménologique en Allemagne", *Revue de*

그다음으로, 귀르비치의 논문이 1928년에 『형이상학과 도덕 연구』 4권에 수록되어 출간된다. 『철학』 1929년 3~4월호에는 나의 논문도 수록된다.

뷔를로, 슈파이에와 같은 작가들 역시 현대 독일 심리학을 선점하는 가운데 후설의 말을 끌어들이고 있다는 점도 상기하자.[5] 그렇지만 그들은 짤막한 언급을 하는 데 그치고 있으며, 우리는 여기서 흥미로운 그들의 작업을, 본서의 완성을 위해 짚어만 두겠다.[6]

모리스 프라딘Maurice Pradines이 감각의 문제를 다룬 작품에서, 후설 철학에 할애한 언급과 관련해서, 우리는 우리의 작업 중간에 세부적으로 그것을 재론할 것이다. 다만 우리는 이참에 프라딘에게 다음과 같은 말을 전한다. 그는 우리들의 오랜 스승으로서, 우리는 그가 우리에게 보여 준 너그러운 모습을 깊이 인식하고 있음을 증언하는 바이다.

———————

métaphysique et de morale 36(1928), pp. 553~597; Emmanuel Levinas, "Sur les *Ideen* de M. E. Husserl", *Revue philosophique de la France et de l'étranger* n° 3~4, mars~avril, pp. 230~265.

5) Albert Burloud, *La pensée d'après les recherches expérimentales de H. J. Watt, de Messer et de Bühler*, Paris : Alcan, 1927; Albert Spaïer, *La Pensée concrète*, Paris : Alcan, 1927.

6) 후설에 한 장을 할애한 다음의 작은 책자 또한 기재해 둔다. Bernard Groethuysen, *Introduction à la pensée Philosophique Allemande depuis Nietzsche*, Paris : Librairie Stock, 1927. 이 작품은 매우 명료하면서도 현명하지만, 거대한 기획에 한 부분으로 국한시켜 후설을 다루고 있으며, 그렇기 때문 그 해설 역시 불충분하다. 마지막으로 우리는 마르세유 철학 연구회의 세뤼스와 생각을 나누었음을 밝힌다. 그는 1928년 열린 해당 학회에서 지나치게 압축된 형태로 「논리학주의와 심리학주의의 갈등」(Le conflit du logicisme et du paychologisme)이란 글을 내놓은 바 있다.

프랑스에서 현상학이 여전히 세계의 인식에 관한 교설敎說에 지나지 않는 것으로 이해된다는 사실이, 이 책을 만드는 와중에도 우리를 매우 당혹스럽게 만들었다. 그래도 우리는 철학으로 부르기 심히 염려스러운, 현상학에서의 직관이라는 특수한 문제에 관심을 두는 우리의 독창적 발의가 소멸되고 말-수도 있는-것이라고 생각하지 않는다. 다만, 다른 한편으로 우리는 가능한 한 공정하고, 또한 일종의 해석 이론과는 구별되는 방식으로 일반적인 현상학적 이론을 해명할 의무가 있음을 느낀다. 이것이 바로 '후설이 말하는', '후설을 따르면'과 같은 형식, 해설을 둔탁하게 만들고 가로막기도 하는 그런 형식으로 번역되는 고정관념이다. 우리는 비록 불가피한 것이긴 하지만, 독해를 하는 와중에 그런 식의 표현을 피할 수 없었다는 점에 대해 미리 양해를 구한다.

끝으로 이 책을 출간하는 데 필요한 물질적 후원을 아낌없이 해준 '스트라스부르그 대학교 동문회'에 열렬한 감사의 뜻을 전한다.

Théorie de l'intuition dans la phénoménologie de Husserl
C·O·N·T·E·N·T·S

후설 저작 및 약어표

약어	제목	비고
	Philosophie der Arithmetik (『산술의 철학』), T. I, Halle-Saale : R. Stricker, 1891.	이 두 권의 책은 브렌타노의 제자 후설이 심리학주의자의 진영에 속해 있었던 시기에 나왔다. 『산술의 철학』 2권은 책으로 출판된 적이 없다. 그리고 후설의 새로운 철학이 시작되는 곳은 『논리 연구』이다. [현재는 후설 전집 12권 중 1, 2권으로 한데 묶여 출간된 상태다(*Philosophie der Arithmetik*, Hrsg. Lothar Eley, The Hague : Martinus Nijhoff, 1970)].
	"Psychologische Studien zur elementaren Logik" (요소적 논리학에 있어 심리학적 연구), *Philosophische Monatschefte*(『월간 철학』), Berlin, 30, 1894, T. XXX.	
LU	*Logische Untersuchungen* (『논리 연구』), Tome I(1900), Tome II(1901), Halle a.S. : Max Niemeyer.	
	"Bericht über deutsche Schriften zur Logik in den Jahren 1895~1899" (「1895~1899년의 논리학에 대한 독일의 저술들에 대한 보고」), *Archiv für systematische Philosophie*, 9(1903), T. X, pp. 393~400.	
Phil. als str. Wiss.	"Philosophie als strenge Wissenschaft"(『엄밀한 학문으로서의 철학』), *Logos*, Bd. 1, 1910/11.	

Ideen	*Ideen zu einer reinen Phänomenologie und Phänomenologischen Philosophie*(『순수 현상학과 현상학적 철학의 이념들』), Halle, 1913.	본서에서는 이 책을 *Ideen*(『이념들 1』)이란 약어로 인용할 것이다. 이 책은 1913년 후설의 감독 아래 창간된 『철학과 현상학 연구 연감』(*Jahrbuch für Philosophie und phänomenologische Forschung*)을 통해 세상에 나왔다. 이 『연감』은 10권까지 간행된 상태다. 저자 후설은 『논리 연구』를 개정해서 재판을 출간했다. 이 책의 분량은 두 권으로 늘어났으며, 2부로 분할된다. 1부가 1권으로 1913년에 출간되고, 둘째 권은 2권 1, 2부의 형태로 1920년에 출간되었다. 인용시에는 차례대로 『논리 연구』(*LU*) I, II, III으로 표기한다.
Zeitbewusstsein	*Vorlesungen zur Phäno-menalogie des inner Zeit bewusstseins*(『내적 시간의식의 현상학에 대한 강연』), Halle, 1928.	『연감』 9권에 수록된 글이다.
	Formale und transzendentale Logik : Versuch einer Kritik der logischen Vernunft(『형식논리학과 초월논리학: 논리적 이성 비판 시론』), Halle, 1929.	『연감』 10권에 마지막으로 간행된 책으로 우리의 작업에서는 사용되지 않는다.

† 일반적인 현상학 참고문헌에 대해서는 에링의 작품 및 위버벡(Ueberweg)의 철학사 최종판 (1923)에 준거한다.

|일러두기|

1 이 책은 Emmanuel Levinas의 *Théorie de l'intuition dans la phénoménologie de Husserl*(Paris: J. Vrin, 1984, V^e)를 완역한 것이다.

2 본문의 각주는 대부분 저자의 것이고, 옮긴이의 것일 경우에는 '[옮긴이]'로 해당 부분 뒤에 표시했다. 또 본문과 각주에서 독자의 이해를 돕기 위해 옮긴이가 추가한 내용은 대괄호([ ])로 표시했다.

3 이 책의 원서에서 이탤릭체로 강조된 표현은 고딕체로 표시했다.

4 본문에 인용된 후설 저작은 국역본을 그대로 옮긴 경우도 있으나 필요한 경우마다 독일어 원본과 영어 번역본을 참조하여 새로 번역했다. 그러나 이를 일일이 지적하지는 않았다.

5 단행본·정기간행물에는 겹낫표(『 』)를, 논문·단편·시 등에는 낫표(「 」)를 사용했다.

6 외국 인명이나 지명, 작품명은 2002년 국립국어원에서 펴낸 외래어표기법을 따랐다.

서론

지금 독일의 철학적 생명을 드넓게 지배하고 있는 현상학적 운동은, 에드문트 후설Edmund Husserl의 작품을 통해 현 세기의 초반부터 시작되었다. 1900~1901년에 그는 『논리 연구』*Logische Untersuchungen*를 출간했다. 이 연구의 주된 관심사는 논리학의 토대라는 특수한 문제로 제한되었지만, 문제를 정립하고 해결함에 있어서, 이 연구는 철학 일반을 위한 가치와 관심이라는 좁은 영역을 벗어나지 못하지만, 거장의 주변에서 직접적으로 형성된 열정적인 방법을 도입했다.

이 방법, 아니 그보다는 오히려 이 철학함의 방식은 현상학적 운동의 영혼l'âme이다.[1] 이 방법은 현상학의 창시자의 책과 강연을 통해 실천되고, 또한 후설 이외에 셸러Max Scheler, 그리고 하이데거Martin Heidegger와 같은 이들의 다양한 정신이 결합된 것이다.

그런데 하나의 방법은 결코 실재의 특정 영역을 탐구하기 위해

---

1) Héring, *Phénoménologie et philosophie religieuse*, pp. 32f를 보라. 이 책은 현상학을 다루는 책으로는, 프랑스에서 출간된 것들 가운데서도 첫번째 작품이다. 또한 *Jahrbuch für Phiosophie und phänomenologische Forschung*[이하 『연감』], I(1913) 도입부의 현상학의 '선언문'을 보라.

만들어진 단순한 도구가 아니다. 진리의 본질에 대한 순수하고 형식적이며 보편적으로 타당한 생각을 가지고 있는 것만으로는 다양한 존재의 영역에서 진리를 발견할 수 있는 수단을 충분히 규정하지 못한다.[2)3)] 어떠한 존재 영역에 접근하기 위해서 우리는——후설의 견해를 따라서——가까이 있는 존재의 '의미'를 선취해야만 한다.[4)] 자연과학의 방법이 심리학에서는 비효율적인 것일 수도 있다. 심적 존재의 독특한 성격은 그 존재의 '의미'에 적합한 탐구 방법을 요구한다. 베르그손Henri Bergson이 하랄트 회프딩Harald Höffding에게 보낸 편지에서 그 자신의 철학의 출발점이 지속이지 직관이 아니라고 주장한 것 역시 아마도 이와 같은 선입견 때문일 것이다.[5)] 베르그손과 마찬가지로, 후설은 직관의 철학을 만들기 이전에, 자신의 철학에 대한 직관을 가졌다.

이것이 하나의 학學에 대해 한 가지 방법을 발견하려는 시도라는 것을 의미하지는 않으며, 방법이 이미 학 자체를 소유해야만 한다. 존재 '의미'에 대한 학문은 존재 속성에 대한 인식과 동일하지 않으며, 오히려 존재 속성에 대한 인식을 통해 전제되는 것으로서, 어떤 점에서 그것은 선험적이며, 또한 특별한 위엄을 갖는 학문이라는 사실만이

---

2) *Ideen*, §153, p. 322; ch. 6.
3) *Ideen*, §76, p. 144; §96, p. 200.
4) *Phil. als str. Wiss.*, pp. 308~309.
5) 베르그손이 회프딩에게 보낸 편지는 다음 책(p. 160)에 수록되어 있다. Harald Höffding, *La Philosophie de Bergson*, trans. Jacques de Coussange, Paris : Alcan, 1916.

뒤따를 뿐이다.[6] 존재론이라는 주제 아래, 우리는 실제로, 차후 일군의 선험적 학문을 뚜렷하게 드러나게 하고,[7] 또한 존재에 대한 연구와 존재 내지는 존재론의 의미에 대한 연구 사이의 이러한 구별을 몇 번이고 반복해서 검토해야 한다.[8] 그런데 방법에 대한 검토가 순수하게 형식적인 논리학의 구조를 넘어서고 존재론 안으로 깊숙이 침투한다는 사실, 바로 이것이 우리가 직접적으로 기억해 두어야 하는 문제이다.

여기서 우리 기획은 후설 현상학에서의 직관주의를 연구하는 것인데, 우리의 해명을 따르자면 결론적으로 후설의 존재론으로 일컬어지는 것으로부터 철학적 방법으로서의 직관 이론을 따로 분리시킬 수가 없다. 우리는 반대로 그가 철학함의 방식으로 전제하는 직관이 어떻게 그의 존재 개념 자체로부터 유래하는지를 보여 주고자 한다.

우리의 목표나 방법은 역사적인 것이 아니다. 우리는 철학사 안에서 후설적 개념의 기원을 조사하는 것을 의도로 삼지 않는다. 실제로, 이것은 쉬운 일도 아니고 심지어 가능하지도 않다. 적합한 역사적 관점을 가지기 위해 아주 근래에 나온 교설의 역사를 연구하는 것은 쉬운 일이 아니다. 그 방법과 영감에 있어서 역사적일 수 있는 연구를 감행하는 일의 또 다른 난점이 후설 사상의 특수한 전개에서 비롯

---

6) 이 책의 29쪽을 보라.
7) 이 책의 203쪽을 보라.
8) 이 책의 229쪽 이하를 보라.

된다. 후설은 수학을 경유하여 철학에 이르렀고,[9] 그의 사유는 역사적 영향과는 무관한 방식으로 진화했다. 우리가 그에게서 역사적 영향의 결과로 포착할 수 있는 것은 대체로, 위대한 고전 철학자들과 마주친 다는 사실밖에 없다. 그의 작업에서 철학자에 대한 명시적인 역사적 언급은 매우 드물게 나타난다. 후설의 교설은 일정하게 진화했고, 15년의 성찰의 결과인 무수한 미간행 작품은[10] 아마도 데카르트나 토마스 아퀴나스에게 적용되는 역사적 방법을 따라서 현상학 연구를 하려고 하는 사람들에게 충분한 경탄을 불러일으킬 만한 것이다. 더 나아가 그러한 시도는 성급한 것일 수도 있는데, 왜냐하면 후설 철학의 마지막 발언이 아직 언급되지 않았기 때문이다—분명 그의 마지막 작품은 발간되지 않았다.

　본 논의에 대한 숙고를 둘러싸고 있는 이러한 환경을 받아들이는 가운데, 우리는 또 다른 목표를 규정했다. 우리는 후설의 철학을 하나의 연구물로 연구하고 제시함과 동시에 살아 있는 철학으로 제시하고 싶다. 우리는 엄격한 형식만을 채택할 수 있는 일련의 명제들의 총체와 대면하지는 않을 것이다. 다시 말해 우리는 우리 스스로가 빠져들어야만 하고 철학화해야 하는, 살아 있으면서 동시에 변화하고 있는 사상과 대면하고 있다. 후설의 논증을 재구성하고 그의 잘 구성된 설계도를 따라가는 것으로는 충분치가 않다. 현상학적 언어로 말함으로써, 우리는 동일한 '문젯거리'chose와 마주해야만 한다. 우리는 이런 문

---

9) *Philosophie der Arithmetik*을 보라. 또한 *LU*, I, p. v의 서문을 보라.
10) Héring, *Phénoménologie et philosophie religieuse*, p. 35를 보라.

젯거리를 기반으로 하는 논증을 이해하기보다는, 한 텍스트, 또는 기록되지 않았거나 규정되지 않은 전제를 통해서 그 문젯거리들을 인식 가능한 것으로 제시하려고 시도해야 한다.

이런 조건 안에서, 엄밀한 역사적 연구의 장애물이 사라진다. 후설 철학의 일정한 진화는 이 진화를 가능하게 하는 단순하고, 중요한 영감을 파악하는 일로부터 우리를 따로 떼어 놓을 수 없다.

우리의 목표에 부합하는 다른 철학자, 특별히 후설의 제자 마르틴 하이데거가 제기한 문제를 해명하는 일을 두려워해서는 안 되는데,[11] 독자들은 그의 영향이 이 책에 스며들어 있음을 자주 느끼게 될 것이다. 하이데거의 철학을 관통하는 강한 철학적 생명력은 일종의 아포리아를 강조하고, 문제를 야기하며, 더 간결한 다른 관점을 제시하거나 이따금씩 또 다른 반대 논점을 제시함으로써, 후설 철학의 윤곽을 우리에게 첨예하게 제시한다. 뛰어난 제자가 펼친 사유의 영향은 주석가의 의식적인 상세한 연구가 제시하는 것 그 이상의 더욱 정밀한 이해를 제공해 주는 것처럼 보인다.

우리는 이 궁극적 방법을 남용하지 않을 것이다. 하이데거의 그것처럼 강력하고 근원적인 철학은, 비록 후설의 현상학과는 매우 다르다고 해도, 어느 정도 연속성을 갖는다. 본서에 부여된 정신은 역사보다는 후설의 체계가 지닌 영감을 해명하는 데 있으며, 이는 후설적인Husserlian 철학자들이 시행한 작업을 활용하는 일을 허용해 주는 것처럼 보인다. 간결한 예를 하나 들어보자. 후설은 순수 의식과 관련한

---

11) Heidegger, "Sein und Zeit", 『연감』, VIII(1927)를 보라.

세계의 구성이라는 초월적 현상학phénoménologie transcendantale의 핵심 문제가, 존재 연구라는 하나의 적절한 철학적 '차원'을 도입한다고 주장한 적이 있다.[12] 이로부터 실재의 궁극적 의미가 우리에게 그 자체로 드러난다. 그렇다면 이러한 궁극적 의미란 무엇인가? 왜 이것이 가장 탁월한 철학적 문제인가? 여기서 초월적 현상학을 통해 제기된 문제는 하이데거가 사용한 말의 의미에서 보자면 존재론적 문제다.[13] 하이데거의 출발점에 대한 인식은 우리가 후설의 종착점을 더 잘 이해할 수 있게 해줄 것이다.[14]

그런데 이 책의 목적은 우리가 제시해야 하는 철학의 비판을 통해서 제기되는 문제로부터 우리 스스로를 자제시키는 것이다. 그 시기는 아직 도래하지 않았다. 우리는 현상학을 향한 우리의 태도를 더 잘 표현하는 또 다른 방식으로 나아가길 원한다. 우리가 다양한 지점에서 가지게 되는 조건을 설명 과정에서 단순하게 진술함으로써, 우리는 후설의 일반적인 의도에 대한 우리의 존중심을 제일 잘 표현할 것이다.

비록 우리가 여기서 후설의 교설이 갖는 기원에 집중하지는 않더라도, 본 서문에서 적어도 『논리 연구』의 고심의 순간에 나타나는 독일의 철학적 상황에 대해서는 몇 마디 말을 보태야 한다.

19세기 후반 헤겔 체계의 영향은, 주로 자연과학과 역사의 진보

---

12) *Ideen*, §62, p. 118; §63, p. 121. '철학적 차원'에 대한 탐구에 관해서는, *Phil. als str. Wiss.*, pp. 289~290 그 외 여러 곳.

13) Heidegger, "Sein und Zeit".

14) 이 책의 229, 263~264쪽을 보라.

로 인해 무력화되고 만다.[15] 일반적으로 과학은 존재에 대해 알려질 수 있는 것의 총체를 모두 포섭하고 있다고 믿었다. 그 때문에 무엇보다도 철학은 인식 대상도 없이 존재하는 것처럼 보였다. 그런데 만일 과학이 존재에 대해 알려진 것 전부를 알고 있다면, 과학은 그 자체로 연구의 대상이 될 수 있다. 존재에 대한 인식에 더하여, 거기에는 인식의 인식을 위한 여지가 존재한다. 통상 일컬어지는바 이것이 인식론이다. 이것이 철학의 자리이며, 철학의 역할과 대상이라는 개념은 우리에게 19세기 후반의 독일 철학의 양대 진영의 근본적 통일성을 이해할 수 있게 해준다.[16] 자연주의 철학자와 심리학주의 철학자는 한편으로 철학과 실험 심리학을 동일시했지만(분트Wilhelm Max Wundt, 에르드만Benno Erdmann, 지그바르트Christoph Sigwart), 다른 한편으로 마르부르크 학파(헤르만 코헨Hermann Cohen, 나토르프Paul Gerhard Natorp), 알로이스 릴Alois Riehl, 빈델반트Windelband 학파 등은 칸트적 비판을 인식론으로 해석함으로써 철학을 갱신하려고 했다. 이 철학자들에게 철학과 인식론은 동일한 것이었으며, 인식론은 과학에 대한 반성으로 이해되었다. 반심리학주의자들이 자연과학 위에 있는 '초월 철학'으로서의 인식론에 특별한 존엄성을 부여했던 반면, 심리학주의자들은 이런 과학에 대한 반성이 그 자체로 자연과학이어야만 하며 물리학이나 화학의 방법과 동일한 방법을 사용해야만 한다고 주장했다. 요컨대, 경험적 심리학은 인

---

15) 후설이 이러한 "19세기 전반에 자연과학과 거리가 먼 관념론이 진정한 학문을 그토록 억제했던 그러한 종류의 사변적인 구성"(*Ideen*, §19, p. 35)에 대해 말할 때 염두에 둔 것은 아마도 헤겔적인 체계였을 것이다.

16) 우리가 시도한 이러한 연결은 하이데거의 1928~1929년 겨울 학기 강의에 빚지고 있다.

식론과 논리학이라는 오직 이 두 가지 철학적 분과의 정초가 되어야만 한다는 것이다. 당대의 이러한 일반적 경향은 딜타이Wilhelm Dilthey와 빈델반트Wilhelm Windelband가 왜 정신과학morales; Geisteswissenschaften 의 방법의 문제를 정립했는지 이해할 수 있도록 우리를 도와준다. 그들에게 철학은, 순전히 정신과학l'esprit과 같은 이론으로 자연에 대한 유일한 인식론이었던 칸트의 인식론을 완성시키는 것이었다. 여기서 또한 오로지 철학에만 남아 있는 문제는 바로 인식론의 문제였던 것이다. 후설조차도, 적어도 때로는 이런 철학 개념을 회피하지 않는다. 그러나 우리가 보여 주겠지만—이 작품의 결론에도 나오겠지만—그의 철학은 인식론적 관점을 넘어서는 것이다.[17]

우리는 여기서 후설이 주로 심리학주의와 싸우는 데 관심을 둔 『논리 연구』 1권[18]에서 일찌감치 더 심오한 의도를 가지고 있었다는 사실을 보여 주어야 한다. 후설이 심리학주의를 공격한 실질적 이유, 이를 통해 다른 모든 것을 설명하는 이유는, 심리학주의가 존재론을 전제한다는 점이다. 적어도 암시적으로, 심리학주의는 그 자체로 존재 구조를 해석하는 한정적인 방식을 갖는 일반적 철학을 정초로 삼는다. 심리학주의는 하나의 존재론에 정초되는데, 그 존재론은 자연주의이다. 그러므로 논리학에서 심리학주의를 넘어선 후에, 후설은 더 멀리 나아가게 된다. 그는 자신의 비판을 심리학주의적 존재론 전

---

17) 이 책의 229쪽을 보라.
18) 프랑스의 독자들은 그 내용을 다음 글의 요약을 통해서 알 수 있다. Victor Delbos, "Sa Critique du psychologisme et sa conception d'une logique pure", *Revue de métaphysique et de morale*, Vol. XIX(1911).

체로 확장했고, 새로운 논리학을 탐구했을 뿐만 아니라 새로운 철학을 탐구했다.[19)]

우리는 직관이 후설의 존재론에서 유래하는 방식과 거기서의 역할을 알려고 하기 때문에, 후설의 존재론을 심리학주의에 대립시킴으로써 그의 이론이 나타내는 바를 쉽게 묘사할 것이다.

그러므로 우리는 후설이 파악한 심리학주의와 자연주의를 제시함으로써 시작해야 한다(1장). 우리는 특별히 후설의 논리학을 연구하는 데 수고를 들이지는 않을 것이다. 『논리 연구』1권과 한 편의 논고, 『엄밀한 학문으로서의 철학』에서 심리학주의에 대한 후설의 비판은, 논리학주의와 심리학주의 간의 논의에서 비롯하는 기여 때문에 중요한 것이 아니라, 그의 심리학주의에 대한 설명이 심리학주의가 기반으로 삼는 철학을 예시하기 때문에 중요하다.

우리는 다음으로 후설이 자연주의적 철학을 극복하는 방식과 그가 어떻게 새로운 존재 개념에 이르는지 알아보아야 한다(2장과 3장). 그 후 우리에게 대상을 현전하는 의식의 이론적 작용(4장)으로 이해되는 직관이 여타 인식 방식 가운데 하나일 뿐만 아니라 진리 자체를 가능하게 하는 근원적 현상이라는 점을 이해할 수 있게 제시할 것이다(5장과 6장). 마지막으로, 우리는 이 새로운 존재론을 통해 밝혀지는 철학적 차원을 이해해야 하고 이를 통해서 다음과 같은 이 직관의 특권화된 형태의 가치와 의미를 알아보아야 한다: 내재적 직관, 철학적 직관(7장).

---

19) *LU*, I의 재판 서문을 보라(p. VIII & ff).

1장 | 자연주의적 존재론과 철학의 방법

후설이 파악하고, 비판하며, 지양했던 자연주의에 대한 해명으로 나아가기 전에, 우리는 차차 더 명증하게 드러날 몇 가지 사안을 언급해야 한다. 이것은 후설이 자연주의의 심오한 원리와 대결하고 투쟁한 근거가 무엇인지를 보여 줄 것이다. 우리가 말했던 것처럼, 자연주의는 일반적인 철학, 곧 존재론이다. 그러므로 우리는 결론을 선취하는 가운데, 이제 존재가 이론의 대상일 수 있다는 사실을 설명해야 한다.

우선 존재는 자연학, 생물학, 심리학 등과 같은 학문들의 대상이다. 하지만 이러한 학문들은 그 자체로 볼 때 그 의미가 명확하지 않은 몇 가지 근본적인 개념들을 사용한다. 예를 들어 기억, 지각, 공간, 시간 등이 그러한 개념이다. 이러한 개념들은 다양한 존재 영역의 필연적 구조를 규정하고 그 본질을 구성한다.[1] 그러므로 존재에 관한 이론은 어떤 점에서 그로부터 하나의 관점을 채택할 수 있고, 존재의 현존 existence[2] 자체의 조건인 범주를 고려함으로 말미암아 존재로서의 존재

---

1) 이 책의 203쪽을 보라.
2) [옮긴이] 'existence'를 이 책에서는 '현존' 또는 '존재'로 번역한다. 이 용어는 우리에게

l'être en tant qu'être를 연구할 수 있다. 존재에 관한 이론은 존재론ontologie
이 될 수 있다.

하지만 후설의 존재론 개념에 입각해서 보면, 존재론과 관련되는
이 존재의 구조가 어디서나 동일하지는 않다는 특별한 사실이 나타난
다. 다양한 존재 영역Seinsregionen은 다양한 구성을 지니며 동일한 범주
를 따라 사고될 수 없다.[3] 대상, 관계, 속성과 같은 몇몇 개념들은 보편
적으로 적용될 수 있다. 그런데 모든 존재 영역에 공통적인 이런 개념
들에 표현되는 존재의 구조는 순수하게 형식적이다. 또한 후설에 의하
면 형식적인, 그러한 대상 일반의 개념le concept d'objet en général과 같은
것은, 다른 모든 것이 속할 수 있는 최상위의 유類는 아니지만 종種일
수는 있다. 우리는 유와 형식을 구별해야만 하는데,[4] 왜냐하면 한 형식
의 보편성은 모든 일반성을 넘어서기 때문이다. 자연으로서의 자연과
의식으로서의 의식을 정의하는 존재의 물질적matérielle; sachhaltige 구조
를 표현하는 범주는, 단순한 형식적 범주의 상세화(최근류最近類에 특정한
종차를 부가한 결과)가 아니다.[5] 공간, 인과성, 물질성, 그리고 의식의 영
역 안에 있는 의지의 본질과 감각 등을 기술하는 존재론은 후설이 형

'실존'이라는 말로 더 익숙하게 자리 잡고 있지만, 레비나스는 이 책에서 후설을 연구하
는 데 모든 초점을 맞추고 있다. 향후 하이데거나 여타 현상학자들의 맥락에서 '실존'으
로, 또는 레비나스 자신에게는 '존재'로도 번역되는 이 말은, 많은 경우 그저 현실적으로
또는 실질적으로 있는 것 내지 있음을 뜻하는 말로 사용되거나 '존재'와 같은 말로 쓰인
다. 실존주의적 의미는 거의 없다고 봐도 무방하다.

3) 이 책의 207쪽을 보라.
4) *Ideen*, §13, pp. 26~27을 보라.
5) *Ideen*, §13, p. 27을 보라.

식적 존재론이라고 부른 특수한 형식의 학의 사례가 아니다. 이러한 물질적 ─그 고유한 의미를 지닌 용어로는 존재론적인─ 범주들은 각 존재 영역에서 다양하다. 범주들은, 후설이 표현한 것처럼, 영역들 안에 현존한다. 각 영역은 영역적 존재론ontologie régionale의 대상이다.

하지만 후설에게 존재에 관한 연구는 자연학과 영역적 존재론으로 인해 해소되지 않고 유지된다.

우리는 결론 가운데 하나로 다음과 같은 사안을 수립해 낼 것이다. 존재의 영역은 그 본질과 본질을 구분하는 범주에서만이 아니라 그 존재에서까지도 서로 상이하다. 존재, 거기 있다se trouver là는 사실 자체는, 그 특징이 공허하거나 균일하지가 않고, 다만 존재하는 것들이 각기 서로 상이해질 수 있는 특권을 가질 수 있게 해 줄 본질들에 부과된다. 존재한다는 것이 어디서나 동일한 것을 의미하지는 않는다.

우리가 보기에 현상학에서 가장 흥미로운 것 가운데 하나인 이 논지는, 후설의 철학 전반에서 나타나는 것처럼 보인다. 우리는 이를 차후에 세부적으로 보여 줄 것이다. 여기서 우리는 존재의 본질만이 아니라 존재의 현존에 대한 문제까지를, 그리고 하나의 대상이 존재한다는 것이 무엇을 의미하는지를 연구할 때 제기되는 새로운 존재론적 문제[6]를 언급할 수 있을 따름이다.[7] 다양한 존재 영역들에서의 존재함

---

6) 존재론이란 용어가 여기서 ─혹은 우리의 작업의 다른 부분에서도─ 18세기에 통용된 의미로 이해되어서는 안 된다는 점은 분명하다. 형이상학이란 말과도 동일시되어서는 안 된다.

7) *Phil. als str. Wiss.*, p. 301.

의 방식은 무엇인가?

우리는 앞서 수립한 구별에 비추어, 자연주의적 철학에서 말하는 존재론의 문제와 개념에 대한 간결한 설명을 함으로써 유익을 얻을 수 있다.

우리는 자연주의가 존재에게 귀속시킨 현존의 형태가 무엇인지, 그리고 그것이 어떤 범주를 통해서 존재에 대해 사유하는지를 물어야만 한다.

우리는 현존이 어떻게 현상학적 연구 대상이 될 수 있는지를 차후에 보여 줄 것이다. 여기서는 만일 우리가 대상의 현존에 접근할 수 있다면, 이것이 우리에게 의미하는 것을 인식함으로써만 그렇게 할 수 있다는 것만 언급하기로 하자. "사물의 초재transcendence de la chose[8]라는 진정한 개념,[9] 이 개념이 곧 초재에 관한 모든 이성적 진술의 척도인데, 이 개념은 지각의 고유한 본질 내용 혹은 우리가 입증하는 경험ausweisende Erfahrung이라고 일컫는 규정적 구조와의 연결 속에서만 존재한다."[10] 우리는 나중에 이 진리가 후설 철학 전반에서 유래한다는

---

8) [옮긴이] 독일어 'Transzendenz'의 프랑스어 번역어인 'transcendence'를 여기서는 '초재'라고 옮긴다. 이 말은 다른 철학의 맥락에서는 '초월'로 번역되기도 한다. 그래서 이해하기가 쉽지 않다. 후설은 통상적으로 이 말을 자연주의적 태도에 입각해서 대상을 지시할 때 사용한다. 초월적 태도에 입각해서 사물 내지 사태를 지시할 때는 '초월적'(독일어 : transzendental, 프랑스어 : transcendental)이라는 말을 사용한다. 초재적이라고 할 때는 독일어 'Transzendent'(프랑스어 : transcendant)라고 한다.

9) 강조는 필자.

10) *Ideen*, §47, p. 89; §44, p. 80을 보라.

점을 보여 주어야 한다.[11] 그런데 우리는 자연적 물질의 특정한 존재 방식을 인식하기 위해서, 물리적 세계 경험에 대한 내적이면서도 환원 불가능한 의미를 분석해야만 할 것이라고 결론 내려야 한다. 의식에 그 자체로 드러나고 현전하는 의식의 세계가 어떻게 현존하는 것으로 확증될 수 있는가?

자연은 변화 가능하며 복합적인 일련의 현출apparition이나 주관적 현상[주관적 나타남]subjektive Erscheinungen 가운데서 드러난다. 물질적 사물은 그 양상과 관점의 다수성에서, 그리고 다양한 빛 아래서 우리에게 주어진다. "사물은 …… 서로 뒤섞여 하나가 되는 지각 다양체의 지속적이고 규칙적인 흐름으로 의식에 주어지는 대상이다."[12] "그것은 오직 어떤 방향 설정 속에서만 나타날 수 있고, 이 방향 설정을 따라 언제나 새로운 관점에 대한 체계적인 가능성들이 필연적으로 앞서 지시된다."[13]

그런데 이러한 양상, 관점, 빛의 유희 등의 주체성에 관한 언급이, 사물이 의식의 주관적 내용들, 그리고 어떤 점에서는 의식의 소재들 자체라는 것을 의미하지는 않는다.[14] 이렇게 주관적으로 제시되는 것들은, 안정적이고 불변하는 대상성의 이념에, 주체성의 현존 자체가 무시될 수 있는 대상성에 대립한다. 또한 분명 이것은 우리가 나중에 되

---

11) 이 책의 2장을 보라.
12) *Ideen*, §41, p. 75.
13) *Ideen*, §42, p. 78을 보라. 또한 p. 77을 보라: "우리가 취하는 사물은 실제로 음영 지어진다."
14) *Ideen*, §41, p. 73.

돌아가야 하는 관계, 주체성과 주체로부터 나타나는 것들의 관련성을 의미한다. 그런데 이러한 관련성은 분명 담지하는 자와 담지된 것이 맺고 있는 그런 식의 관계는 아니다. 이 각각의 주관적 현상 안에서, 우리는 사실상 주관적 활동, 내재하는 심리적 내용, 그리고 이 의식의 활동이 의식하는 사물의 대상적 영역을 구별한다.[15] 심지어 우리의 시선regard 아래 제시된 탁자의 한 측면이 공간과 시간 속에서 변하지 않는 객관적 탁자에 대한 주관적 관점일 뿐이라 하더라도, 그것이 탁자라는 대상과는 전적으로 다른 의식의 내용이 되는 것은 절대 아니다.

그런데 주관적 현상의 일련의 흐름은 전혀 문제가 되지 않는다. 그것은 지각의 흐름을 넘어서 독립적인 현존을 가질 것을 요구하는 안정적이고 객관적인 사물에 관한 암시를 전달해 준다. 이것이 물질적 대상 경험의 두번째 특징이다. 우리가 대상의 한 측면을 볼 때, 대상 전체는 어떤 것으로 암시되고, 상대성, 다양체, 그리고 대상의 주관적인 현출의 일정한 변화를 통해서 "지속하거나 변화하는 속성들의 시간적 통일체로서" 현전한다.[16]

우리가 관찰한 물질적 사물에 관한 경험에서의 이원성은, 독특한sui generis 구조를 지닌다. 주관적 현상은 현상들이 암시하는 대상과 분리됨으로써 주어지는 것이 아니다. 그 관계는 그 관계들이 의미화하거나 표상하는 사물에 대한 기호나 상image과 같은 것과 비견될 수 없다. 사물의 주관적 현상은 실제로, 우리보다 더 힘이 있는 지성인 신

---

15) *Ideen*, §41, pp. 73~74; §42, p. 76; §52, p. 97.
16) *Phil. als str. Wiss.*, p. 310.

적 지성이 직접적으로 사물 자체에 다다를 때 생겨날 수 있는 상이나 기호가 아니다.[17] 물질적 사물에 대한 경험의 내재적 의미를 단계적으로 따라감으로써, 우리는 지각에 전조되는annoncée 사물이 지각에 유일하게 알려지는 것으로서, 그것이 존재하는 것의 전부라고 인식해야 한다. 사물은 잇달아 일어나는 경험을 현실화하는 경향이 있는 이념으로 주어지지만, 그 현존은 바로 이 변화하는 지각들에 대한 이념적 존재로 나타난다.[18] "공간적 사물은 원리적으로 아직 그와 같은 나타남의 방식들의 통일체로만 주어질 수 있는 하나의 지향적 통일체 이외의 다른 것이 아니다."[19] 더 나아가 나타나는 것이 그 나타남l'apparence에 예속되지 않는 것을 인정하는 것으로는 충분하지 않다. 우리는 또한 이 둘 사이의 어떤 동일성을 인정해야만 한다. 어떤 점에서 각 나타남은 모든 사물을 포함한다. 우리는 한 사물을 "말하자면 우리의 감각과 관련하여 사물을 느끼는, 지속적인 지각적 계열 안에서" 지각한다.[20]

음영Abschattungen들의 다양체(한 측면만을 접하는 지각들)를 통해서 나타나야 하는 물질적 사물의 본질 자체에 내속하는 것을 명료하게 진술해 보자.

'우리의' 지각이 오직 사물들 자체의 단순한 음영을 통해서만 그 사물들 자체에 다가갈 수 있다는 것은 사물의 우연적인 고유한 의미도

---

17) *Ideen*, §43, pp. 78~79; §52, p. 97, 102을 보라.
18) *Ideen*, §143, p. 297; *Phil. als str. Wiss.*, p. 311
19) *Ideen*, §42, p. 78; *Phil. als str. Wiss.*, p. 311을 보라.
20) *LU*, Ⅲ, pp. 148~149.

아니며, 우리 인간 구성의 우연성도 아니다. 그것은 …… 명증적이며, 공간사물성의 본질로부터 끌어낼 수 있다 …… 그렇게 구성된 존재는, 원리적으로, 오직 음영을 통해서만 주어질 수 있다.[21]

그런데 물질적 세계 경험의 의미는 주관적 현상과 주관적 현상들을 통해서 구성하는 통일체 간의 관계 속에서 소멸되는 것이 아니다. 지각의 일방향적 관점을 통해서 전조前兆되는 사물의 이념은, 차례대로 상대성의 표시를 나타냄과 동시에 절대적 존재라는 최상위 이념에 준거한다. 주관적 현상이 일방향적 관점들로만 존재하는 통일체, 전조되는 객관적 사물은 "하나의 물질적 세계를 하나의 시간, 하나의 공간에 그것들 모두와 결합하는 연관 속에 결부된 것"으로서 사물 자신을 나타낸다.[22] 직접적 경험에 내속하는 상대주의에 내몰리게 된 물리학자는, 우리의 구체적인 삶, 이 순수한 나타남을 기반으로 해서 물리적 학문의 초재적 세계를 구성함으로써 상대주의를 지양하려고 한다.

과학적 사고를 통해 구성되는 이 궁극적 방식은 구체적 세계의 실제적 내용을 통해 그 동기를 부여받는다. 후설이 말하는 '실재'는

직접적 경험의 통일체, 즉 다양한 감각적 나타남들Erscheinungen의 통일체로 주어진다. 그런데 감각적으로 파악할 수 있는 불변, 변화, 변경의 종속성은 언제나 인식을 주도하고, 말하자면 '모호한' 매

---

21) *Ideen*, §42, p. 77.
22) *Phil. als str. Wiss.*, p. 311.

개로 인식에 대해 기능한다. 이 매개 속에 참된 자연, 즉 객관적이
며 물리학적으로 정밀한 자연이 제시되고, 이 매개를 관통하는 과
학적 경험사고로서의 사고는 참된 것을 규정해 내고 조립해 낸다
herausbestimme, herauskonstituiert.[23]

또 다른 구절에서 그는 이렇게 적고 있다. "지각 속에 주어진 것은
자연과학의 엄밀한 방법을 통해 …… 그 초재적 존재의 타당한 규정
에 이바지한다."[24]

물리적 세계는 "자연의 정밀한 법칙에 종속되는 공간–시간적 통
일체이다".[25] 원자, 이온 등과 같은 개념들은 감각적이고 구체적인 성
질들의 위치를 받아들이며,[26] 또한 구성되는 모든 실재는 인과성의 법
칙의 지배를 받는다. 반면에 우리는 구체적인 경험의 주관적 세계 안
에 있는 사물을 다룬다. 그리고 이념적인 과학의 객관적 세계 속에서
는 사물, 사물의 속성의 실체를 교차적으로 구성하는 일련의 인과성
의 사슬이 존재한다. 구성된 자연, 사물들의 본질과는 전적으로 다른
사물들의 속성은 가능한 인과성의 계열과 같다. 사물들은

---

23) *Phil. als str. Wiss.*, p. 311.
24) *Ideen*, §40, p. 73; §52, pp. 100~101을 보라. 주관적 나타남으로부터 물리적인 실재
의 구성에 이르는 과학의 방법에 대한 이러한 해석은 일정 부분 고블로의 생각을 상
기시키게 한다(Edmond Goblot, "Qu'est-ce que le réel?"[실재란 무엇인가?], *Revue de
l'université de Bruxelles*, Vol. XXXII, Octobre~Novembre 1927).
25) *Phil. als str. Wiss.*, p. 294.
26) *Ideen*, §40, p. 72.

오직 이 통일체 속에서만 존재하고, 오직 서로의 인과적 관련 내지는 상호 결합 속에서만 자신들의 개체적 동일성(실체)을 유지하며 …… 모든 물체적 현존재는 가능한 변화의 법칙들에 지배되고, 이 법칙들은 동일자 즉 그 자체만으로 존재하지 않고, 오히려 하나의 자연의 실제적이거나 가능적인 통일적 연관 속에 존재하는 사물에 관계한다. 모든 사물은 자연 안에서 …… 인과성의 통일점이라는 사실을 통해 '자신의' 본성을 갖는다. 이 실재적 속성들(사물적·실재적 물체의 속성)은 동일자의 변화에 관해 인과법칙으로 미리 지시된 가능성들에 대한 명칭이다. 따라서 동일자는 그 본성에 관해서는 오직 이 인과 법칙에 호소함으로써만 규정될 수 있다.[27]

자연과학은 구체적인 지각을 통과하면서 나타나는 이 객관성의 이상에 이르기를 시도할 뿐이다. 자연과학은 우리의 구체적인 삶을 통해서 알려지게 되고 그 안에 우리 자신을 향하게 하도록 해주는 세계에 이르기 위해 소박한 지각 경험의 모호함과 어림짐작을 극복하려고 한다.[28] 후설은 이를 다음과 같이 형식적으로 제시한다.

경험된 것으로서의 사물 그 자체를 요구한다는 의미를 일관적으로 추구할 뿐이다. …… 이것은 지속되는 제일 성질들을 유지하는 일과 관련하는, 제일 성질들의 배제, 현상의 순수하게 주관인 요소의

---

27) *Phil. als str. Wiss.*, p. 311. 또한 *Ideen*, §52, p. 100을 보라.
28) *Ideen*, §40, p. 73.

배제라는 말로 매우 모호하게 일컬어진다.[29]

하지만 이미 이 마지막 인용구에, 비판의 시작, 혹은 적어도 명료함의 결여에 대한 지시가 존재한다. 과학자는 그 자신의 방법을 통해서, 그가 시행한 바를 해석하자마자 오해를 일으키게 된다.[30] 자연주의는 오로지 자연과학의 의미에 대한 나쁜 해석인 것처럼 보인다.

실제로, 우리는 과학을 통해 구성된 세계 속에서, 사물들의 실체가 인과적 사슬의 집합으로 환원된다고 여긴다. 이로 인해 이 구성된 세계 내에서, 현존은 자연에 부속물로 나타나고 이것의 범주들로서의 시간, 공간, 그리고 인과성의 대응물로 나타난다는 것이 확증된다. 또한 물론 시간, 공간, 그리고 인과성은 여기서 물리학자의 규정 속에서 이해되는 것으로, 즉 구체적인 시간, 공간, 그리고 인과성이라는 우리의 삶을 초래하는 이 모호한 매개체를 넘어서는 방식으로 의미가 부여된다.[31]

그런데 이러한 물리적 세계의 객관성을 긍정함으로써, 자연주의는 그 현존 및 현존과 관련하는 조건과 현존 일반의 조건을 동일시한다. 또한 물리학자의 세계는, 그 내재적 의미를 통해서,[32] 우리가 사물 자체chose en soi의 세계에 직접적으로 도달하기에는 무능력한 본성, 이런 인간의 경험적 본성을 통해서 조건지어진, 순수한 나타남의 실재

---

29) *Phil. als str. Wiss.*, p. 311; *Ideen*, §47, pp. 87~88.
30) *Ideen*, §25, p. 44; §52, p. 97 그 외 여러 곳.
31) *Ideen*, §49, p. 92; §40, pp. 71~72.
32) *Ideen*, §52, pp. 98, 101.

로서의 성질을 배제하기를 시도하는 이 '주관적인' 세계에 준거한다
는 점을 망각한다.[33] 반면 물리학자의 본성은 소박한 경험을 넘어서기를
전적으로 요구하는데, 실질적으로 그의 세계는 소박한 경험에 관련해서만
존재한다. 또한 이것은 신적인 물리학에 대해서도 그렇다.[34] 이것은 우
리가 앞서 나타남과 사물 사이의 일종의 동일성을 말하면서 제시했던
것이다. 물리학이 연구하는 것은 이미, 특정한 방식으로 지각 안에서
지향된다.

> 물리학적 사물은 감각적 경험에서 몸소en personne 나타나는 대상에
> 소외된 것이 결코 아니라, 그 자체 안에, 더 나아가 선험적으로, 폐기
> 할 수 없는 본질 근거들에 입각해 오직 그 자체 안에 원본적으로 드
> 러나는 것이다. 게다가 물리학적 규정들의 담지자로 기능하는 X의
> 감각적 규정 내용도 이 물리학적 규정들에 소외되어 있는 것이거나
> 이 규정들을 뒤덮고 있는 것이 절대 아니다. 오히려 단지 X가 감각
> 적 규정들의 주체인 한, 그것은 또한 그것들의 측면에서는 감각적
> 규정들을 통해 전조되는 물리학적 규정들의 주체이다. 원리적으로
> 어떤 사물, 정확하게는 물리학이 논의하는 사물은, 상세하게 설명된
> 것을 따라서, 오직 감각적으로만, 즉 감각적인 나타남의 방식들로만
> 주어질 수 있다. …… 그리고 이 나타남의 방식들의 변화하는 연속성
> 속에 나타나는 동일자는 …… 실재적 필연성의 연관을 따라 인과적

---

33) *Ideen*, §52, pp. 97~98.
34) *Ideen*, §52, p. 102.

으로 분석되고 탐구되는 것이다.[35]

결과적으로 자연과학이 여전히 근거를 마련하는 지점은, 이미 왜곡되어 있는 자연주의이다. 주관적 나타남일 뿐인 지각의 세계를 절대적 존재로 해석함으로써,[36] 변화하고 사라지기 쉬운 지각의 세계를 과학을 통해서 발견되는 이념적 세계로 해석함으로써, 자연주의는 이 경험의 내재적 의미를 왜곡한다. 물리학의 본성은 음영들의 상대주의 속에서 드러나게 되는 존재에 대해서만 그 의미를 갖는다. 또한 이것은 물질적 실재의 독특한 현존 방식이다.

그런데 자연 자체의 현존의 의미를 잘못 해석하는 자연주의는, 물리학을 통해서 드러나는 자연 안에서 절대적 존재에 이르게 된다고 믿으며,[37] 또한 존재의 전체성을 일관적 존재로 환원시킨다.[38] "자연주의자는 모든 것을 자연으로 보는 일관된 맥락을 따라, 그렇게 볼 수 없는 것까지 그런 것으로 변질시키는 경향이 있다."[39] 정신적이거나 이념적인 존재가 실질적으로 존재하기 위해서는 자연의 일부가 되어야만 한다.

모든 심리학적 규정은 심리-물리적 규정, 즉 그것이 언제나 물리적

---

35) *Ideen*, §52, pp. 99~100; 또한 §52 전체와 p. 97 처음을 보라.

36) *Ideen*, §52, pp. 97~98.

37) *Ideen*, §52, p. 101.

38) *Ideen*, §19, p. 35.

39) *Phil. als str. Wiss.*, p. 294.

함축을 갖는다는 의미에서 …… 마땅히 심리-물리적 규정이다.[40] 심리학——경험과학——이 순전한 의식 사건들에 대한 규정을 향하고, 습관적이고 보다 더 협소한 의미에서의 심리-물리적 관련성을 향하지 않았던 곳에서조차, 이러한 의식 사건은 자연에 속하는 것으로, 즉 인간 혹은 동물 유기체에 관련하는 것으로 사고된다. 또한 이 의식은 인간이나 동물의 측면에서 그것들의 신체와 함께 자명하게 파악되는 연결점을 갖는다. 자연과의 관련성의 배제는 객관적이고 시간적으로 규정 가능한 자연적 사실의 성격으로부터 심리적인 것을 다 제거해 버린다.[41]

자연주의자는 …… 자연, 무엇보다 물리적 자연 이외의 어떤 것도 인정하지 않는다. 존재하는 모든 것은 물리적 자연의 총체성에 속하는 그 자체로 물리적인 것이거나, 심리적인 것이지만 어떤 식으로건 물리적인 것에 종속된 단순히 가변적인 것, 즉 기껏해야 이차적인 '평행적 수반 사태'일 뿐이다.[42]

이 구절의 심오한 의미는 유물론적 논지가 자연주의로 귀속한다는 데 있는 것이 아니다. 후설이 자연주의에 전가하는 과오는 순수하게 형이상학적인 것이 아니다. 자연주의는 각 존재의 현존 방식이 무

---

40) 강조는 필자.
41) *Phil. als str. Wiss.*, pp. 298~299.
42) *Phil. als str. Wiss.*, p. 294.

엇인지도 묻지 않고, 그 상호적 의존성이나 독립성에 대해 의문시하지도 않은 채, 정신과 물질을 두 가지 현존하는 존재로 간주하는 형이상학적 교설이 아니다. 분명 자연주의는 이러한 형이상학적 물음을 묻는다. 하지만 자연주의는 너무 자주 유물론적인 것이 될 뿐이다. 하지만 우리가 문제를 정립하는 방식은, 자연주의가, 최소한 함축적으로, 그 자체가 존재를 의미하는 현존의 형태 자체를 공격하기를 원한다는 점을 보여 주는 것이다. 이러한 관점에서 본 인용문은 다양한 방식으로 흥미를 유발시킨다. 후설에 의하면, 자연주의에서는 심리적 현상의 객관성 자체가 물리적 세계의 존재를 함축한다는 점을 이 인용문이 확증하고 있다. 자연주의에서 존재는, 물질적 현존을 지니는 것은 아니지만, 물질적 세계와 동일한 차원에서 존재가 거기 있다는 것을 의미하며, 이는 물질적 세계와 동일한 차원에 있는 존재를 의미한다고 볼 수 있다. 어떤 것이 현존한다고 생각하는 것은 물리적인 자연 속에 있는 어떤 것에 대해 생각하는 것이고, 결과적으로 이것은 물리적 자연과 동일한 존재 방식을 가지는 것이다. 우리가 만일 자연에 속하는 심적 현상의 사실을 제거한다면, 객관성, 실재성, 현존은 사라질 수도 있다.

자연주의의 참된 원천은 다음과 같은 것이다. 자연주의는 물질적 사물의 상l'image에서 존재의 전체성의 현존을 파악한다. 자연주의는 존재의 나타나는 방식과 드러나는 방식을 물질적 사물이 나타나고 드러나는 방식과 같은 것으로 이해한다. 이러한 물질적 사물은 자신을 절대적 실재로 부여하는, 경험의 주관적 현상[43]을 통해서 전조된다. 우리는 이제 자연주의가 실재론적 철학과 마찬가지로 관념론적 철학에 지나지 않는 것이 되고 만다는 후설의 주장을 이해할 수 있다.

심리-물리적 자연에 속하는 것이 무엇이든지 …… 우리의 관점에서 보면, 이러한 파악에서는 본질적인 어떤 것도 변화되지 않는다. …… 물리적 자연은 감각 복합 속에 음·색·압력 등 감각론적 방식으로 용해되고, 이와 똑같이 소위 심리적인 것이 여전히 이 '감각들' 또는 다른 '감각들'을 보충하는 복합체로 용해된다.[44]

양 철학에서, 존재하는 것은 자력으로 움직이지 못하는 물질처럼 존재하는 것이다.

존재하는 것은 의식의 물질화, 자연화, 고정화réification의 더 심원하고 참된 뿌리가 놓여 있는―우리가 이미 설명했던 용어를 사용해서―의식과 물질의 존재론적 동일화 안에 존재한다. 또한 이러한 고정화는 현존이라는 개념이 확장되지 않는 한, 의식의 본질을 물질적 본질과는 다른 것으로 파악하려는 시도에도 불구하고, 피할 수 없는 것이 될 것이다. 우리가 물리적 세계 배후에 의식을 두건 물리적 세계를 의식의 내용으로 용해시켜 버리건 간에, 두 경우 모두에서 의식과 물리적 세계는 자연에 존재하며, 그 스스로를 드러내고 현존하는 방식도 마찬가지 방식이다.

이것이 또한 물리적 세계의 본질과 물리적 세계의 주관적 현상을 자연화하기 위해 우리에게 강요된 현존 개념이다―의식의 자연화를 통해 가능해지는 자연화. 의식의 현존이 이와 다르게 파악될 수 없다

---

43) *Ideen*, §19, p. 35.
44) *Phil. als str. Wiss.*, p. 294.

면, 개념의 심리학주의, 개념의 자연화도 피해 갈 수 없을 것이다. 앞으로 보게 되겠지만, 이것이 바로 본질을 파악하는 심리적 작용으로부터 본질을 구별함으로써 시작되는 『논리 연구』 1권의 심리학주의 비판이, 필연적으로 의식의 본질과 그 존재 방식에 대한 연구로 전개되는 이유이다. 반면에 몇몇 비판자들은 심리학주의로의 회귀라고 후설을 비난할 수 있다고 생각했는데,[45] 사실은 정반대다. 『논리 연구』 2권은 자연주의적 존재론을 대체하기 위해 새로운 의식 존재론을 형성해내는 연구인데, 이 존재론이 심리학주의로 오해되었던 것이다.

이제 의식의 자연화를 움직이는 힘인, 자연주의적 존재 이념에서 비롯하는 의식의 자연화의 단계로 나아가 보자.

만일 존재가 자연 안의 존재라면, 이로 인해 의식은, 자연이 알려짐으로 말미암아, 그것이 현존에 요구하는 차원에서, 자연의 일부가 되어야만 한다. 다르게 말해서 의식은 아무것도 아닌 것이 될 수도 있다. 그런데 이 경우 우리는 물리적 자연에 적용되는 것과 동일한 범주인 시간과 공간(의식이 항상 신체와 기관에 결합된 것으로 파악되는 차원에서) 그리고 인과성을 의식에 적용해야만 한다. 이러한 심리적 세계는 자연 속에 고립되지 않는다. 즉 그것은 인간과 동물의 신체를 통해서 물질적 세계에 연결된다. 또한 그 두 세계 사이에는 인과적 상호작용이 존재한다.

이런 식으로 의식은 또한 자연으로서, 그 체험이 단지 주관적 표

---

45) *LU*, Ⅲ, p. v.

현일 뿐인 이념적 공간과 시간 속에서의 실재성으로 존재하는데, 우리는 이 배후에 있는 의식의 구성 요소를 찾아내야 한다.[46]

우리는 의식에 지향된 의식 작용의 다양체와 자연의 경험이 필연적으로 속해 있는 주관적 현상의 다양체를 구별했다. 그런데 우리가 자연 경험의 내재적 의미에 대한 반성을 통해 제시한 이러한 구별은, 자연주의적 존재 개념과 일관성을 이루지 않는다. 왜냐하면 자연주의는 이러한 경험 자체를 자연주의가 나타내는 존재에 비추어 이해하기 때문이다. 만일 자연에 대한 경험이 전부라고 한다면, 그 경험은 자연의 일부여야만 한다. 왜냐하면 그것이 물질적 자연의 일부인 것은 분명 아니며, 심적 자연의 일부여야 하는 것이기 때문이다. 대상의 주관적 현상은 의식의 구성 요소, 그 내용이다.[47] 동시에 전조되는 실재와 이 주관적 현상들의 관계는 인과성의 연결로 해석되는데, 단 이것은 자연주의가 허용한 관계일 뿐이다. 감각, 지각, 그리고 이념은 실재가 의식에 대해 인과적으로 작용한 결과이다.[48] 인식은 물질적 존재와 심적 존재 간의 인과성의 과정일 수 있으며, 둘 다 동일한 자연의 일부가 된다.

의식과 비교해서, 자연주의가 이념적이거나 일반적인 것을 특정 실재성으로 귀속시키려고 할 경우, 이념적이거나 일반적인[49] ─수, 기하학적 본질 등─모든 것을 자연화하려고 한다. 자연의 실재성은 실제

---

46) *Phil. als str. Wiss.*, p. 310을 보라.

47) *Ideen*, §52, p. 101을 보라.

48) *Ideen*, §52, p. 101.

49) *Ideen*, §18, p. 34.

로 개별적이다. 그것은 시간 속에서 개별화되고 감각적 경험(내적이거나 외적인)을 통해서 접근이 가능해진다. 만일 어떤 일반적인 것이 존재한다면, 그것은 어떤 점에서 개별적이어야만 한다. 왜냐하면 그것은 자연의 일부여야만 하기 때문이다. 그런데 자연은 의식 바깥에 있는 세계이며, 또한 그것인 이미 자연화된 의식이며, 그 또한 자연의 일부이다. 이념적 대상들은 분명 외적 자연 속에 존재하는 것이 아니기 때문에, 이 이념적 대상들은 의식 안에서 발견되어야만 한다.[50] 그러므로 일반적인 것은 오직 의식의 삶[51]의 내용일 뿐이며 개별적 대상들은 개별적 속성들을 가질 뿐이다.[52] 일반적인 것의 이념성은 그 고유한 본성에 속하는 존재 방식일 수 없고, 다만 이념적 대상들이 환원될 수 있는 심리학적 상태의 속성에 불과한 것이다. 우리는 따라서 자연주의에서 빈번하게 있어 온 추상 이론의 현존을 설명할 수 있고,[53] 또한 로크, 버클리, 흄 등의 이론에서도 동일한 것을 설명할 수 있다.[54] 그들은 이론만으로는 파악할 수 없는 것과 마주하게 된다.[55] 그것이

---

50) *LU*, Ⅱ, p. 123.
51) [옮긴이] 의식의 삶(la vie consciente)은 독일어 '체험'(Erlebnis)의 프랑스어 번역어로 사용되기도 한다. 또한 그것은 'vécu'라는 말로 번역되기도 한다. 후설은 체험과 경험(Erfahrung)을 구별한다. 경험은 감각적으로 마주하는 사태들에 대한 것으로, 자연과학에서 자료로 사용할 수 있는 성격의 것이다. 하지만 체험은 의식 안에서 전면적으로, 또한 생생한 현실성으로 주어진 것을 뜻한다. 이런 점 때문에, 프랑스에서는 체험을 주로 의식의 삶으로 번역한다. 단, 여기서는 체험이 아니라 의식에 대한 자연주의적 이해를 가리키는 차원에서 이 말이 사용되고 있다.
52) *Ideen*, §22, p. 41; §61, p. 116.
53) *Ideen*, §22, p. 41.
54) 이 철학자들에 대한 후설의 비판에 대해서는 다음을 찾아보라: *LU*, Ⅱ, pp. 106~224.
55) *Ideen*, p. 107.

바로 이념적인 현존이며, 그 문제는 대상의 이념성을 심리학적 삶의 내용으로 환원시키면서 나타난다. 이제 다시금 의식의 자연화가 본질의 자연화의 조건이라는 점에 주목하자.[56] 실제로, 우리는 의식의 자연화가 극복한 것을 이해해야 하고, 본질을 복원시킬 수 있다.[57]

하지만 우리는 이념적 대상들에 관해 사유할 뿐만 아니라 수학적 법칙과 같이, 이러한 대상들의 정초가 되는 법칙들에 대해서도 사유한다. 우리는 피타고라스의 정리를 직각삼각형, 정사각형 등의 본질 속에 있는 그것들의 정초를 근거 짓기 위해 연역해 낸다. 이는 삼단논법에서 이러저러한 결론을 끌어내는 이러저러한 전제들이 갖는 본성에서 비롯된다. 본질의 현존을 부정하는 자연주의는 이 점을 설명하기 위해, 그 궁극적 결론에 있어서 자기들의 고유한 사유의 경로를 따라간다. 왜냐하면 본질들은 심리적·자연적 사실들이기 때문에, 사실들 사이에 존재하는 관계가 무엇이든지 간에, 그 관계는 모든 자연적 사실들에 공통적인 관계인 인과성의 관계일 수밖에 없다. 수학적이고 논리적인 결론은, 물이 수소와 산소의 결합에 의해서 산출된다는 설명과 동일한 방식에 속하는 전제들을 통해 산출된다.[58]

우리는 단지 자연주의의 심리학적 결과를 보여 주었을 뿐이다. 만일 철학이—자연주의 진영에서 믿고 있는 것처럼—인식만을 대상으로 삼는 것이라면, 그것은 자연과학의 하나로 이해되는 심리학

---

56) *Ideen*, pp. 160~162.
57) 이 책의 6장을 보라.
58) *LU*, Ⅰ, pp. 102~109.

과 동일시된다. [이 경우] 논리학은 사유의 법칙을 연구하는 심리학 안에서 자신의 정초를 가지는 하나의 기술art일 것이다.[59] 앎savoir의 문제에 대해서, 심리학주의는 주체와 대상을 자연이라고 부르는, 그리고 인과성의 관계로 그것들의 관계를 연구하는 그러한 세계에 위치한다. 주체가 주체를 넘어 대상에 이르는 방식을 알기 위해, 우리는 인식connaissance을 초래하는 외부 대상을 통한 감각기관의 촉발, 반사 운동, 유기체의 반응 등을 이해해야 한다. 자연주의가 관념론적일 때─그 본질을 변화시키지 않는 것─그것은 의식의 흐름이 어떻게 생성되는가를 묻는 물음, 작용해야 하는 흐름 내부의 이 원인들, 그리고 그 외 다른 것들을 어떻게 인식하는가를 묻는 물음이 된다. 그렇게 해서 어떤 순간이 이 명증적 흐름을 관통한다. 이 명증성이란 심리학주의에서는 오로지 감성일 뿐이고, 모든 객관적 가치가 결여된 것이다.[60] 의식의 삶 전체는 타성적인 상태의 흐름, 심적 원자의 흐름일 뿐이다. 명증성은 다른 원자들 가운데 있는 하나의 원자이다. 진리는 이러한 명증성에 대한 감성이다.

이와 유사한 철학 개념과 더불어, 가능한 유일한 방법 하나가 자연과학에 속한다. 경험l'expérience이라는 것은 정확하게 과학적인 의미의 용어로 귀착된다. 우리는 이미 과학의 본질적 절차를 기술했다. 경험은 지각에 주어진 것을 단순히 파악하는 일로는 나타나지 않는다. 우리는 그 배후에 있는 인과성 때문에, 특정한 자연의 존재가 복합적

---

59) *LU*, Ⅰ, p. 51 그 외 여러 곳.
60) *LU*, Ⅰ, pp. 180ff; *Ideen*, §145, p. 300.

이면서 변화하는 실재의 심연 속에서 탐구를 강요한다고 받아들인다. 우리는 직접적으로 주어진 것에서 출발해야만 하고 주어진 것을 설명하는 실재로 되돌아가야 한다. 과학의 운동은 특수에서 일반으로 나아가는 것이라기보다는, 구체적인 감각에서 주관적 현상에 전조된 것을 현실화시킬 것을 요구하는 가설적 상부 구조ㅏ superstructure로 나아가는 것이다. 다르게 말하면 이렇다. 진리로 나아가는 사유의 본질적 운동은 우리가 살아가는 구체적인 세계에서 비롯한 최상의 실재적 세계의 구축으로 나타난다. 이러한 방법은 직접적 지각으로 환원할 수 없는, 직접적이고 구체적인 모든 것에 대한 거부다. 왜냐하면 지각의 세계는 상대적으로 주어지기 때문에, 또한 그 배후에 있는 실재에 준거하기 때문에, 이 지각은 과학적 가치를 가지지 않으며, 또한 그것은 나타남을 설명하는 실재 세계를 추론적으로 구성할 수 있는 출발점으로서의 역할만 담당한다. 왜냐하면 나타남에 대한 설명이 곧 설명 자체를 필요로 하는 어떤 것으로 주어져 있기 때문이다.

만일 우리가 직관을 통해, 거칠게나마 비매개적이고 직접적인 인식을 이해한다고 하더라도, 자연주의에서는 이 직관이 과학적 방법이 될 수가 없다. 왜냐하면 직접적인 것은 오로지 나타나는 것뿐이기 때문이다.

우리는 이제 비로소 우리가 나아가려 하는 길을 볼 수 있다. 우리는 자연주의가 어떻게 특정 과학적·철학적 방법 개념에 정초를 두고 있는지를 잘 보여 주었다. 또한 우리는 다른 모든 것을 도출시킬 수 있는 자연주의의 핵심이 바로 현존 개념에 있다는 것도 보여 주었다. 우리는 이제 후설의 현상학이 자연주의적 존재론을 극복하는 가운데, 어떤 식으로 또 다른 철학적 방법 개념과 진리 일반 개념에 도달하는 지를 물어야 한다.

2장 | 현상학적 존재론 : 의식의 절대적 현존

만일 존재가 자연의 방식으로 존재한다는 것을 의미한다면, 이 경우 범주와 자연의 현존 방식에 저항하는 것으로 주어지는 모든 것은 그 자체로 대상성을 가질 수 없을 것이고, 선험적이면서도 필연적으로 자연적인 어떤 것으로 환원될 것이다. 그러한 대상의 성격은 그 잡다한 구조와 더불어 자연적 인과성의 산물인 순수하게 주관인 현상으로 환원될 것이다. 이를 하나의 예를 가지고 설명해 보자. 미적 경험에서 표현되는 아름다움은 대상성의 영역에 속하는 것으로 자신을 드러낸다. 예술작품의 아름다움은 단순히 그 자체로 아름다움과 추함 너머에 존재하는 그런 작품의 속성에서 비롯되는 '주관적 감성'이 아니다. 미적 대상은 그 자체로 아름답다—적어도 이것이 미학적 경험의 고유한 의미이다. 하지만 이 대상은—가치 또는 미—그 독특한 존재 방식과 관련하여, 자연주의를 통해서 대상에 적용되는 범주와는 양립할 수가 없다.[1] 이러한 범주가 실재의 유일한 규범이라는 것이 인정된다면, 어떤 미적 경험이건 간에 그러한 범주로 환원하려고 하는 자연

---

1) *Ideen*, § 152, p. 318.

주의는, 엄밀하게, 아마도 그러한 경험의 의미를 보존할 수 있을 것이지만, 이러한 경험은 여전히 본질상 자연 안에 심리적인 현상으로 자리할 것이다. 자연주의적 존재론이 단호하게 받아들여지는 한, 현존은 자연의 현존을 포함하고 삶의 의미를 통해서 규정되지 않는 것이되며, 다만 삶 그 자체가 존재하기 위해서는 자연의 형태로 수용되어야만 한다. 다시 말해 삶은 인과적 사슬 속으로 통합되어야만 하고, 실재는 그러한 사실에 속하는 경우에만 허용된다. 이러한 경험의 고유한 의미란 다른 것들 가운데 존재하는 속성, 현상에 불과할 것이다. 자신의 원리에 충실한 자연주의는, 어떻게 보더라도 근원적이거나 환원 불가능한[2] 의식 작용의 의미를, 그 자신만이 참된 것으로 존재하는 자연으로 환원시킨다. 자연주의의 기술description은 기술적 관심intérêt desciptif을 갖는다. 하지만 그 기술은 가치 존재l'être de la valeur에 관한 어떤 주장을 이끌어 내는 데는 활용할 수가 없다. 우리의 실례에서, 아름다움은 자연의 인과적 과정 내에서의—원인과 결과—심리적 현상으로서만 실질적이다. 기술적 심리학psychologie descriptive 그 자체로는 자연주의를 지양할 수가 없다.

그러므로 자연주의의 모든 결과와 관련하여 결정적으로 자연주의를 넘어서기 위해서,[3] 특정한 대상들이 지닌 고유한 성격, 자연주의적 범주들로 환원이 불가능한 성격을 현격하게 강조하는 기술에 의지

---

2) *Ideen*, §19, p. 36.
3) 후설이 자연주의를 비판하고 넘어서려고 한 동기에 대해서는 다음을 보라. *Ideen*, §18, pp. 33~34.

하는 것은 불충분한 일이 되고 만다. 자연을 포함한 모든 존재의 기원은 의식의 삶의 고유한 의미를 통해 규정되는 것이지 그 역은 아니라는 점을 보여 주는 것과 존재 개념의 의미 자체로 내려가 더 깊은 심연을 파고들어 가는 것이 필수적인 과제가 된다. 이때 의식의 고유한 의미를 다루는 기술—그러니까 직관이 제공하는 기술—은, 순수하게 심리적인 것과는 다른 가치를 지니게 될 것이다. 기술은 직관이라는 철학적 위엄에 의존한다. 『논리 연구』 1권의 재판 서문에서 현상학을 기술적 심리학으로 특징짓는 데서 보듯이, 후설은 사실 『논리 연구』 초판 1권의 크나큰 결점을 깨닫고 있었다.[4)5)]

우리는 어떻게 이 존재론이 부정적으로는 자연주의적인 현존의 이상과 결별하고, 긍정적으로는 삶의 내적 의미에 의존하는지를 규명해야만 한다.

우리는 이미 앞 장에서 이러한 목표를 향해 가는 작업에 착수했다. 우리는 실제로, 물리학자를 통해 그 절대적 권리를 선포하는 물리학의 세계가 어떻게 일련의 주관적 현상과 본질적으로 관련을 맺고 있

---

4) Edmund Husserl, "Bericht über deutsche Schriften zur Logik in den Jahren 1895~1899", *Archiv für systematische Philosophie*, X(1903), pp. 397~400; *LU*, p. xiii; *Ideen*, §49, p. 92.

5) [옮긴이] 후설의 『논리 연구』는 1900년에 초판 1권의 형태로 맨 처음 그 모습을 드러낸다. 1권은 "순수 논리학 서설"을 그 부제로 삼고 있으며, 이듬해인 1901년 초판 2권이 출간된다. 1권이 "순수 논리학 서설"이라는 단일한 제목으로 논의가 진행되는 반면, 2권은 "현상학과 인식론 연구"라는 제목으로 여섯 개의 연구 과제(또는 논문)로 설정되어 있다. 1913년에 부분적으로 개정된 재판이 출간되고, 1921년 완성된 재판이 출간된다. 재판에서 후설이 공들인 부분은 여섯번째 연구인데, 이것은 2권 2부에 해당하지만, 레비나스는 이것을 III으로 표기한다.

느지를 보여 주려고 했다. 우리는 또한 주체성의 관계가 담지자와 담지된 것 간의 관계로 이해되어서는 안 된다는 점과 여기서 새로운 형태의 버클리적 관념론을 보여 주는 것은 미숙한 시도일 수 있다는 점을 강조했다. 그럼에도 불구하고 주체성과의 특정 관계가 이러한 주관적 현상의 의미 자체에 내속한다. 상이한 관점들로부터 연속적으로 발견되는 한 탁자의 다양한 측면은, 어떤 식으로건 그 자체로 방향을 설정하는 의식을 전제한다. 우리는 이 관계에 대한 연구를 잠시 후로 미뤄둘 것이며,[6] 다만 후설과 관련해서 우리의 모든 분석은 다음과 같은 방향으로 나아간다. "초재하는 사물res의 세계는 필연적으로 의식에 의존한다ist angewiesen an."[7]

하지만 혹자는 물질적 사물이 우리의 현전하는 지각 영역을 넘어 확장된다는 주장에 반대할 수도 있다. 물질적 사물은 지각 자체의 계기에 있어서, 주관적 양상의 연속체 안에 전조되거나 드러나는 것으로 제한되지 않는 그 본질 자체에 속해 있으며, 또한 본질은 우리가 사물들을 지각하지 못할 때도 존재하는데, 이는 곧 그 자체로en soi 존재한다. 이 경우 일련의 연속적인 '주관적 현상'에서 사물의 현존 방식의 필연적 관계가 발견될 수 있는가?

후설은 지각에 관련하는 물질적 사물을 통해 현시된 독립성의 성격이 단순한 환영이 아니라는 점을 인정한다. 그런데 그는 이를 의식과의 필연적인 관계 속에 외부 사물이 들어간다는 이론으로 설명할

---

6) 이 책의 3장을 보라.
7) *Ideen*, §49, p. 92.

수 있다고 평가한다.

의식 개념은 말하자면 깨어 있으면서 활동하는 의식이라는 핵심적인 영역 그 이상의 것을 포함한다. 후설은 의식의 각 계기가 후광halo, 경계, 후설의 용어로는 지평, 다시 말해 핵심 현상에 대한 여백으로 둘러싸여있다는 점을―베르그손과 제임스가 파악했던 것처럼―무시하지 않는다.[8] "각각의 파악함은 이끌어 내 포착함이다" Chaque perception est une ex-ception(jedes Erfassen ist ein Herausfassen).[9] 사유 작용은 어떤 점에서, 이끌어 내 포착함의 대상 그 자체가 될 수 있으면서 동시에 일관적으로 수반되는 배경에서 대상을 추출해 냄으로써 사유 대상cogitatum을 전유해 낸다.[10] 사유 대상의 경우에 시선을 통해 미리 고정시켜 놓은 것은 의식의 영역에서 완전히 사라지지 않은 채, 배경 속으로 내려온다. 새로운 코기토에서, "비록 변양된 것이기는 하지만, 이전의 코기토는 '점차 수그러져' 어둠 속으로 가라앉는다".[11] 그것은 어떤 경우에, 코기토로 되돌아가는 우리의 순전한 가능성, 각각의 현재 순간 속에 암시적으로 포함된 가능성으로 남겨질 수 있다.

핵심적 의식과 주변적 의식의 대립이 오로지 지각 특유의 사례인 것은 아니며, 또한 우리의 주의에서 비롯된 이끌어 내 포착함의 형

---

8) 우리는 차후 의식의 다양한 계기의 '연속성'과 심적 삶의 정밀한 한계 설정을 가능케 하는 경계들의 존재에도 불구하고, 후설이 어떤 이유에서 지성을 폐기하지 않는지를 알아보아야 한다. 이 책의 6장을 보라.

9) *Ideen*, §35, p. 62.

10) *Ideen*, §, 113, pp. 230~231.

11) *Ideen*, §115, p. 236.

식 아래서의 의식의 현시는 특수한 경우에만 구성된다. 그것은 다음과 같은 모든 의식 작용에서 발견될 수 있다. 기억 작용, 상상력, 쾌락의 작용, 의지의 작용 등.[12] 의식의 삶의 배경에는 여러 사유 작용이 들어 있다. 이 배경은 의식 안에서 일종의 안개, 분석에 돌입하지를 못하는 모호한 것이 아니며, 단지 이미 차별화된 영역일 뿐이다. 우리는 배경 속에서 다음과 같은 다양한 형태의 작용을 구별할 수 있다. 믿음의 작용(진정한 믿음의 출현, 지식에 선행하는 믿음 등),[13] 쾌나 불쾌의 작용, 욕망의 작용 등을 말이다. 소묘하는 작용과 같은 어떤 작용들은 그 작용이 그 자체로 존재하기 전에 다음과 같은 것으로 나타난다. 소묘적 판단, 쾌락, 욕망 등.[14] 거기에는 심지어 "우리가 본래적 코기토를 수행하기 이전에 자아가 판단하고, 좋아하고, 욕망하거나 의도하기 이전에" 나타나는 그런 형태의 규정이 존재한다.[15]

이러한 구조의 세부 사항으로 들어가지 않고서도, 우리는 의식의 현실적actuelle 삶에 함축적으로 포함되어 있는 가능성의 영역 및 아직 현실화되지는 않은, 또는 잠재적인potentielle 의식을 이루는 가능성의 영역을 실질적 의식과 대립시킬 수 있다.[16]

현실적이고 잠재적인 의식이라는 개념의 도움에 힘입어, 우리는 주체성과 관련해서 물질적 세계를 통해 드러나게 되는 그 세계의 독

---

12) *Ideen*, §35, pp. 62~63.

13) *Ideen*, §115, p. 236.

14) *Ideen*, §84, p. 169.

15) *Ideen*, §115, p. 236.

16) *Ideen*, §35, p. 63.

립성을 이해할 수 있다. 물질적 세계는 현실적 의식에 관해서만 독립적이다. 우리가 우리의 현실적 시선으로 소유하지 못한 대상이 의식에서는 사라지지 않는다. 그 대상은 잠재적으로 가능한 현실적 의식의 대상으로 주어진다. 후설이 일컫는 대로, '지평들'은 의식의 함축적인 가능성의 보다 더 무규정적인 형식 내지 주변적 현상의 형식 아래, 명확하고 분명하게 주어지는 것을 수반한다. 우리는, 지평들의 특정한 양상을 조명하고 다른 것들은 어둠 속으로 가라앉게 하기 위해, 우리의 시선으로 이러한 지평들 주변을 여기저기 들여다볼 수 있다. '즉자'[그 자체]en soi인 사물 세계의 속성은 동일한 사물과 사물을 확인하기 위해 되돌아가는 이 가능성을 의미한다.[17] 이 개념은 심지어 거대한 철학적 관심을 나타낸다. 왜냐하면 잠재적 영역은 우연적으로 의식에 속해 있지는 않지만 필연적인 의식의 구조의 일부로 속해 있는 것이며, 또한 그러한 것은 순차적으로 잠재성에 의해 둘러싸인, 현실적인 존재하는 것이 되기 위한 잠재적 영역의 다양한 계기들의 가능성이기 때문이다. "의식의 흐름이 순수 현실성들로만 이루어질 수는 없다."[18] "지속적으로 이어지는 사유 작용의 사슬은 끊임없이 비-현실성의 매개에 의해 둘러싸여 있고, 이 비-현실성은 언제나 현실성의 양상으로 이행할 준비가 되어 있다는 사실"은 필연적인 것이다.[19]

---

17) *Ideen*, §45, p. 84; §47, p. 89.
18) *Ideen*, §35, p. 63.
19) *Ideen*, §35, p. 64.

요약컨대, 비-지각적인 물질적 사물의 현존은 그 지각 가능성 안에 존속할 것이다. 이 지각 가능성은 모순이 없으면 모든 것이 가능하다는 의미에서의 공허한 가능성이 아니다. 오히려 이 지각 가능성은 의식의 본질 자체에 속해 있는 한 가능성[20]이다. 현실적으로 지각되는 것의 배경을 형성하는 물리적 실재의 총체의 현존은 어떤 형태의 주관적 현상의 나타남, 곧 현실적으로 지각되는 것의 의미를 통해 특정한 범위에서 예취될 수 있는 나타남을 보는 적극적 가능성을 의미한다. "그것(물질적 대상)이 있다고 말하는 것은, 지각들이 실제로 나타나는 배경을 지닌 현실적 지각들로부터 …… 거기에서 대상이 나타날 수 있고 지각될 수 있는 지각의 연관들에 이르기까지 이끌어 간다는 것을 뜻한다."[21]

지금까지 우리는 의식에 상관하는 물리적 대상의 현존에 대해 말했다. 이제 우리는 그러한 현존이 지닌 또 다른 성격을 더 명확하게 제시하기를 원한다. 물리적 대상의 현존은 그 현존이 암시되는 양상들의 다수성과 상관적이다. 하지만 더 나아가 이러한 양상들은 결코 사물을 소멸키시지 않는다. 권리상 그 수는 무한하다. 우리가 어떤 주어진 계기에서 바라보는 양상은 언제나 더 많은 양상들을 지시한다. 사물은 총체적으로는 결코 알려지지 않는다. 사물에 대한 우리의 지각

---

20) 다양한 가능성의 형태들의 구별에 대해서는, *Ideen*, §140, p. 292를 보라.

21) *Ideen*, §45, p. 84; Aron Gurwitsch, "La Philosophie phénoménologique en Alle magne", *Revue de métaphysique et de morale*, XXXV, no. 4(1928). 이 글은 후설 관념론에서의 잠재성의 역할을 아주 잘 조명하고 있다.

의 본질적 성격은 비충전적[22]이다.[23]

한 물질적 사물은 이중적 상대성을 지시한다. 한편으로, 사물은 의식에 상관적이다—사물이 존재한다고 말하는 것은 의식과 마주한다는 것이다.[24] 다른 한편으로, 주관적 현상의 연속체는 결코 완성되지 않기 때문에, 현존은 '현상'의 연속체의 완성도에 상대적인 것에 지나지 않게 된다. 그리고 그 이상의 경험은 원칙적으로 오류에 빠질 수도 있고 선행하는 지각을 통해 습득되는 것처럼 보이는 환각의 자격을 부여받을 수도 있다.[25]

물질적 사물의 현존에 대한 이러한 특징지음은—후설은 이를 단지 잠정적인 것으로 이해했으며, 결국 그 결정적 기여는 현상학의 원리적 문제 가운데 하나가 된다[26]—후설이 이야기한바, "초재적인 것[27]의 순수하게 현상적인 존재"[28]라는 말과 "한 사물의 현존은 결코 주어짐의 방식에서 비롯하는 필연적인 것으로 요구되는 것이 아니라, 어떤 방식으로든 항상 우연적인 것",[29] 그리고 "스스로 주어진 모든 사물적인 것이 존재하지는 않을 수 있다"[30]고 한 그의 말을 이해할 수

---

22) [옮긴이] 충전적인 것과 비충전적인 것은 사물에 있어 의식에 남김없이 주어지는 것과 그렇지 못한 것을 각각 구분하는 말이다.

23) *Ideen*, §3, p. 10; pp. 80~81; §138, pp. 286~287 그 외 여러 곳.

24) *Ideen*, §50, pp. 93 이하.

25) *Ideen*, §46, p. 86; §138, p. 287.

26) *Ideen*, §55, pp. 107~108; §96, p. 287.

27) 후설에게 초재적이란 말은 의식 흐름의 구성 요소의 일부가 아닌 모든 것을 의미한다 (*Ideen*, §38, p. 68). 그러므로 그것은 주로 물질적 대상을 의미한다.

28) *Ideen*, §44, p. 80.

29) *Ideen*, §46, p. 86.

있게 해준다. 결국 이는 "의심 가능한 초재적 지각의 성격"에 관한 후설의 주장을 이해할 수 있게 해준다.[31]

이 논지에서는—이것은 일종의 명증적인 것이다—마치 우리가 존재하는 세계 안에서 살아가는 인간의 소박하고 자연적인 태도와 대립할 것을 요구하는 것처럼, 그렇게 세계에 대한 의심스러운 지각이 있다는 것은 결코 확증되지 않는다. 이것은 회의론적 논지가 아니다. 이 논지는 외적 지각의 환영적illusoire 성격, 진정한 존재자에 대한 비충전성을 긍정함으로써 외적 지각의 가치[32]를 부정하지 않는다. 그러한 회의론적 논지는 특정한 철학적 태도를 표명하지도 않는다. 소박한 태도와 정반대 입장을 취하는 와중에도, 그러한 회의론적 논지는 소박한 삶과 동일한 차원에 우리를 머무르게 한다. 왜냐하면 이 경우 철학은 자연적 태도가 옹호한 모든 것을 단순하게 부정할 수 있기 때문이다. 우리는 세계의 현존 내지 비-현존을 논의할 수 있지만, 그래도 여전히 불투명한 현존 개념을 전제할지도 모른다. 우리는 이 개념을 묻는 데 실패하거나 전-이론적이며 무비판적 현존 개념에 암묵적으로 의존할 수 있다.

우리가 다루려는 분석은, 확실하거나 불확실한 사물의 현존에 대한 주장을 제시하는 일 대신에, 사물의 현존이 이러한 외부 사물의 존재 방식 자체와 관련하고 있다는 논지를, 바로 이 사실을 드러낸다는

---

30) *Ideen*, §46, p. 86.

31) *Ideen*, §46, p. 85.

32) *Ideen*, §32, pp. 56~57; 그리고 특히 *Ideen*, §55, p. 107을 보라.

점에서 새롭다. 우리는 우리의 분석 결과를 다음과 같이 규정할 수 있다. 물질적 사물의 현존은 그 자체로 무, 비존재의 가능성을 포함한다. 이는 사물은 존재하지 않고, 다만 그 사물의 존재 양식이 바로 그 사물 자신에 대해 가능한 부정을 포함한다는 것을 의미하지 않는다.[33] 이 부정은 마치 우리가 물리적 세계에 대한 인식이 세계의 현존을 절대 확실성과 더불어 정립해 낼 수 없다고 말하는 것과 같으므로, 인식의 특징과는 아무런 관련이 없다. 그 대신에 우리는 이 가능한 부정을 사물의 현존 자체가 가지는 구성 요소로 받아들여야만 한다.[34]

그런데 오해를 피하기 위해, 여기서 확증된 물질적 사물의 우연성은, 저 유명한 존재론적 [신 현존] 증명을 따라, 존재가 신의 본질 안에 있는 방식처럼, 존재가 물질적 사물의 본질에 포함되는 것을 의미한다는 점을 덧붙여야 하겠다. 현존에 있어서의 이 본래적인 부정과 우연성은 단지 외부 사물이 그 자체로 드러나고 존재하는 방식에 있어서의 이중성을 표현하는 것이다. 이 이중성은 한편으로는 한 존재가 암시된다는 사실로, 다른 한편으로 주관적 현상의 무한한 연속체로 암시된다는 사실로 나타난다. 사물의 존재는 이 현상들의 일치와 동일시된다. 하지만 이 일치가 필연적이지는 않다. 그러므로 사물의 현존에 대한 요구는 언제 어느 때나 불일치될 수 있는 이 현상들에 대해 상대적이다. 우연성은 대상의 본질과 현존 간의 관계가 아니라 현존 자체의 규정일 뿐이다. 칸트가 '사물 자체'에 대립하는 것으로 규정하

---

33) *Ideen*, §46, p. 87; §49, p. 91; §138, pp. 286~287.
34) *Ideen*, §44, p. 80. 사물의 지각 방식은 사물의 '특별한 의미'에 의존한다.

는 외부 사물의 현존의 순수하게 현상적인 성격이 여기서는 현존의 내적 규정으로 나타난다.

더 나아가, 만일 우연성이 여기서 존재론적 논증의 필연성에 대한 대립으로 이해된다면, 우리가 지금 연구하고 있는 후설의 철학에서, 물리적 세계의 우연성과 대립되는 의식의 현존의 필연성은 다름 아닌 존재론적 논증의 의미에서 이해되어야 한다. 그런데 후설은 이를 형식적으로 부정한다.[35)]

회의론자에게 허용된 것은 아무것도 없다. 반대로 회의론의 오류의 원천 및 오류의 근거 자체는 설명된다. 물질적 사물의 현존의 상대적 성격에서, 우리는 회의론의 토대를 발견한다. 회의론은 한편으로 주관적 현상들의 생성 흐름 속에 있는 이 주관적 현상을 인식이라는 주제 아래서 파악하고, 다른 한편으로 현존에 대한 주관적 현상의 요구를 존재 자체être en soi로 실체화함으로써 분열을 만들어 내게 된다. 사물을 구성하는 현상에 알려지는 사물의 원리적 비충전성을 확인함에 있어, 회의론은 우리가 존재를 알지 못한다는 점과 끊임없이 우리의 감각의 잘못된 지도를 받는다는 점을 확증하기 위한 근거를 찾아낸 것처럼 보인다. 하지만 회의론은, 우리가 인식하는 것에서의 존재의 가치를 거부하고, 또한 사물이 그것을 구성하는 현상 너머에 있기를 요구하는 이 한 가지 양상 아래 표현되는 사물의 현존의 존재 이념을 공격 대상으로 삼고 있기 때문에 바로 회의론이라는 이름을 갖는다. 이 경우 후설의 개념이 안고 있는 크나큰 이점이 곧 그의 출발점(가장 탁

---

35) *Ideen*, §46, pp. 86~87.

월한 현상학적 출발점)이 되는 것처럼 보인다. 외부 사물의 현존을 추구함에 있어서, 외부 사물의 현존은 그것이 의식에 대하여 존재하는 것이라는 대립에서 나타나는 것이 아니라, 바로 그것이 구체적인 의식의 삶 아래 현전하는 양상 안에서 나타난다. 우리에 대해 존재하는 것, 우리에게 현존하는 것으로 다루어지는 것은, 이 실재에 대한 상이나 기호로 우리에게 나타나는 현상의 배후에 감춰진 그런 실재가 아니다.[36] 현상 그 자체의 이 세계는 우리의 구체적인 삶의 존재로 이루어진다. 그것은 수학적으로 정밀성이 결여되어 있고 한계들이 분명하게 설정되지 않은 현상 세계이며, 그 현상들은 '정상 상태'normalité란 말로 제시되는 이 모호한 적법성에 종속하는 '대략적으로'à peu près와 '말하자면'pour ainsi dire으로 가득 차 있는 것이다.[37]

이제부터, 바로 그러한 태도 속에서, 우리는 주체가 존재에 이를 수 있는지를 이해하기 위해서는 인식 능력에 대한 연구로서의 인식론에서 논의를 시작해야 한다고 보는 모든 철학을 넘어서는 데 이르는 길을 파악할 수 있다. 인식론은 사실상 일자와 타자가 서로 관계를 맺어야만 하는, 대상과 주체의 현존을 전제한다. 이때 인식은 이런 식의 관계로 정의되고, 이것은 언제나 인식이 주체에 현전하는 존재를 왜곡하지 않는지, 또는 왜곡하는지를 규정하는 문제를 남겨 둔다. 그런데 만일 우리가 대상이라는 이념 자체의 기원이 주체의 구체적 삶 속에서 발견된다고 이해한다면, 그리고 다른 한편으로 주체는 매개

---

36) *Ideen*, §43, pp. 78~79.
37) 이 정상 상태 개념은 *Ideen*, §44, pp. 81~82에서 도입된다.

자, 곧 대상에 이르기 위해 인식을 사용해야만 하는 실체가 아니라, 단지 대상 앞에서의 그 현전 안에서 주체의 주체성의 비밀이 드러난다는 점을 이해한다면, 이 모든 문제가 허구적인 것이라는 점이 드러나게 된다. 사물들이 나타나는 방식은, 결과적으로, 인식의 과정을 통해서 현존하는 사물에 부가되는 특징이 아니다. 오히려 사물의 나타남의 방식이 곧 사물의 현존 자체를 형성한다.

　분명 지금까지 우리는 내용을 부정적으로 전개시켰다. 현존이 사물 법칙에서의 현존을 필연적으로 의미하는 것은 아니라는 점과 사물의 현존이 어떤 식으로든 의식의 현존으로 되돌아간다는 것을 보여줌으로써 말이다. 의식의 존재가 의미하는 바는 무엇인가? 그것은 어떻게 적극적으로 규정될 수 있는가? 우리는 후설 존재론의 심장부에 이르기 위해서 이 문제를 해명해야만 한다.

　후설 철학의 근본적 직관은, 한편으로 절대적 현존을 구체적인 의식의 삶에 귀속시키고, 다른 한편으로 의식의 삶이라는 개념 자체를 변형시키는 것으로 나타난다. 절대적으로 존재하는 이 삶은, 실제로 사물과 같은 현존 방식을 지니는 폐쇄된 세계의 일종인 버클리적 관념론에서의 의식이 의미하는 것과 같은 것일 수 없다. 의식의 삶은 초재적 존재자의 현전에서의 삶으로 기술되어야만 한다. 또한 우리가 의식의 절대적 현존을 말할 때, 그리고 외부 세계가 오직 의식을 통해 구성됐다고 주장할 때도, 이것이 버클리주의로 추락하지 않는다는 사실이 이해되어야 한다. 오히려 우리는 전통 철학의 주체와 대상을 가능하게 하는 더 일차적인 현존의 현상으로 되돌아간다. 이 두 항은 후설의 의식 개념을 따라 표현된 구체적인 현상에서 시작하는 추상일 뿐이다.

우리는 우선 의식의 현존의 절대적 성격을 기술해야 하고, 이때 이 현존이 어떻게 지향성으로 나타나는지를 보여 줄 것이다.[38] 이로써 의식이 모든 존재의 기원이며 후자는 전자의 고유한 의미를 통해 규정된다는 사실이 도출될 것이다. 그러므로 우리는 의식의 삶에 대한 연구 방식을 이해하는 입장에 있어야 하며, 그것이 어떤 한 가지 방식으로 이해될 경우 비로소 하나의 철학적 가치를 지닐 수 있다.[39]

의식의 본질을 규정하기 위해, 후설은 그 본질의 총체에 있어, 데카르트적 코기토로 포괄되는 현상에서 출발한다.

우리는 우리가 데카르트의 코기토, 즉 '나는 생각한다'를 통해 가장 간단하게 부를 수 있으며 맨 먼저 제시되는 그 의미심장한 의미에서의 의식을 출발점으로 택한다. 잘 알려져 있듯이 데카르트는 코기토를 넓게 이해해서, 이것은 모든 '나는 지각한다, 나는 기억한다, 나는 상상한다, 나는 판단한다, 나는 느낀다, 나는 갈망한다, 나는 의욕한다' 와 그리하여 무수히 흘러가는 특수 형태들 속에 이와 유사한 그 모든 자아 체험Icherlebnisse을 함께 포괄한다.[40]

이러한 삶의 상태, 이러한 체험이 단순하게 자연 세계의 측면에서

---

38) 이 책의 3장을 보라.

39) 이 책의 7장을 보라.

40) *Ideen*, §34, pp. 60~61; §28, p. 50을 보라. 여기서 의식 개념은 아직은 잠재적 영역에 포함되지 않는다. 이것이 바로 후설이 "의미심장한 의미"에서의 의식을 말한 이유이다.

의 실재의 영역을 형성하지는 않는다.[41] 체험은 오직 사물 세계와 의식세계 모두와 관련해서 '존재'라는 말을 사용할 수 있는 '공허한 범주'[42]를 통해서만 존재한다. '체험'은 상이한 현존의 방식이다. 우리는 처음부터 이 점에 대해 다음과 같이 주장한다. "의식은 그 자체로 그 고유한 존재를 지닌다. …… 의식은 원리적으로 원본적인 존재 영역을 구성한다."[43] 또한 후설은 더욱 명시적으로 이렇게 말한다. "거기에는 의식으로서의 존재와 사물로서의 존재 간의 본질적이고 근본적인 차이가 나타난다."[44] "이 점에서 바로 현존 방식의 원리적 차이, 즉 의식과 실재 사이에 일반적으로 존재하는 가장 근본적인 차이가 밝혀진다."[45]

만일 여기서 우리가 의식이 반성과 관련하여 드러나게 되는 방식에 우리의 주의를 집중한다면, 우리는 다음과 같은 점에 주목해야 한다. 의식의 지각, 반성 ─ 후설의 술어로는 내재적 지각[46][47] ─ 은 외

---

41) *Ideen*, §39, p. 70; §49, p. 93.

42) *Ideen*, §49, p. 93; §76, p. 141.

43) *Ideen*, §33, p. 59(강조는 필자).

44) *Ideen*, §42, p. 76.

45) *Ideen*, §42, p. 77(강조는 필자); 또한 §35, p. 62를 보라.

46) 이 술어에 대해서는 *Ideen*, §38, p. 68을 보라.

47) [옮긴이] 전통적으로 의식적이고 이념적인 것에 대해서는 '내적'이라는 표현을 쓰고, 의식 바깥의 실재하는 것에 대해 '외적'이라는 표현을 쓴다. 후설은 이 용례를 조금 비튼다. 그는 '내적'(inner; interne)이라는 말보다 '내재적'(immanent)이라는 말을 선호하는데, 이것은 의식의 체험에 속하는 것을 뜻한다. 내재적 지각은 의식의 체험의 영역에서의 지각을 뜻한다. 브렌타노(Franz Brentano)는 내적 지각을 심리적인 차원에서의 것으로, 외적 지각은 실재하는 것에 대한 것으로 나누면서 내적 지각에 우위를 둔다. 실재하는 것에 대한 지각은 실재하지 않는 것(소리, 색)까지도 실재하는 것처럼 볼 수

재적, 초재적 지각에서처럼 드러나는 것과 전조되는 것 간의 이중성을 통해서는 특징지어지지 않는다. "체험은 음영 지어지지 않는다"Ein Erlebnis schattet sich nicht ab.[48] "이 영역의 존재자에 대해서는 음영을 통해 '나타남'이나 표상에 대해 말하는 것이 무의미하다."[49]

심리적 존재, '현상'인 존재는 원리적으로 여러 가지로 분리된 지각들, 심지어 동일한 주체의 지각들 속에 개체적으로 동일하게 경험할 수 있다고 하는 통일체가 아니다. 달리 말하면, 심리적 영역에는 현상과 존재의 어떤 구별도 없다. 또한 만약 자연이 현상들 속에 나타나는 현존재라면, 현상들 자체(물론 심리학자가 심리적인 것으로 간주하는 것)는 다시금 그 배후에 놓여 있는 현상들을 통해 나타나는—어떤 현상의 지각에 대한 모든 반성이 명백히 밝혀 주듯이—존재가 절대 아니다.[50]

의식의 흐름은 언제나 어떤 절대적인 것, 존재하는 것이면서 서로 모순이나 파괴를 일으킬 수 있고 결과적으로는 우리의 기대를 사라지게 해서 우리를 좌절시키는 현상의 연속체에 있어 선취되는 대상

있기 때문이다. 하지만 후설에게서의 내재적 지각은 바깥의 것을 향하면서도, 그것에 대해 이루어지는 의식 내재적 작용을 지각으로 이해함으로써 브렌타노적인 '내적'의 의미를 넘어선다. 브렌타노적인 구별법을 따르면, 후설에게는 오히려 외적 지각이 심리적인 자기 바깥으로 나아가는 것이기 때문에, 그것이 더 근원적인 의미의 지각이다.

48) *Ideen*, §42, p. 77; §44, p. 81.

49) *Ideen*, §42, p. 77; §44, p. 81; §49, p. 93.

50) *Phil. als str. Wiss.*, p. 312.

과는 다른 어떤 것으로서의 내재적 지각 속에 주어진다. 외부 사물에 대한 지각과는 다르게, 내재적 지각은 충전적이다.

> 체험 지각은 음영을 통한 주어짐의 방식들의 동일자로서가 아니라 지각 속에 절대적인 어떤 것으로 주어진 것(또는 주어질 수 있는 것)에 관한 단적인 통찰함이다. …… 느낌은 음영을 통해서 나타나지 않는다. 나는 때에 따라 이러저러하게 제시될 수 있을 어떤 측면도 지니지 않는 절대적인 것을 갖는다.[51]

물질적 사물의 현존에 결부되어 있는 항상 가능한 무라는 특징은, 직접적으로 드러나게 되는 존재와 다르며, 음영의 연속체에 있는 것도 아니다. "이 절대적 영역에서는 …… 불일치[52] 내지는 나타남, 또는 그 외의 어떤 다른 존재의 가능성을 위한 여지가 없다.[53] 그것은 절대적 정립의 영역이다."[54] 내재적 지각에 대한 분석은 우리를 의식의 절대적 정립, 의식의 현존을 부정하는 일의 불가능성에 대한 논의로 우리를 안내한다.

---

51) *Ideen*, §44, p. 81.
52) 불일치는 물질적 사물의 나타남을 구성하는 계기적 현상 사이에서 발생하는 것일 수 있다. 한 '인간'을 암시적으로 나타내는 현상의 연속체는, 그것이 인간이 되는 것으로 받아들여지는 나무였다는 것을 보여 주는 경험의 여지에 의해 모순을 일으키게 된다. 이 가능성 ─지각된 대상이, 진리 안에서는 어떤 다른 것이다(우리의 예에서 보면, 인간은 실제로 나무이다) ─은 본질적으로 외부 사물이 나타나는 방식에서 전해진다.
53) 앞의 주석을 보라.
54) *Ideen*, §46, p. 86.

만약 반성적 지각이 나의 체험으로 향해 있다면, 나는 절대적인 자기-자신|soi-même absolu; absolutes Selbst — 이것이 거기에 있음이 원리적으로 부정될 수 없는, 즉 그것이 존재하지 않는다는 통찰이 원리적으로 불가능한 것 — 을 파악한다. 그렇게 주어진 어떤 체험이 존재하지 않는다고 말하는 것은 무의미하다.[55)]

우리는 데카르트적 코기토에 직면해 있는 것 같다. 즉, 후설과 데카르트의 동류성은 의심할 여지가 없으며, 후설도 이 점을 해명한다.

우리는 후설의 태도와 데카르트 코기토 사이에서 발견될 수 있는 연결 지점으로 되돌아가야 하며, 이제 그 연결을 더 널리 확장시킴으로써, 우리가 이 독일 철학자의 가장 근원적인 사유를 변질시킬 수 있다는 사실을 말해 보도록 하자. 실제로 후설에게 의식의 절대성은 내적 지각의 의심 불가능성과는 다른 것을 의미한다. 이 절대성은 의식과 의식의 확실성에 속해 있는 진리에 관계할 뿐만 아니라 의식의 현존 자체에도 관련이 있다. 의식을 절대적 현존으로 정립하는 것은 그 현존을 의심하는 것이 불합리하다는 것 이상의 의미를 담고 있다.

내적 지각의 충전적 성격에 의거한다는 점에서, 우리는 후설이 코기토의 절대적 명증성의 이해를 가능하게 하는 것 이상의 일을 행하고 있다는 점을 보여 주어야 한다. 후설에게, 그 일은 충전적 지각을 가능하게 하는 의식 자체의 절대성이다. 코기토의 절대적 명증성은 의식의 존재 방식 위에 정초된다. "이렇게 부각된 상태는 오직 자아 그리

---

55) *Ideen*, §46, p. 85.

고 자기-자신과의 관계에서, 자아 체험에 대해서만 성립하며, 오직 여기에서만 바로 내재적 지각과 같은 것이 존재하고, 그와 같은 것이 존재함에 틀림없다."[56]

충전적 방식으로 주어진 의식은, 오로지 반성의 대상으로 있는 것이 아니라 필연적으로 존재한다. 다시 말해 의식의 현존의 의미는 바로 그것이 단지 반성의 대상으로만 존재하지 않는다는 점에 있다. 의식은, 그것이 반성의 대상이 아닐 때조차도 존재한다. "이것은 반성 안에서 지각에 적합하게 파악된 것이 지각하는 시선 안에 존재하고 지속할 뿐만 아니라 이 시선이 그것에 주의를 기울이기 이전에 이미 존재했다는 점으로써 특징지어지게 된다."[57] 여기서 의식의 존재는, 그 존재 자체가 의식에 준거하는 외부 사물에 반하여, 내적 지각에 관해 자기의 독립성을 드러낸다.[58] 여기서, 이것은 더 이상 그 현존을 구성하는 의식에 대한 반성이 아니다. 즉, 이제는 반성이 의식을 통해 가능해진다.

그런데 아직 이 이상의 논의가 필요하다. 만일 절대적 현존에 대한 확증이 의식에 귀속되어 있다면, 우리에게 남겨진 일은 후설에게 명료한 문제로 주어지지 않는 단순한 입장을 요구하는 것이다. 또한 분명 우리는 이 절대성의 의미의 명료화가 후설에 의해서 명시적으

---

56) *Ideen*, §46, pp.85~86; 또한 "체험의 존재양식에서 그와 것은 것이 소유된다"(§45, p.83)와 같은 표현을 보라. 이와 유사한 내용으로, §79, p.157을 보라: "각 존재양식은 …… 그 주어짐의 방식의 적절한 본질을 가진다." 또한 *Ideen*, §111, p.225.

57) *Ideen*, §45, p.83.

58) *Ideen*, §38, p.68. '의존성'과 '독립성' 개념에 관해서는 이 책의 198쪽 이하를 보라.

로 시도되었다고 말하려고 하는 것이 아니다. 이것은 확실히 그의 이론의 가장 심각한 간극 가운데 하나다. 그는 다양한 존재 영역에 적절한 현존 개념을 연구했다. 하지만 그는 모든 영역을 지시하는 의식의 경우에는, 의식의 절대적 현존만을 주장할 것이다.[59] 그렇기에 우리에게는 의식의 절대적 현존이 적어도 그러한 방향으로 나아가는 분석의 시초인 것처럼 보인다. 후설은 의식의 현존과 함께 의식이 "이미 지각된 것"Wahrnehmungsbereit[60]이라고 말함으로써 반성에 대한 독립성을 특징짓는다. 하지만 외부 대상에 있어서, 그 존재 방식을 따라 언제나 지각하게 되게끔 준비된 것은, 이미 어떤 식으로든지 의식의 ─암시적으로라도 현실적 지각 속에 동기가 부여된 것으로서─ 대상으로 존재한다는 것을 의미한다.[61] 의식은 지각과는 전적으로 다르게 제공된다. 의식에 관해서, 지각 가능성이란 것은 존재가 이미 의식의 대상이라고 말하는 것이 아니라 주체에 대한 대상의 현전의 방식과 대립되는 그런 특별한 방식의 존재를 말하려는 것이다. 지각에 초래된 의식은, "의식의 단순한 현존의 양상을 통해서 …… 그 의식에 속한 자아에 대해" 존재한다.[62] 이 지각 가능성이 의식의 현존 자체에 내속하는 가능성인데, 이는 "모든 체험이 의식적이다"라는 사실에서도, 그리고 다른 텍스트에 의해서도 도출될 수 있다.[63] 체험은 의식적이다─그

---

59) 특히 이 책의 7장을 보라.
60) *Ideen*, §45, p. 84.
61) 앞의 58~59쪽을 보라.
62) *Ideen*, §45, p. 84.
63) *Ideen*, §45, p. 83.

것은 그 자체로 자기 자신을 인식한다. 하지만 이 의식은 외부 대상의 지각이나 심지어 반성의 내재적인 지각과 같은 것이 아니다. 실제로, 우리는 이러한 체험의 현존이 "시간의 내재적 의식으로 구성되는" 것과 같다는 점을 배우고 또한 이 점에 주목할 수 있다.[64] "의식은 ······ 지각의 의식으로서의 시간 작용에 속해 있다."[65] 후설은 여기에 다음과 같은 말을 덧붙이고 있다.

> 이 보편적allumfassende 시간의식은 자명하게도 적확한 의미에서 결코 연속적인 지각이 아니다. ······ 다시 말해, 그것은 자명하게도 그 속에서 체험들이 특수한 의미에서 정립되고 현실적으로 존재하는 것으로서 파악되어 대상적이 될 것이라는 연속적인 내적 반성작용이 아니다.[66]

이 의식의 자기에 대한 현존에서—대상에 대한 의식이 갖는 모든 반성적 시선에 앞서 있는—의식의 특정한 존재 방식, 반성에 관한 의식의 절대성과 독립성이 나타난다. 의식은 항구적으로 그 자체로 현존하는 그러한 방식으로 존재한다.

모든 실제적 체험은 현재에 속하는 것으로서, 혹은 또한 우리가 말

---

64) *Ideen*, §113, p. 229.
65) *Ideen*, §113, p. 229.
66) *Ideen*, §113, p. 229.

할 수 있듯이 현상학적 시간의식 속에 구성된 시간적 통일체로서, 자신의 존재 특성을 지각된 대상에 유비적인 어떤 방식으로 수반한다는 사실이 밝혀졌다.[67]

그런데 "체험의 현존이 원리적으로 의식적"이라는 것이,[68] 의식의 삶이 존재하고, 이 경우 의식은 자기 자신에 대해 의식하게 된다는 사실을 의미하지는 않는다. "분명 우리가 '의식하지 않는' 내용, 우리가 차후에만 의식하는 것 가운데 하나에 대해 이야기하는 것은 불합리하다."[69] 의식은 체험의 존재 자체를 형성한다. 이로부터 우리는 내적 시간의 구성에 대한 현상학적 탐구의 크나큰 중요성을 이해한다.

요약해 보자. 의식은 절대적 현존의 영역으로 스스로를 현전한다. 이 절대적 현존은 코기토의 의심할 수 없는 성격을 표현할 뿐만 아니라 의식이라는 존재 자체의 적극적 규정으로써, 의심할 수 없는 코기토의 가능성을 발견한다.

여기서 후설의 코기토 개념은 데카르트의 그것과는 다르다. 실제로 데카르트에게 사유와 공간의 구별은 모든 것에 앞서는 두 가지 인식의 구별, 절대적으로 확실한 것과 의심이 가능한 것 간의 구별이다. 내가 규정할 수 있는 진리에 대한 다양한 근거가 있을 수 있지만 그 근거들이 절대로 논쟁의 여지가 없는 그런 것은 아니다. 왜냐하면 그 본

---

67) *Ideen*, §113, p. 229; §114, p. 235; §118, pp. 245~246.

68) *Ideen*, §45, p. 85.

69) *Zeitbewusstsein*, p. 472.

질상, 우리의 감각은 오류에 종속되어 있기 때문이다. 데카르트의 감각 분석은 우리가 우리의 감각이라는 토대 위에서 긍정하는 것이 상대적이고 오류에 빠지기 쉬운 것이라는 점을 드러낸다. 하지만 이 분석이 감각적인 사물 존재에 대한 분석으로 제시되는 것은 아니고, 다만 존재와 관계 맺는 주체를 설정하는 방식, 인식에 대한 분석으로만 제시된다.

이러한 의심 가능한 진리 가운데서, 데카르트가 특권화한 것은 곧 코기토이다. 코기토는 이로부터 다른 모든 공리들이 연역되어야 하는, 다른 모든 인식들 가운데서도 특권화된 유일한 인식이다. '영혼은 신체보다 더 쉽게 인식되는 것이다.' 그 확실성의 힘 때문에 영혼의 인식은 신체의 인식보다 우월하다. 우리는 데카르트가 코기토를 파악해 낸 다음, 신과 외부 세계를 의식의 현존으로부터 추론해 내려고 한다는 점을 이해할 수 있다. 데카르트는 코기토의 명증성의 원천으로 돌아가지 않는다. 그는 이 명증성을 가능하게 하는 의식이라는 존재에서 코기토의 뿌리를 찾지 않는다. 그에게는 현존의 의미가 문제가 되지 않는다. 그는 존재하는 것이 언제나 모든 장소에서 동일한 것을 의미한다는 관념에 기울어져 있었던 것 같다. 이때 그는 단순히 의식이 존재한다는 것을 보여 주는 것으로, 그런 식으로 외부 세계도 존재한다는 것을 보여 주고 싶어 했다. 후설에게는, 의식의 필연적 현존이 코기토에서 도출되지 않는다. 오히려 이 필연적 현존은 코기토를 허용하는 현존과 다를 바 없다. 코기토는 단순히 코기토 바깥에 있는 세계의 현존을 연역하는 것처럼, 제일의 확실성에 도달하려고 하는 것이 아니다. 흥미로운 것은 코기토의 존재 방식이고, 그것을 특징짓는 근원적인 존재 형태다. 그러므로 만일 우리가 가정된 외부 사물의 현존으로부터 빌려 온 불명료한 현존의 관념에서 무엇인가를 시작하는 것을 '독단적' 철학이라고 부른다면, 또한 이때 모든 존재 영역에다가 이 현존의 형식을 적용시킨다면, 데카르트는 여전히 독단적 철학의 정초 위에 서 있게 된다. 그러한 철학에서 문제가 되는 것은, 무엇이 존재한다는 것을 인식하는 게 아니라 그러그러한 대상이 존재하는지 존재하지 않는지를 인식하는 것이다. 이 이론에 반대한 회의론은, 존재의 전체성을 나타남으로 환원시키면서 더 가벼운 과제를 떠맡는다. 만일 존재하는 것이 사물의 방식으로 존재한다는 점을 인정한다면, 우리는 그 현존이 언제나 문제가 있다는 점을 인정해야 할 것이다. 물론 데카르트적 철학의 중요성은 현존의 이념이 외부 사물의 모형으로 파악된다는 입장을 포기함으로써 회의론을 넘어서고자 소망한다는 데 있다. 만일 나타나는 것이 존재하지 않는다 해도, 적어도 나타남의 작용이 존재한다는 것만큼은 확실하다. 그런데 데카르트는 발견의 끝에 이르러 앞으로 나아가지를 못한다. 그는 의식에서의 절대적 현존의 영역에 이르는데도, 이 '현존'이란 말에 공간적인 사물 세계에 적용될 때 가지는 의미와는 다른 것이 도입된다는 점을 이해하지 못하고, 공간적 사물 세계의 모형으로 현존을 해석하고 말았다. 데카르트에게 영혼이란 우리가 오로지 영혼의 현존에 대해 가지는 확실성을 통해 구별되는 것으로서의 실체인 동시에 연장된 실체와 평행적으로 존재하는 실체다. 코기토의 특정 성격이, 데카르트를 통해서는, 의식의 실체성의 내적 성격으로 이해되지 못한다.

이 지점에서 후설의 진보가 나타난다. 코기토의 명증성은 나타남이 외부 사물의 존재 자체를 특징짓는 것과 동일한 방식으로 의식의 현존 방식 안에 정초된다. 이 두 가지 인식 방식 간의 차이는 확실성의 차원으로 제한되지 않는다. 이 차이는 본질의 차이다. 한 가지 심연이 내적 지각의 충전성과 외적 지각의 비충전성을 분리시킨다. 데카르트를 넘어서는 후설의 진일보는 대상의 존재와—더 일반적으로는, 우리의 삶에서 대상이 나타나는 방식—대상의 인식을 분리시키지 않는 것으로 나타난다. 즉, 대상에 대한 인식 방식에서 대상의 존재 방식의 표현과 특징을 본다. 후설 철학에서 인식론을 경유하고, 또한 인식론을 가로질러 존재론으로 나아가는 일차적 가능성의 근거가 여기에 있다. 이것은 한편으로 의식에 드러나는 존재의 본질을 직접적으로 연구하는 것으로 나타나고, 다른 한편으로는 대상들의 다양한 영역들의 존재 방식을 연구하는 것으로 나타난다. 우선은 외부 사물과 의식에 대한 상이한 현존의 이념과 관련하여, 상이한 존재 방식 자체의 가능성이 그 자체로 나타난다는 점만 말하도록 하자. 우리는 우리 작업의 마지막 부분에서 다시 이 주제로 돌아가야 한다.

의식의 절대적 현존——우리는 체험의 의식하는 특징, 언제나 그 자체로 현전하는 특징을 가리킴으로써 이 현존을 특징짓고자 한다——이 '존재론적 논증'으로 이해되어서는 안 된다.

후설은 표면적으로 의식의 현존을 단순한 사실로 인식한다. "분명, 각각의 현실적 체험의 현존의 필연성은 순수한 본질적 필연성, 즉 형상적 법칙에 대한 순수한 형상적[70] 특수화가 아니다. 그것은 사실적 필연성이다."[71] 의식의 자기 필연성Selbstnotwendigkeit은 본질로부터 필연적으로 도출되는 현존과는 매우 다른 어떤 것이어야만 한다. 그것은 의식이 존재한다는 사실과 관련하지 않으며 단지 의식의 현존 방식과만 관련한다. 우리는 의식이 필연적으로 존재해야만 한다고 말하는 것이 아니라 의식이 존재하는 그 차원에 있어서, 의식의 현존이 비존재의 가능성, 공간적 현존의 성격을 포함하지 않는다고 말하고자 한다. 의식에 있어서 존재한다는 것은, 실제로 주관적 현상들의 연속체에서 지각되는 존재를 의미하는 것이 아니라, '의식'이란 말이 표현하고 있는 바, 그 자체로 지속적으로 현전하는 존재를 의미한다.

이제 우리는 후설이 『현상학과 종교철학』에서 에링이 제시한 반대에 어떻게 대응할 수 있는지 이해할 수 있다. 에링의 반대는 코기토의 의심 불가능성에서 코기토의 필연적인 현존에 대한 주장으로 이행하는 일의 불가능성과 관련이 있다. '실제로' 에링은 다음처럼 말한다.

> 이 경우에 문제시되는 사실은 코기토의 의심 불가능성이 코기토의 이념에서가 아니라 (본질의 이념적 현존이나 존재론자에게서의 신의 실제적 현존의 경우에서처럼) 관찰자가 지닌 특수한 호의적 상황에서 도출된다. 그러므로 폴은 피에르의 의식이 존재하지 않는 하나의 세계를 완벽하게 상상할 수 있다.[72]

에링이 코기토의 현존은 '존재론자에게서의 신의 현존'과 동일한

---

70) 이 말에 관해서는 아래의 190쪽을 보라.

71) *Ideen*, §46, p. 87.

72) Héring, *Phénoménologie et philosophie religieuse*, p. 85.

의미를 가지지 않는다고 말한 것은 전적으로 옳다. 왜냐하면 우리가 보여 주고자 했던 것처럼, 후설 자신이 이를 인정하기 때문이다. 그런데 만일 의식의 필연성이 —우리의 해석을 따르자면—그 현존 방식의 특징이지 현존의 사실에 대한 문제가 아니라면, 우리는 더 이상 의식의 현존이 갖는 필연적 성격을 논박하기 위해서, 자기 자신soi-meme에 대해 반성하는 일을 허용한 의식의 특권화된 상황에 호소할 수 없다. 왜냐하면 그러한 특권화된 상황의 가능성이 바로 의식의 현존을 특징짓는 것이기 때문이다. 의식의 존재에 반성 그 자체의 가능성이 정초된다. "오로지 자아 그리고 자아의 삶(자아 체험)에 대해서만 성립하며, 자기 자신에 대한 관계에 있어서, 우리는 이 예외적 상황을 발견한다. 오직 여기에서만 존재하고, 거기에서 내재적 지각과 같은 어떤 것이 존재해야만 한다."[73]

외부 사물과 의식의 고유한 현존에 대한 분석이, 오직 의식만이 존재하고 외부 세계는 그렇지 않다는 믿음으로 우리를 인도할 수 있다는 식의 후설의 작업에 대한 피상적인 독해로 이해되어서는 안 된다. 둘 다 존재하는 것이다. 다만 그 둘은 서로 상이한 방식을 따라 존재한다.

그런데 이제 우리는 후설의 철학 전체에서 중요하고, 무엇보다 그의 체계에서 직관의 기능과 위상을 이해하는 데 필요 불가결한 의식의 우위성을 강조해야만 한다. 의식은 절대적으로 존재한다. 이것

---

73) *Ideen*, §46, pp. 85~86.

은 의식의 현존의 모든 계기를 통해 보증된다.[74] 그런데 의식이 그 의식 과정의 구체적인 전체성 안에서, 그 존재 보증을 수반한다고 말하는 것은 현존이 의식 배후에 있는 것으로 탐구되어서는 안 된다고 말하는 지점에까지 이르게 한다. 다만 그 세부적이고 종잡을 수 없는 내용과 관련하여, 바로 여기서 현존 개념이 탐구되어야만 한다. 의식은 "존재하기 위해서는 아무것도 필요로 하지 않는다"nulla re indiget ad existendum라는 『이념들 1』 49절의 우리는 후설의 주장이 이와 다른 것이 아니라고 믿는다. 이 의식의 삶의 우위성에서, 자연주의는 결정적으로 대체되어 버린다. 의식의 삶의 고유한 의미가 그 증거를 드러낸다고 하는 것에 대한 마지막 반대 입장은, 우리가 보여 주었던 것처럼, 삶이 존재에 대한 어떤 말을 하기에는 무능한, 순수하게 주관적인 현상과 같은 것을 의미한다고 주장하는데서 비롯될 수 있다. 우리는 자연주의에서 사용하는 존재 규범이 모든 존재자에 적용되지 않는다는 사실을, 의식이 다양한 방식으로 존재한다는 사실을 수립해 내려고 했다. 더 나아가, 우리의 분석은 의식의 현존이 절대적이고, 의식은 그 자체로 존재에 대한 보증을 수반하는 반면 자연주의의 존재는 그것의 원천으로 전제되는 의식으로 되돌아간다는 점을 보여 주었다. 오직 의식만이, 의식을 마주하고, 의식에 나타나는 특정한 방식인 세계의 존재 의미를 인식 가능한 것이 되게 할 수 있다.[75] 자연주의가 그 현존 개념을 도출해 내는 자연의 세계는 의식의 삶에 개입하는 수준에서만

---

74) *Ideen*, §46, p. 85.
75) *Ideen*, §76, p. 141.

그 자체로 존재한다.[76] 그런데 구체적 삶은 다양한 방식의 다양한 대상의 영역들을 포함하기 때문에, 존재는 이 각 영역에 대해 동일한 것을 의미하지 않는다. 의식에 대해 마주하게 되며, 의식에 대해 구성되는 각 영역들의 고유한 존재 방식은 후설 이후로, 우리가 이해하는 것처럼, 철학의 대상이자 핵심 문제로 형성되어야 한다.[77]

그런데 존재라는 개념 자체를 변형시키기 위해 우리를 자극하는 모든 존재의 기원으로서의, 영역의 이념과 관련하여, 보이는 것은 더이상 실체의 이념으로서가 아니라 주체성의 이념으로 존재하게 되는데, 그렇다면 우리는 의식 안에 담겨진 것이 실재의 총체적 척도라고 주장하는 버클리적 관념론의 형태로 추락하는 것이 아닌가?

우리가 여기서 하고 있는 외부 세계에 대한 순수하게 현상적인 현존에 대한 옹호가 이 이론을 평가 절하된 관념론으로 취급하는 것은 아니라는 점이 이전의 논의에서도 충분히 드러난 바 있다. 외부 세계는 그것이 존재하는 바로 그대로 존재하며, 오직 현상인 존재로 세계를 본다는 것은 그 현존의 의미를 명료하게 하기 위함이다. 이는 주어진 것으로서의 삶에 대해 시선을 보낸 다음, 삶 속에서 일어나는 현존의 방식이 무엇인지를 보여 주기 위함이다.[78]

버클리의 입장과 후설의 관념론을 분리시키는 데는 또 다른 문제가 존재한다. 후설에게는 공간적 대상 세계를 의식의 내용으로 환원

---

76) *Ideen*, §47, pp. 88~89.
77) 7장과 「결론」을 보라.
78) *Ideen*, §55, p. 107.

시키는 문제,[79] 그리고 사실상 물질적 대상의 현존 방식을 의식의 내용으로 귀속시키는 문제 자체가 존재하지 않는다. 반대로 쟁점이 되는 것은—또한 우리가 끊임없이 강조한 것처럼—모든 것의 현존이 지시하는 그 영역이 특정한 존재 방식을 지닌다는 것을 보여 주는 것이다. 이 특정한 현존은 우리가 대상에 대립하는 주체—대상의 반정립적 존재—로 존재하지 않으며, 다만 대상들과 마찬가지로 현존의 차원에 존재한다는 것을 알게 해준다. 후설에게, 의식은 '대상'과 '주체'—이미 우리는 이 두 용어를 활용해 왔다—를 가능하게 하고 파악할 수 있게 하는 일차적인 영역이다.

이 마지막 지점에 존재하는, 후설의 관념론과 버클리의 관념론 사이에 놓여 있는 중요한 차이점이 다음 장의 논의 대상이 된다. 후설에게서의 의식과 자연주의에 고도로 오염된 영국 경험론에서 다루는 의식은 이름만 같을 뿐 공통적인 것은 없다. 지금까지 우리는 삶의 절대적 영역의 현존에서의, 의식의 특징을, 말하자면 반성 이전에, 존재하는 것으로서의 존재하는 방식을 자기-자신에게 현전한다는 논점을 제시했다. 그런데 우리는 여전히 첫번째 논의만큼이나 중요한, 의식의 다른 구조적 요소의 특징을 수립해 내야 한다.

---

79) *Ideen*, §98, p. 206.

3장 | 현상학적 존재론 : 의식의 지향성

우리가 앞서 규정했던 현존하는 의식은 시간에서의 흐름이다.[1] 의식의 삶은 우주적 시간, 자연의 시간과는 그 자체로 다른 내재적 시간에서 발생한다.[2] 시간 안에서의 의식의 구성, 시간 자체의 구조, 내적 시간의식, 그리고 의식을 특징짓는 역사성은 현상학적 탐구 과정에서 후설이 몰두했던 주제들이다.[3] 또한 이러한 검토는 다음과 같이 말함으로써 더 크게 부각되는 현상을 명료하게 하는 일에 큰 도움을 준다. "모든 체험은 의식적이다."[4]

그런데 여기서 직관에 전적으로 주목하고 있는 이 연구에서, 우리는 이 내재적 시간 구성의 추상을 시행해야 하며, 그리고 이미 시간 안에 구성된 것을 의식에 앞서 자리매김해야 한다.[5] 우리에게 제공된 의식의 현존의 특징적 요점은 지향성으로, 바로 모든 의식은 의식일

---

1) *Ideen*, §81, p. 163.

2) *Ideen*, §81, p. 161; *Zeitbewusstsein*, p. 369.

3) *Ideen*, §81, pp. 161~165; 또한 *Zeitbewusstsein*.

4) *Ideen*, §113, p. 229.

5) 후설은 다음에서 이를 허용한다. *Ideen*, §118, pp. 245~246.

뿐만 아니라 어떤 것에 대한 의식, 즉 대상에 연관된 의식이기도 하다는 사실이 그 특징이다. 우리는 우선, 적어도 지향성과 연관되지 않는 것처럼 보일 수 있는 '체험'vécu; Erlebnis이라는 더 일반적인 개념으로 시작해야 한다.

가장 넓은 의미에서의 체험을 통해 우리는 의식 흐름 속에 발견되는 각각의 모든 것을 이해한다. 따라서 지향적 체험들 …… 현실적이거나 잠재적인 사유 작용만이 아니라, 이 흐름 속의 내실적 계기들과 그 구체적 부분들에서 발견되는 그 어떤 것도 이해한다. …… 즉 우리는 각각의 내실적 계기가 어떤 지향적 체험 자체의 구체적 통일성 속에 지향성의 근본 특성을 갖는 것이 아니며, 따라서 '어떤 것에 대한 의식'이라는 속성을 갖는 것이 아니라는 점을 쉽게 알게 된다. 이것은 예를 들어 지각적 사물 직관 속에서 아주 중요한 역할을 하는 모든 감각-자료[감각적으로 주어진 것]Empfindungsdaten에 해당된다.[6]

또 다른 구절에서, 몇몇 예들은 우리가 감각을 통해서 이해해야만 한다는 것을 더욱 분명하게 제시한다. 그것들은

색감, 음, 그리고 촉감들의 자료이며, 우리는 이것들을, 나타나는 사물의 계기, 채색, 거칢 등과 혼동하지 않는다. 쾌락, 고통, 욕망 등의 감각적 인상과 충동 분야의 감성적 계기도 마찬가지이다.[7]

---

6) *Ideen*, §36, p. 65; 또한 §41, p. 75를 보라.

우리는 더 나아가 지향성을 잃어버린 이러한 요소들이 의식의 모든 영역에서 발견된다는 것과 현상학적 분과의 대상을 형성하는 물질적인 또는 질료적인 ──그 구조를 기술하는 질료적인── 것이라고 명명되는 특수한 층위를 구성한다는 것을 배운다.[8]

그러므로 경험주의 심리학이 내적 삶을 재구성하고자 했던 의도에 따라서 놀랄 만한 방식으로 그러한 단순한 요소들로 연상된 ──(이것은 그것이 상상력과 연관될 때 상상[fantasmes][9]이라고 불리는 요소다) ──감각이라는 것이 문제가 된다. 그런데 둘 사이에는 큰 차이가 존재한다. 위에서 인용한 다음 구절에 특별한 주의를 기울임으로써 논의를 시작해 보자. "자료 …… 우리는 이것들을 사물의 계기, 채색, 거칢 등과 혼동하지 않는다." 후설이 다른 구절에서 한 걸음 더 나아가 말한 것처럼,[10] 사물의 질적 계기에 상응하는 질료적 자료는 이것들과 매우 다르다. 그것은 정반대로 우리가 감각론적 의식 개념으로, 그리고 지향성에 대한 명백한 부정으로의 명증적 회귀, 그렇지 않으면 최소한 실재적 대상과 의식에서 반성된 것, 정신적 상[l'image mental]의 구별로의 회귀를 확증하는 것과 관련한다. 하지만 대상은 '감각'의 총체가 아니다. '감각들'에 더해지는 새로운 특성, 또는 이러한 삶의 내용에 대한 새로운 관점이 '외부 대상'을 형성함으로써 대상들을 변

---

7) *Ideen*, §85, p. 172.

8) *Ideen*, §85, p. 173; §86, p. 178.

9) 상상과 감각의 관계에 관해서는 다음을 보라. *Ideen*, §112, p. 227; *Zeitbewusstsein*, pp. 405, 441.

10) *LU*, Ⅱ, 348~349; *Ideen*, §81, p. 162; §81, p. 162; §97, p. 202.

형시킬 수 있다고 믿는 것은 잘못이다. 주관적인 체험된 감각으로서의 빨강과 객관적이고 표상된 것으로서의 빨강 사이에는 본질의 차이가 존재한다.[11]

> 색깔 음영, 촉감 음영, 형태 음영 등의 음영 지어진 것의 기능, '제시함'의 기능을 실행하는 감각-자료가 색깔 그 자체, 촉감 그 자체, 형태 그 자체, 요컨대 모든 종류의 사물적 계기와 원리적으로 완전하게 구별된다는 사실은 예리하게 주목되어야 한다. 음영은 음영 지어진 것과, 비록 같은 것으로 부르더라도 원리적으로 동일한 유가 아니다. 음영은 의식의 삶*vie consciente*[체험]이다. 그러나 의식의 삶은 오로지 의식의 삶으로만 가능하며, 공간적인 것이 아니다. 그런데 음영 지어진 것 안에 주어진 대상은 원리적으로 오직 공간적인 것(그것은 본질상 바로 공간적이다)으로서만 가능하지만, 삶으로서는 가능하지 않다.[12]

질료적인 주어진 것과 감각론자의 감각을 대립시키기 위해, 우리는 여전히 '질료' 개념 아래 모여 있는 이러한 내용에 고유한 통일의 원리를 강조해야만 하는데, 이것은 우리의 의미에서 유래하는——경험론이 만족하는——순수하게 외적인 특징이 아니라 '질료' 개념을 이해하게 해주는 내적 특징,[13] 즉 촉발성과 의지의 영역에서의 의미의

---

11) *Zeitbewusstsein*, p. 371.
12) *Ideen*, §41, pp. 75~76.
13) *Ideen*, §85, p. 173.

주어진 것을 넘어서는 그런 특징이다.[14] 그런데 의식의 흐름은 질료적 차원으로만 나타나는 것이 아니다.

우리는 의식 안에서 질료적 현상에 초재적 의미를 부여하는 활성화 작용을 구별할 수 있다.[15] 의식은 외부 세계에서 비롯된 어떤 것을 의미화하고, 그것을 표상하고, 욕망하고 사랑한다. 이 작용은 한편으로 질료적인 주어진 것에, 말하자면 내재적 시간 안에서 의식하고 구성되는 것에서 동일하게 존재하는 방식을 가지는 요소다. 이 작용은 체험을 특징짓는 함축적 방식으로 자신을 인식한다.[16] 하지만 그 작용은 의식의 흐름에 의미를 일으키는데,[17] 그것은 그 자신과는 다른 어떤 것을 '지향하며', 자기 자신을 넘어선다.

의식을 향해 있는 이 대상이, 그 자신을 지향 속에서 넘어섬으로써, 그 대상은 버클리적 관념론에서 가정하는 의식의 실질적 요소, 의식의 내용이 되지 않는다. 버클리적 관념론은 대상의 성질과 질료적인 주어진 것들을 구별하지 않는다. 버클리적 관념론은 대상의 초월을 순전한 주관적 나타남으로서의 의식과 관련하여 다룬다. 지향성은 후설에게 참된 초월의 작용이면서 모든 초월의 원형 자체이다. 우리는 이를 통해서 우리가 세부적으로 이해해야 하는 지향성에 대한 연구로 들어간다. 왜냐하면 지향성은 체험의 의식적 성격에서, 그 현존을 표현하는 것이기 때문이다. "지향성은 의식을 적확한 의미에서 특징짓

---

14) *Ideen*, §85, p. 173.
15) *Ideen*, §85, pp. 172~173.
16) *Ideen*, §113, p. 229.
17) *Ideen*, §85, p. 174.

는 것, 동시에 전체의 체험 흐름을 의식 흐름으로 그리고 하나의 의식의 통일체로 부르는 것을 정당화하는 것이다."[18]

지향이라는 용어는 우리가 사용하는 '좋은 의도'라거나 '이 또는 저 행위의 의도를 가짐'과 같은 표현보다 더 넓은 의미로 받아들여져야 한다. 지향은 우선 근원적인 것처럼 보이지 않는 사실,[19] 각 의식 작용이 어떤 것에 대해 의식한다는 사실을 표현한다. 각 지각은 한 지각된 대상에 대한 지각이고, 각 욕망은 욕망된 대상에 대한 욕망이며, 각 판단은 우리가 표명한 '사태'Sachverhalt 등에 대한 판단이다.[20] 그런데 우리는 곧 이 의식의 우위성에 대한 철학적 관심과 의식 개념 자체에서 초래되는 심원한 변형을 깨닫게 될 것이다.

지향성 개념을 보다 정확히 제시하기 위해, 후설은『논리 연구』에서 다음과 같이 말하고 있다.

> 만일 이 체험이 나타난다면, 이때 그것 자체와 그것 자체의 고유한 본질을 통해, 한 대상과의 지향적 '관계'가 성취되고 한 대상은 '지향적으로 현전한다'(우리는 주장해야만 한다). 곧, 두 항은 정확하게 같아야만 한다.[21]

여기에 자연주의의 존재 개념의 관점에서는 비합리적인 것처럼

---

18) *Ideen*, §84, p. 168.
19) *Ideen*, §96, p. 200.
20) *Ideen*, §84, p. 168.
21) *LU*, Ⅱ, pp. 372~373.

보일 수 있는— '스스로 초월하는' 이라는 범주를 적용시키기에 불합리할 수도 있는 부동의 존재—환원이 불가능한 일차적 개념이 존재한다. 실제로 이러한 말은 심리학적 자연주의에 대립하는 것으로 방향을 설정하고 있다. 후설의 지향성은 의식의 속성, 예를 들어 의식의 존재하는 방식과 무관한 성격을 갖는 것으로, 의식 내용의 단순한 양태로 받아들여질 수가 없다. 지향성은 바로 지향성 개념이 특징짓고자 하는 이 의식의 현존 방식 그 자체이다.[22]

그런데 후설은 또한 지향성 안에 있는 한 세계와 의식 간의 새로운 요소, 하나의 연결을 꾀하는 한 가지 이론을 공격한다. 우리가 지향성에 대해 말할 때, 이 문제는 "특정한 '경험'으로 일컬어지는 심리학적 사건과 '대상'으로 일컬어지는 또 다른 실재적 존재 간의 연결의 문제가 아니다. 또한 객관적 실재성 안에서 일어나는 둘 사이의 관계는 …… 심리-물리적인" 문제도 아니다.[23] 이러한 가설에서, 지향성은 의식이 세계와 관계를 맺는 방식, 다음과 같은 물음에 답하는 한 가지 방식을 설명하는 수단일 것이다. 즉, '주체는 초재적 대상에 어떻게 도달하는가'? 이런 조건에서, 우리가 지향성 안에서 언어적 해법을 제시하지 못할 경우, 지향성에 대해 말하는 것은, 의식이 하나의 실체로 존재하고, 지향성은 그 의식의 속성 중 하나에 불과하며, 그것이 실체를 주체로 또 다른 실재와 접촉한다는 주장을 하는 데 이를 것

---

22) Spaier, *La Pensée concrète.* 슈파이에는 여기서 후설의 지향성 개념을 다루고 있는데, 지향성의 존재론적 의미는 주목하지 않고 있다. 우리는 슈파이에의 작업이 프랑스에서 후설을 논의하는 보기 드문 책들 가운데 하나이기 때문에 이 점을 지적한다.

23) *Ideen,* §36, p. 64.

이다. 하지만 지향성은 주체가 그 배후에 존재하는 대상과의 접근을 이루어 내려고 하는 그런 방식으로는 존재하지 않는다. 지향성은 주체의 주체성 자체를 구성하는 것이다. 주체의 실재성 자체는 스스로를 초월하는 것으로 나타난다. 주체와 대상 간의 관계 문제는 사물의 모형 자체에 의존하여 현존을 파악하는 실체론적 존재론을 정당화시켰다. 이로써 외적인 어떤 것과의 관계는 심오할 정도로 신비로운 것이 된다. 우리가 보여 주었던 것처럼, 후설은 실체론자의 현존 개념을 극복함으로써, 주체가 제일 먼저 존재하고, 이를 통해 주체가 대상과 관계를 맺는 어떤 것이 아니라는 점을 증명할 수 있었다. 주체와 대상의 관계는 우리가 '주체'와 '대상'이라고 일컬었던 것이 무엇인지를 발견할 수 있는 제일 참된 현상을 이루고 있다.[24] 후설이 처음부터 지향성 안에서 의식의 실체성을 이해했다는 사실은, 의식의 실체로서의 '자아'라는 이념에 대한 반대, 곧 『논리 연구』 2권 초판에서 확인할 수 있

---

24) 삶의 내재적 의미를 따라 규정되는 존재 개념을, 후설은 지향성 대상들이 오직 실재적인 존재자의 주관적 상이라는 사실에 의거하는 스콜라적인 정신적 대상 이론을 넘어서기 위해 받아들이고 있다. 만일 정신적 상이라고 일컬어지는 것이 의식 안에서 '어떤 다른 것에 대한 상'의 의미를 지녔다면, 우리는 상에 대해 말할 수 있다. 그런데 지각된 대상이 '스스로' 지각된 것으로 나타나게 된다(*Ideen*, §90, p. 186). 지각에 있어서, 우리는 하나의 실질적 상이 본질상 근원적인 것의 현존을 지시하는 방식인, 상 자체 배후에 있는 어떤 것을 지시하는 상들의 세계를 다루지는 않는다. 지각에 있어서, 우리는 근원적인 것 자체를 다룬다. 실제로 그것은 의식과 근원적인 것 사이의 정신적 상을 개입시키는 데 있어서 임의적이다. 즉 그것은 내적 직관에 의해서는 절대 드러나지 않는 순수한 가설이다(*Ideen*, §90, p. 186; *LU*, Ⅱ, pp. 421~425). 더 나아가, 의식 안에 있는 실재로 주어진 정신적 상은 그 자체로 알려져야만 한다. 그런데 정신적 상들은 새로운 정신적 상, 그리고 불합리한 무한함(ad infinitum)에 의해서만 알려질 수 있다(*Ideen*, §90).

는 반대에 대한 개연적 근거로 발견된다.[25] 그에게 자아라는 이념은 지향성 안에서는 이러한 자아–실체가 우연에 불과한 것으로 보이게 되는 그러한 것으로 이해되어야 한다. 후설이 지향성과 관련하여 의식의 인격적 성격을 화해시키는 데 성공하는 부분은 오직 『이념들 1』에서만 나타난다.[26]

그러므로 오래된 문제에 한 가지 자의적 해결책을 첨가하는 것과는 다르게, 지향성의 이념은 우리에게 주체와 대상 간의 관계 문제를 극복하게 해준다.[27]

의식의 지향성은 경험주의적이고 자연주의적인 정초에만 머무른 브렌타노에게서 후설이 빌려 온 논지다.[28] 브렌타노는 스콜라 철학에서 지향성이라는 논지를 가져왔다. 스콜라 학파는 사유 대상의 현존이나 비-현존의 문제를 판정하지 않고서도——그들의 실체론적 존재 개념 때문에, 특이한 문제가 형성되었다——우리가 의식의 내재적 영역 내부을 연구함으로써, 이 영역 내부 자체와 대상과의 관계, 의식을 본질적으로 특징짓는 관계에 대해 말할 수 있다는 것을 알고 있었다. 스콜라 학파는 이 의식의 내적 대상을 정신적 대상, 지향적 대상이라고 불렀다.[29] 의심의 여지없이, 실재적 대상으로부터 수적으로 구별

---

25) *LU*, Ⅱ, p. 375를 보라.
26) 본 장의 결론을 보라.
27) 이 문제는 7장 이하에서 다시 세부적으로 다뤄질 것이다.
28) *Ideen*, §85, pp. 174~175.
29) *Ideen*, §90, pp. 185f.

되는 정신적 대상은 상으로 존재할 따름이다. 이것이 바로 이 의식 개념이 후설의 의식 개념의 근원성에 이제껏 이르지 못한 이유이다. 의식은 그 자체로 닫힌 영역이었으며, 지향성은 의식에 내적인 현상에 지나지 않는다.[30] 의식의 지향적 성격은 결과적으로 내실적réelle[31] 초월이 아닌 순수하게 심리학적인 것에 불과하다. 의식의 삶은, 그 현존에 있어, 물질적 사물의 상에서의 한 실체로 머무르고 만다. 지향성은 그 현존 방식 자체를 구성하지 않는다. 후설의 의식 개념에서 흥미로운 것은 의식 존재의 핵심 자체에서 세계와 관계를 맺는다는 점이다.

이제껏 우리는 지향성을 대상에 대한 관계로 특징지었다. 이러한 성격은 순수하게 정신의 이론적인 삶만을 촉발하지 않는다. 실제로 정서적, 실천적, 그리고 미적인 우리 삶의 모든 형식은 대상과의 관계로 특징지어지게 된다.[32] "모든 평가 작용은 가치 사태Wertverhalt에 대한 평가 작용이고, 욕망은 가치 사태, 사태에 대한 욕망 등 …… 이다.

---

30) *Ideen*, §90, pp. 185f.
31) [옮긴이] '내실적'이란 말은 독일어로는 'reell'에 해당하는 것으로, 먼저 '실재의, 현실의'이란 표현과 구별하기 위해 보통 '내실적'으로 번역된다. 실재하는 외부 대상이 아닌 의식의 작용과 관련하는 것들을 후설은 '내실적'이라고 부른다. 그러므로 이것은 의식의 삶으로서의 체험에 상관하는 말이다. 그런데 이것은 다른 한편으로 '지향적'이라는 말과 구별된다. 이를테면 지향적 체험은 의식 안에서 구체적으로 대상을 정립하는 경우에 일어나는 체험인데, 내실적이라는 말은 그저 의식의 체험의 내재적 구성 요소를 뜻한다. 감각적으로 주어진 것, 그것에 생각을 불어넣는 파악 작용 등의 계기를 내실적이라고 하는데, 지향적 체험은 실재하는 대상을 향하는 일까지도 통칭한다. 이 점에서 '내실적'인 것은 '지향적'인 것과 때로 구별된다.
32) *Ideen*, §117, p. 241.

행위함은 행위를 향하고, 사랑은 사랑하는 것, 즐거움은 즐거운 것을 향해 있다."[33] 이러한 각각의 작용에 있어서, "우리의 시선은 순수 자아로부터 의식의 적절한 사태(사물, 사물의 사태 등)에 상관되는 대상으로 발산되는 것처럼 향하여 있으며 각 경우마다 상이할 수 있는 이 대상의 의식이 수행된다."[34]

이 인용구의 말미는 다음과 같은 요점을 강조한다. "그것은 각 경우마다 상이할 수 있다." 이는 특별히 정서적이거나 의지적인 지수들이 순전히 주관적인 현상의 등급으로 격하되고, 언제나 동일한 지향에 부과되는 한, 지향성도 모든 의식 형식에서 현전하면서 동시에 대상과 관계를 맺는 기능을 실행하는 항상 동일한 작용이 아니라는 것을 뜻한다. 지향성 자체는 각 경우들마다 상이하다. 각각의 작용에 있어서, 의지적이고 정서적인 요소들은 자기 바깥의 어떤 것을 지향하는 특별한 방식이면서, 자기 자신을 초월하는 특별한 방식이다. 후설은 다음과 같이 이를 명시적으로 진술한다. "사태에 대한 '단순한 표상'이 그 대상을 지시하는 방식은 참 또는 거짓으로서 동일한 사태를 다루는 판단 방식과는 다르다. 매우 다양하게 추정이나 의심, 희망이나 두려움의 방식이 존재한다."[35]

우리가 다음 장에서 이러한 언급에 덧붙여야 하는 정확성, 또는 어떤 첨가해야 할 여지에도 불구하고, 우리가 말한 것은 지향성에 대

---

33) *Ideen*, §84, p. 168.
34) *Ideen*, §84, p. 169.
35) *LU*, II, p. 367; 또한 특히 p. 368.

한 이해 및 일반적인 후설의 정신에 관한 원초적인 중요성을 갖는다. 우리는 하나의 체험된 대상이, 그 체험된 존재 방식 자체에서 존재해야만 하며, 의식의 삶이 그 존재 이념의 원천 자체와 더불어 실행된다는 점을 보여 주었다. 우리는 이제 체험이 그 삶의 모든 형식 안에서 받아들여져야만 하며, 이는 단순히 이론적 형식에서만 그런 것이 아니라는 점을 이해한다. 이와 관련해서, 실재적 세계는 단순히 지각적 작용(순수 이론의 작용)에 상관하는 사물의 세계가 아니다. 그것은 실천적 사용과 가치를 지니는 대상들의 세계이다.[36] 우리에게 중요한 것들Bedeutsamkeitsprädikate, 우리가 소중하게 여기는 것들, 우리가 두려워하는 것들, 우리가 원하는 것들 등을 제시하는 사물에 내재하는 특징들, 이 특징들은 세계 구성에서 배제되면 안 되고 세계 안에 존재하는 인간들의 온전한 주체적 반응에만 귀속되어서도 안 된다.[37] 왜냐하면 이러한 특징들은 지향의 상관성으로 우리의 삶 속에 주어진 것이기 때문에, 이 특징들은 객관적 영역에 속하는 것으로 간주되어야만 한다.[38] 다음과 같이 이해해 보자. 이는 객관적 영역에 속하는 것으로서의 '가치 있는', '의도적인', '유용한' 부속물이 이론적 표상 속에서 주어진다는 것을 의미하지 않는다. 정확하게 말해서, 후설의 지향성이라는 개념의 가치는 다음과 같은 크나큰 외연으로 나타난다. 그것은 의식이 의식 자체를 스스로 초월한다는 것, 한 의미를 갖는 의식 자체

---

36) *Ideen*, §95, p. 198.
37) *Ideen*, §33, p. 58.
38) *Ideen*, §152, p. 318.

와는 다른 어떤 것을 향한다는 매우 일반적 사실만을 표현한다.[39] 하지만 '의미를 갖는다는 것'이 표상함과 같은 의미를 지니는 것은 아니다.[40] 사랑의 행위는 하나의 의미를 갖지만, 이것이 의미를 가지지 않고 표상을 수반하는, 사랑의 대상에 대한 표상과 순수하게 주관적인[41] 감정을 포함한다는 것을 의미하지는 않는다. 사랑의 대상의 특징은 바로 사랑의 지향, 순수하게 이론적인 표상으로 환원할 수 없는 지향 속에 주어지게 된다는 것이다.[42]

가치에 대한 서술, 정서에 대한 서술 등은 세계의 현존에 속해 있다. 또한 그것은 순수 표상들의 '무차별적' 매개가 아니다. 한 예로 책의 현존은 우리 앞에 있는 일련의 물리적 속성으로서의 현존재라는 사실fait d'être là로 환원될 수 없다. 책은 오히려 그 현존을 이루는 실천적이면서 실용적인 성격 자체다. 예를 들어 책은 돌과는 매우 다른 방식으로 우리에게 주어진다. 체험, 세계의 현존의 원천은 순수한 이론[관조][43]이 아니다. 후설에게 이론이 특별한 지위를 가지기는 하지만 말이다. 그것은 행위와 감정, 의지와 미학적 판단, 관심과 무관심 등이다. 이러한 삶에 상관하는 세계는, 이론적 관조의 대상과 마찬가지로, 감각되거나 소망하게 되는 세계, 행위, 아름다움, 추함, 그리고 의미의

---

39) *Ideen*, §90, p. 185.

40) *Ideen*, §37, p. 66.

41) 사랑에 대한 스피노자의 정의는 이러한 실수를 양산한다. "사랑은 자신의 외적 원인에 대한 생각을 동반한 기쁨에 다름 아니다." Baruch Spinoza, *Ethique* XⅢ, 13.

42) Alexander Pfänder, "Zur Psychologie der Gesinnungen", 『연감』, I(1913), III(1916)을 보라.

43) [옮긴이] 영혼의 지적(théorie)인 삶을 강조하는 차원에서 관조라고 읽을 수도 있다.

세계다. 이 모든 개념들은 동일한 차원에서 세계의 현존을 이룬다. 이를테면, 이 개념들은 순수하게 이론적인 공간성의 범주와 동일한 차원에서 자신의 존재론적 구조를 구축한다. 이것이 바로 후설의 태도 중에서 가장 흥미로운 결과 가운데 하나다. 우리가 자주 말했고, 앞 장에서 세세하게 이해한 것처럼, 이러한 태도가 세계의 현존이 모든 존재 영역에 그대로 적용 가능한 것이 된다는 식의 공허한 형식으로 전락하지 않는 이유가 된다. 의미, 욕망 등은 표상을 따라 세계의 현존을 구성하는 지향들이다. 이것들은 대상과의 모든 관계가 결여된 의식의 요소가 아니다. 이 때문에, 세계의 현존은 각각의 여러 영역과 구별되는 풍요로운 구조를 갖는다.

우리가 전개하는 내용은 지향성이 의식의 모든 형식의 구성 요소라는 점을 보여 준다. 그런데 우리는 이제껏 후설이 말한 대로, 의식을 오직 명시적이고 자각적인 또는 '활동적인' 의식으로 간주했다. 하지만 의식의 삶은 각 작용이 분명하게 규정되는 이 명석성과 판명성으로 제한되는 작용이 아니다. 잠재적 영역[44]도 지향적인가? 후설은 긍정적으로 대답한다. 잠재적 의식은 또한 '어떤 것에 대한 의식'으로 나타난다.[45] "현실적 의식의 배경은 의식의 내용이나 질료가 아니다. 그것은 대상적 파악 없이 수행하지만 현전하는 것으로 주어지는 감각들이 존재하는 것처럼, 지향성을 결여하지는 않는다."[46] 현실성과 잠재

---

44) 이 책의 2장을 보라.
45) *Ideen*, §36, p. 64.
46) *Ideen*, §84, p. 169.

성의 차이들은 지향성을 전제하며 동시에 그것들은 양태들에 불과하다.[47] 후설의 분석에 의하면, 주의란 지각이 의지와 구별되는 것과 같이 다른 것들로부터 구별되는 작용이 아니라 모든 작용들의 가능한 방식이다. 주의는 지향성을 변형하거나 창조하는 것이 아닌, 어떤 점에서 지향성의 '주관적 변형'이다.[48] 왜냐하면 각 지향성의 내부에서 자아가 그 대상과 관계하는 방식이 번역되기 때문이다. 주의 작용에서 자아는 활동적으로 살아가고, 어떤 점에서는 자발적이고 자유롭다.[49] 주의를 결여한 작용에서, 잠재적인 영역에서, 자아는 주어진 사물들에 직접적으로 몰두하지는 않는다. 자아는 능동적이면서 자발적으로 대상을 향해 있는 것이 아니다.[50] 여기서 "자아는 자발적으로 살고", "자아가 존재한다, 또는 존재하지 않는다, 자아의 대상과 더불어 일한다"와 같은 규정은, 이미 지향성의 영역 내에 존재하는 하나의 기술적 의미만을 가진다는 점을 언급하자.[51]

요약컨대 비현실적 코기토와 현실적 코기토 모두 '어떤 것에 대한 의식'이다. 지향성은 의식의 본질 그 자체로 나타난다.[52]

지향성이라는 개념은 현상학의 출발에 있어서 완전히 불가결한 출

---

47) *Ideen*, §84, pp. 169~170; §92, p. 190.
48) *Ideen*, §§92, 93, pp. 191f; §93, p. 193 주석을 보라.
49) *Ideen*, §84, pp. 168~169; §92, p. 192.
50) *Ideen*, §84, pp. 168~169; §92, p. 192.
51) 이 책의 104쪽을 보라.
52) *Ideen*, §36, p. 64.

발 개념이자 근본 개념이다. 이 개념이 지적한 일반적인 것은 더 자세한 연구가 이루어지기 전에는 여전히 매우 모호한 것일 수 있고, 본질적으로 상이한 여전히 수많은 형태들로 등장할 수 있으며, 본래적으로 지향성의 순수한 본질 ——그 구체적 형태들의 구성 요소들은 이러한 본질을 본래 자신 속에 지니며 그 본질은 이 구성 요소들에 대해 내적으로 생소할 수 있다—— 을 형성하는 것을 엄밀하고도 명석한 분석 속에 밝히는 것은 매우 어려운 일일 수 있다. 그런데 우리가 체험들을 지향적 체험들로 인식하고 이 체험들에 관해 이것들은 어떤 것에 대한 의식이라고 말할 때, 체험은 일정하면서도 극히 중요한 관점 아래 고찰된다.[53]

그런데 의식의 흐름에서의 질료적 층, 지향성을 결여한 층의 이념, 자기 자신의 바깥의 의미를 받아들이고 대상을 지향하기 위해서 지향성을 통해 생기를 얻어야 하는 그러한 질료적 층은, 그 스스로에게 의존하는 실체로 간주되고 대상과의 신비적 관계를 유지하는, 전통적인 의식 개념으로 돌아가는 것이 아닌가? 우리가 언급한 반론에도 불구하고, 지향성은 주체와 대상을 연결 짓는 다리의 역할을 하는 것은 아닌가? 이는 위장한 모습으로 다시 출현한 버클리적 관념론이 아닌가?

후설의 체계의 정신, 그리고 지향성의 이념을 시행하는 역할은, 분명 이와 같은 가정에 반대한다.

---

53) *Ideen*, §84, p. 169.

무엇보다도 후설의 시간 구성이 드러낸 것으로서의 질료적인 주어진 것은, 이미 우리가 이 연구에서 추상해 낸, 의식에 고유하고 더욱 심원한 지향을 통해 구성되는 어떤 것이다.[54] 이미 구성된 흐름의 관점에서 감각Empfindung은 어떤 질료적인 것이며,[55] 이 감각은 오직 감각 작용, 곧 더욱 심원한 작용이자 더욱 특별한 구조 자체를 갖는 작용과 관련하는 것으로 이해할 수 있다. 따라서 지향성은 의식의 핵심에 존재한다. 지향성은 더 이상 어떤 다른 대상의 자격을 갖는 것이 아닌 의식의 처음이자 마지막 요소이다. "여기에서 우리는 파악Auffassung[56]을 이중적 의미에서 이해해야만 한다. 즉 내재적으로 구성된 파악, 내적 구성에 속한, 근원적 흐름 자체의 국면들에 속한 파악, 말하자면 더 이상 구성되지 않는 근원적 파악이다."[57]

그런데 만일 의식의 지향적 성격이 이제 의심 바깥에 존재하는 것으로 보인다면, 더 이상 구성되지 않는 궁극적 실재성으로서의 내적 지향성이 그 자신의 현존을 만들어 낸다면, 결과적으로 감각론적 논지가 후설의 감각 이론에서 배제된다고 하더라도, 의식과 대상 간의 관계에 관한 우리의 시원적 문제는 여전히 잔존한다.

의식의 성격 자체가 형성해 낸 내적 지향성은 자기 충족적이지 않은가? 지향성이 초재적 대상을 향해 있을 경우, 그것이 의식의 영역 안에서 새로운 현상을 구성해 내는가?

---

54) *Zeitbewusstsein*, p. 482; *Ideen*, §81, pp. 162~163; §85, p. 171.

55) *Zeitbewusstsein*, p. 482.

56) 이는 지향에 대한 또 다른 용어이다.

57) *Zeitbewusstsein*, p. 444.

후설은 지향성이 의식의 본질 그 자체라는 입장을 절대 철회하지 않는다.[58] 그런데 『이념들 1』에는, 여기에 반론을 제시할 수 있는 구절이 존재한다. 질료hyle와 노에시스적 형식 내지 활성화라는 지향성 개념을 상세화하면서 후설은 "형식 없는 질료인지 가능한 질료가 없는 형식인지"를 인식하는 문제의 여지를 남겨 둔다.[59] 따라서 '질료'와 지향성의 분리는 최소한 파악 가능한 것으로 간주되는 것처럼 보인다. 그런데 이 텍스트는 질료를 규정하지 않은 채 물음을 유보한다.

『이념들 1』의 또 다른 구절은 더 분명해 보인다. 의식의 현존에 대한 분석의 필연적 보충제로, 후설은 세계 없는 의식, 순수 내재성으로 환원된 의식을 제안하는 가능한 가설과 같은 것을 제시한다.[60] 그런데 이 가설은 매우 다양한 여지를 안고 있으며 관념론이라는 비난을 받기도 한 『이념들 1』의 그 유명한 49절에 나타나 있다.[61] 우리는 이러한 논지에서는 후설을 따라가지 않는 에링의 견해에 동의하지만, 우리가 후설의 논지에 도전하는 근거는, 그 저항의 주요 초점이 사물이 오직 하나의 현상적 현존을 갖는다는 주장으로 귀결되는 에링의 그것과는 성격이 다르다. 우리는 사물이 의식에 독립된 현존을 가져야 한다고 믿지 않는다. 왜냐하면 우리의 해석을 따르자면, 사물의 독립성은 초재적 현존의 부정으로가 아니라 사물의 특징으로 파악되기 때문이다. 우리는 사물이 의식을 필요로 한다고 해도, 의식이 존재하기 위해

---

58) *Ideen*, §146, p. 303; §84, p. 168 그 외 여러 곳.
59) *Ideen*, §85, p. 172.
60) *Ideen*, §49, p. 92.
61) Héring, *Phéoméologie et philosophie religieuse*, pp. 83ff를 보라.

서 사물을 필요로 한다고 믿지는 않는다.[62] 그런데 만일 우리가 이 마지막 지점에서 후설을 따른다면, 우리는 우리의 논변이 가능해진다는 사실을 발견한다. 왜냐하면 후설이 세계에 관한 의존성이나 독립성에 대해 말하는 바를 이해하는 차원에서 의식을 파악하지 않기 때문이다. 지향성의 정확한 기능은 의식을 일차적이고 근원적인 현상으로 특징짓는 것이다. 따라서 전통 철학의 주체와 대상은 추상에 불과하다. 다시 말해 만일 후설의 관념론이 우리가 따르지 말아야 할 것으로 이해된다면, 이는 후설의 관념론이 관념론이기 때문에 그런 것이 아니라 지향성으로서의 의식의 존재 방식에 대해 편견을 가졌기 때문에 그런 것이다.

게다가 에링이 이미 말했던 대로, 우리는 49절을 기본 텍스트로 활용해선 안 된다. 우리가 이해하는 한, 49절에서의 지향성의 근본 역할에 대한 부정이, 결단코 후설의 다른 모든 작업에서도 전제되는 것은 아니라는 사실에 동의할 수 있다. 우리는 지향성이 수행하는 핵심 역할을 설명하기 위해, 후설의 전체 체계를 기반으로 해서 49절을 해석한다. 우리는 이 경우 세계 없는 의식의 가능성을 확증하는 49절이라는 텍스트[63]가 의식의 흐름에서 모든 초재적 지향성이 결여될 수 있

---

62) 에링의 개념이다. Héring, *Phéoméologie et philosophie religieuse*, pp. 85~86.
63) "왜냐하면 세계를 무화함은 이와 상관적으로 모든 체험 흐름 속에 …… 어떤 질서 지어진 경험 연관들과 그래서 또한 이 연관들을 따라 방향이 정해진 이론화하는 이성의 연관들이 제외될 것이라는 점만을 뜻하기 때문이다. 그러나 이 속에는 다른 체험들과 체험 연관들이 제외될 것이라는 점이 포함되어 있지 않다." 이러한 체험 연관이 이 텍스트에서는 지향적인 것으로 특징지어지지 않고 있다. 그것은 그 어떤 특징도 부여받지 못하고 있다.

다는 것을 말하는 게 아니라는 점에 주목해야 한다. 그것은 기껏해야 이 흐름이 우리가 '세계'라고 지명한 존재를, 잘 규정된 구조를 지닌 초재적 존재를 구성할 수 없다는 것을 보여 줄 뿐이다. 또한 다음과 같은 구절은, 세계의 해체가 가능하다는 가설을 제시하는 또 다른 입장의 전개를 가능하게끔, 해당 텍스트를 해석하도록 이끄는 경향이 있다. "체험들의 절대적 현존에서는 이러한 사실을 통해 아무것도 변하지 않으며, 반대로 체험들은 언제나 이 모든 것에 의해 전제되어 있다."[64] "이 모든 것에 의해 전제되어 있다"는 주장은, 세계의 해체가 한 가지 긍정적 의미를 가짐과 동시에, 결과적으로 세계가 해체된다는, 적어도 '해체된 세계'라는 초재적 의미를 가지기 위해 지속되는 의식을 필연적으로 함축한다는 것을 의미하지 않는가?

더 나아가, 후설이 명시적으로 지향성 없는 의식의 불가능성을 주장하는 결론을 내리는——『이념들 1』에 앞서서 나온 결정적인——또 하나의 텍스트가 존재한다.

'경험'이란 개념은 '심리적 작용'의 영역에서 그 주요 원천을 갖는다. 이 개념이 비-작용을 포함하는 의식의 삶이라는 개념으로 확장된다 하더라도, 우리에게 이런 것들은 멀리 떨어져 나간 의식의 통일성에서 본질적 작용들에게로 너무나 나란히 정렬되고 부여된, 자신의 지점을 상실할 수 있는 의식의 삶과 연관Zusammenhang되어 있다.[65]

---

64) *Ideen*, §46, p. 87.
65) *LU*, II, p. 365n. 우리가 이 인용구에서 강조했던 작용과 비-작용 개념은 지향과 비-지향이라는 것과 같다(*Ideen*, §84, p. 170).

『이념들 1』에는 이보다는 불명확한 형태로, 이와 유사한 주장들이 수없이 존재한다.[66]

의식 구조와 지향성에 대한 기술은 의식의 인격적 성격을 간과할 수 없다. 심리적 삶은 시간 속에서의 익명적 흐름이 아니다. 경험은 언제나 자아에 속해 있다.[67] 『논리 연구』에서, 후설은 자아가 지향들의 한 요소라는 점을 부정한다. 자아는 특정한 시간을 충족시키고, 또한 상호간에 보충적인 지향들의 총체와 동일시된다. 『이념들 1』에서는 몇 가지 진전점이 제시되어 있으며, '자아'는 의식의 삶이 환원할 수 없는 요소로 나타난다.[68] 그 작용은, 다시 말해 이러한 작용들 속에서 살아가는 자아에서 비롯된다.[69] 또한 그것은 의식의 자발성과 지향성의 자발성으로부터 수용성을 구별하는 이러한 작용 속에서 살아가는 방식과 일치한다. 주의를 집중하는 것으로 특징지어지는 작용에서, 창조적 판단과 종합 작용, 긍정과 부정의 작용 속에서,[70] 이러한 자아의 활동, 이 자발성은, 그 모든 형식 아래, 해석에 앞서 기술^{description}을 통해 존중받아야 한다.[71] 이러한 일종의 '정립하는' 작용들 안에서, 자아는 수동적으로 현전하는 것이 아니라 "작용 산출의 제일 원천", 발산의 핵심으로 현전한다.[72] 이러한 작용들 속에 일종의 자아의 결단이 존재한다.

---

66) *Ideen*, §84, p. 169; §85, p. 171; §86, p. 176; §146, p. 303 그 외 여러 곳.

67) *Ideen*, §80, pp. 159~160; §81, p. 163; §82, p. 165 그 외 여러 곳.

68) *Ideen*, §57, p. 109.

69) *Ideen*, §80, p. 160.

70) *Ideen*, §106, p. 219.

71) *Ideen*, §57, p. 110.

72) *Ideen*, §122, p. 253; §92, p. 189; §52, p. 102.

그런데 자아가 명시적이고 현실적인 코기토 안에서 작용하며 지각할 수 있다면, 그것은 의식의 잠재적 영역과 무관하지 않으며, 또한 이는 자아가 어떤 방식으로 이 영역에서 우회하기 때문에 그러하다. 이 우회하는 존재의 사실은 다음과 같이 잠재적 영역을 적극적으로 규정한다. 잠재적인 의식의 영역은 자아가 이 영역을 벗어나 있기 때문에 잠재적이다. 이 장champ을 스스로 벗어나고 이 장에서 돌아서 버리는 자아의 고유한 가능성 자체는, 원리적으로 이 장이 '자아'에 속해 있다는 것을 전제한다. 의식의 배경은 자신의 것으로서 자아에 속해 있으며, 다시 말해 이것이 자아의 자유의 장이다.[73]

후설은 "나는 생각한다가 나의 모든 표상들을 수반해야만 한다"는 칸트적 명제를 되풀이한다.[74]

『이념들 1』에서 자아는 공허한 형식에 머무르기에, 이를 규정하는 것은 불가능하다.[75] 이 개념은 대중들이 접근하기 쉬운 이후 출간될 저술들에 담긴 후설 사유의 진화 과정 가운데서 변화되었다. 이 연구들에서, 자아는 그 모든 구체적인 양상 속에서 탐구되고, 이 연구에서 인격성, 습관의 본성 등의 오랜 문제들에 관한 현상학적 해명의 단초가 주어진다. 자아는 이 연구에서 더 이상 어떤 작용이 일어나는, 공허하고 순수하게 형식적인 지점으로 환원될 수가 없다──그것은 인격성으로 검토된다. 이 점을 더 분명하게 말하기 위해서, 우리는 해당

---

73) *Ideen*, §80, p. 160; §57, p. 109; §92, p. 192.
74) *Ideen*, §57, p. 109.
75) *Ideen*, §80, p. 160.

작품들의 출간을 기다려야 할 것이다.

그런데 여기서 우리는 지향성과 자아의 관계에 관심을 두었다. 자아는 예를 들어 감각들과 같은, 사유 작용의 내실적^{réelle}[76] 부분이 아니다. 즉, 자아는 '의식의 내재성 안에서의 어떤 초월'로 의식 안에서의 자아의 현전을 주시하기 위해 후설이 받아들인 어떤 특별한 방식을 공언한다. "순수 자아는 다른 체험들과 마찬가지인 체험이 아니며, 또는 체험의 구성 요소의 일부분도 아니다."[77]

자아가 그 작용과 관련하는 방식은 현상학적 기술의 대상이어야만 한다.[78] 그런데 우리는, 마치 이 관계가 사물들의 대상에서의 관계 내지 의식과 그 대상의 관계에 관련한다고 말하듯이 "자아가 그 작용과 관련한다"는 표현을 남용해서는 안 된다는 점을 지적해야 한다.[79] 이 '내재성 안에서의 초월'은 특별하면서도 환원이 불가능한 구조다.

우리는 자아 개념이 어떤 식으로건 의식의 지향성에 대립하는 것으로 오해되어서는 안 된다는 점을 강조하기 위해 이 '내재성 안에서의 초월'의 특성을 말하고 있다. 의식은 자아의 도입과 관련하여, 자기 자신을 넘어서기 위해 지향성에 대한 욕구를 가진 것으로, '자기 자신에게 의존하는 실체'로 돌아가려고 하지 않는다. 의식은 무엇보다도 지향성이다. 의식은 그 초월적 존재 방식을 존중하는 한에서만, 주관적 측면과 객관적 측면을, 곧 자아와 대상을 구별할 수 있는 지향적 의

---

76) 내실적이란 여기서 '어떤 것의 실재성에 대한 구성 요소'를 의미한다.

77) *Ideen*, §57, p. 109.

78) *Ideen*, §80, p. 160.

79) *Ideen*, §80, p. 161.

식 영역 내에서만 존재한다.[80] 우리는 단지 지향성의 내적 특징으로서의 작용들이 일어나는 자아에 대해서만 말할 수 있다.

요약해 보면, 질료적으로 주어지는 것과는 다르게 주체성에 속하는 자아 개념이란, 의식의 근본적 구조로서의 지향성 개념과 대립되는 것이 절대 아니며, 오히려 지향성 개념을 전제하는 것이다.

---

80) *Ideen*, §80, p. 161.

4장 | 이론적 의식

우리는 지향성이 한 대상에 대한 단순한 표상이 아니라고 이미 말했다. 후설은 의식의 상태를 체험들 ─ '체험된 상태' 내지는 체험 ─ 이라고 부르는데, 이 용어는 그 자체로 삶 개념과 의식 개념을 연관시킨다. 말하자면 우리는 우리의 구체적 현존을 특징짓는 풍요로운 다형의multiforme 양상 아래서 그것을 탐구한다. 실천적 범주나 미학적 범주는 ─ 우리가 확증했던 것처럼 ─ 순수하게 이론적인 범주와 같은 차원에 있는 존재의 구성 요소다.

그런데 여기서 동치를 말하는 것은, 분명 후설의 사상에 다소간의 강제를 가한다. 후설의 철학에서(그리고 이것은 우리가 이로부터 우리를 분리시킴으로써 존재할 것이다) 인식과 표상은 여타의 삶의 방식과 동일한 차원에 있는 것이 아니며, 이차적인 삶의 방식도 아니다. 이론과 표상은 삶 속에서 지배적인 역할을 한다. 즉 이론과 표상은 구체적인 모든 삶의 토대가 되고, 다른 모든 것들의 정초를 보증하는 지향성의 형식이다.

따라서 의식 안에서 표상이 하는 역할은 직관 자체의 의미에 대한 반향이다. 여기서 후설의 직관주의 특유의 주지주의적 성격의 근거가 발견된다. 표상의 역할에 대한 연구를 여기서 회피할 수는 없다.

이론적[관조적][1] 의식conscience théorique의 우위성은 지향성 개념이 상세화되는 후설 철학의 원리들에서 후설을 통해 확증되는 것이다.[2] 이것은 우리가 『이념들 1』의 권역에서 정립시킨 것이긴 하지만, 다시 우리는 『논리 연구』에서의 표상 개념의 상세화로 돌아가야 하고, 그 책에서 나타나는 후설의 태도를 설명하는 가운데, 『논리 연구』와 『이념들 1』의 술어들의 연관 관계를 드러내야 한다.

후설이 선점한 문제들 한복판에서 이 논지들을 재정립하고, 그것들이 전제하는 관점으로 그 논지들을 이해하고 평가하기 위해, 우리는 또한 『논리 연구』와 『이념들 1』 각각에서 나타나는 후설의 태도를 신속하게 파악할 필요가 있다.

『논리 연구』의 태도는 실재론적이다. 비록 모든 의식이 어떤 것에 대한 의식으로 이해된다고 하더라도, 이 '어떤 것'은 의식 바깥에서 파악이 가능하다. 그러므로 의식에 대한 내재적 분석은 오직 질료적인 주어진 것들(『논리 연구』의 술어로는 감각들), 작용들, 그리고 지향들만을 발견한다.[3] 반면 이러한 작용의 상관자는 의식에 속하는 것이 아니라 대상들의 세계에 속한다. 『이념들 1』을 통해 성취된 결정적인 진전은 지향성의 이념에 의거한 사유로 나타난다. 곧 의식과 대상의 대립은 의미가 없고 참으로 구체적이고 일차적인 현상, 대상과 주체의 대

---

1) [옮긴이] 영혼의 지적인 봄의 작용을 일컫는 그리스어 theoria(θεωρία)의 의미를 살려 '관조적'이라고 바꿔 읽을 수도 있을 것이다.
2) *LU*, II, 다섯번째 연구.
3) *Ideen*, §128, p. 266n.

립 자체의 원천에 접근하는 일이 의식 안에서, 지향성 안에서의 봄voir 으로 이루어진다. 결과적으로, 의식에 대한 기술은 의식의 초월적 구조를 더 잘 번역해 내기 위해 술어들을 변화시킨다.

『이념들 1』에서는 다음과 같은 것이 의식 안에서 구별된다. 한편으로 의식을 활성화하는 질료적으로 주어진 것들과 작용들이 있고, 다른 한편으로는 의식이 의식하는 것이 존재한다. 지향성의 주관적 차원, 질료적으로 주어진 것을 활성화시키는 파악Auffassungen을, 후설은 노에시스라고 부른다.[4] 또한 노에시스는 노에시스에 상관적인 것과 대립하는데, 이는 곧 그것에 대해 의식하는 의식으로서의 노에마라고 불린다.[5] 그런데 의식의 노에마는 의식 대상과 동일하지 않다. 이 노에시스와 노에마의 관계는 "의식과 그 지향적인 대상들 간의 관계에 관한 논의에서 의도된 것일 수 없다."[6] 나무라는 지각 대상은 나무지만, 이 지각의 노에마, 지각의 완전한 상관자인 나무는, 나무의 모든 술어들의 복합체 및 무엇보다도 그 주어진 것의 존재 방식의 복합체 속에 존재한다. 녹색으로 빛나는 나무는 지각이나 상상력에 명석하고 판명하게 주어진다. 나무의 노에마는 나무라는 대상과 관련한다. 그런데 『논리 연구』에서 의식과 독립적인 대상 간의 구별은 대상과 의식의 노에마 간의 구별과 일치하지 않는다. 왜냐하면 노에마는 그 주어진 존재 방식에 있어 반성을 통해 검토되는 대상이기 때문이다. 실

---

4) *Ideen*, §85, p. 174.
5) *Ideen*, §88, p. 182.
6) *Ideen*, §129, p. 268.

제로 우리는 대상을 노에마를 구성하는 요소들의 총체에서 되찾아 온다. 우리는 그 요소들 가운데서 대상을 특징짓고, 요소들을 뒷받침해 주는 술어들의 핵Kern을 구별한다. 즉 요소들은 대상의 무엇임quid을 형성한다.[7] 또한 이 술어들은 일종의 지지대, 그것의 술어들의 'X',[8] 대상-축, 필연적으로 대상에 대한 기술 속에 있으며,[9] 술어들이 변하는 동안에도 동일하게 남아 있는 일종의 실체와 연관된다. 다른 한편으로 이 'X'는 그 술어들로 나타난다.[10] 의식 대상과 의식의 관계는 '대상-축'에 대한 노에시스와 노에마[11]의 관계이다.[12] 한 나무에 대한 지각에 있어서 녹색, 큰, 단단한, 아름다움과 같은 술어들은 그 핵에 속한다.[13] 그런데 노에마의 핵(『논리 연구』에서는 질료로 일컬어진다)은 의식의 대상만이 아닌, '~로서의' 의식, 즉 의식이 귀속하는 형식적 표시, 형식적 관계를 파악하는 '무엇의 성질'까지도 규정한다. "그것은 대상이 이것이면서 다른 것이 아닌 것으로 나타나는 질료에 의존한다."[14] 나는 동일한 나폴레옹을 '예나의 승리자' 내지 '워털루의 패배자'로 파악할 수 있다. 대상은 동일하지만 질료는 다양하다.

다른 한편으로, 노에마의 특징들 가운데, 의식에서의 대상의 나

---

7) *Ideen*, §91, p. 189; §129, p. 268.

8) *Ideen*, §131, pp. 270~271.

9) *Ideen*, §131, p. 272.

10) *Ideen*, §131, p. 271.

11) *Ideen*, §128, p. 266; §129, pp. 267, 269.

12) *Ideen*, §129, pp. 268~269; §131, p. 271.

13) *Ideen*, §129, p. 269.

14) *LU*, Ⅱ, 416.

타남의 방식을 구별해야 한다. "그것이 의식되는 방식",[15) '지각적으로 주어진', '기억으로 주어진', '명석한 직관 안에서 주어진' 방식 등을 구별해야 한다. 이러한 성격들의 최종 형태가 노에시스에 속할 뿐만 아니라 노에마에도 속한다는 점에 주목하자. 이는 기억, 지각, 직관이라는 말을 통해서 특징지어지는 지향의 주관적 측면만이 아니라 기억되고, 지각되고, 직관되는 특징들을 갖는 이러한 작용들에 상관하는 것으로서의 대상들에게서도 그러하다.[16) 이러한 특징들과 관련하여, 바로 대상들이 노에마를 형성한다.

노에마에 귀속되는 표지와 범주적 형식 안에서, 지향적인 무엇을 표현하기 위해 부과된 술어들의 총체 ──『논리 연구』에서는 질료라고 일컬어지는 총체 ──는, 『이념들 1』에서 노에마의 의미der Sinn라고 불린다.[17) 또한 핵이라는 개념과 의미라는 개념은 구별된다──핵은 직관 안에서 실현되는 의미를 표현한다.[18)

의식하는 존재의 존재 방식의 총체에서 탐구되는 의미는, 후설이 '완성시킨 노에마'das volle Noema라고 부른 것을 형성한다.[19) 노에마와 노에시스의 구별은 『논리 연구』에서 명시적으로 실행되지 않았던 주제로, 그것은 무엇보다도 후설이 질료라는 주제 아래서 연구한 의미의 노에시스적 상관성을 가리킨다.[20)

---

15) *Ideen*, §130, p. 270; 또한 §99, p. 209를 보라.
16) *Ideen*, §99, p. 209.
17) *Ideen*, §91, p. 189; §93, p. 193; §99, p. 208; §129, p. 268; §133, p. 274.
18) *Ideen*, §132, p. 273.
19) *Ideen*, §90, p. 185; §93, p. 193; §94, p. 195; §95, p. 198.

뿐만 아니라 작용들은 작용들의 질료나 의미를 통해서는 달라지지 않는다. 왜냐하면 상이한 작용들이 동일한 의미를 소유할 수 있기 때문이다. 지각, 기억, 또는 상상력의 작용은 동일한 '예나의 정복자' [나폴레옹을 뜻한다]를 동일한 방식으로 파악하고,[21] 동일한 대상을 지시한다. 이러한 작용들을 구별하는 것은, 그 대상을 정립하고, 대상을 현존하는 것으로 사유하는 작용들 각각에 고유한 방법이다.[22] 작용의 대상을 정립한다는 사실은, 『이념들 1』에서 노에시스의 정립thèse이라고 불린다.[23] 우리의 다양한 작용들은 다양한 정립들을 갖는 예로 활용된다. 한 정립에 대한 노에마적 상관자는 완성된 노에마를 형성하고 대상이 주어지는 방식을 표현하는 이러한 성격들로 구성된다. 『논리 연구』에서는 작용들의 노에마적 양상이 아직 고려되지 않았고, '작용들의 성질'이라는 주제 아래 연구되었다.[24] 일단 이 개념들이 정의되면, 우리는 어떤 점에서, 의식의 삶에서 우위성을 갖는 대상에 대한 이론적 관계, 이론적 정립을 쉽게 보여 줄 수 있다. 후설에 의하면, 이러한 우위성은 직관의 본질을 규정하는 방식을 나타내기 위한 것이다.

후설은 각 '작용들은 표상들이거나 표상들에 정초해 있다'는 브렌타노의 주장에서 출발한다.[25] "작용이 표상되지 않는다면, 아무것

---

20) *Ideen*, §129, p. 268; §94, p. 195.

21) *Ideen*, §91, p. 188.

22) *Ideen*, §94, p. 196; §98, p. 208.

23) *Ideen*, §129, p. 268; §133, p. 274.

24) *Ideen*, §129, p. 268.

25) *LU*, II, p. 370. 이것은 작용으로서의 표상이지 표상의 대상으로서 아니다. Franz Brentano, *Psychologie vom empirischen Standpunkt*, Hamburg : Felix Meiner, 1874, p. 111을 보라.

도 욕망될 수 없고, 아무것도 소망될 수 없다."[26] 브렌타노를 통해 이러한 지향성의 성격을 포착함에 있어서, 후설은 표상이라는 용어가 애매성을 내포하고 있고, 브렌타노의 이 명제에 적합한 의미를 발견해내기 위해, 자신의 분석이 시작된다는 사실을 덧붙이고 있다. 후설에게서, 문제는 이 명제를 수용하게 해주는 표상이라는 말의 의미가 어떤 것인지를 파악하는 것이다.

브렌타노에게서, 이 명제는 의식의 삶 속에서 우리가 단순한 표상을 가지거나 판단, 소망, 욕망 등과 같은 다양한 작용들을 가질 때, 그 작용들이 대상을 지시하기 위해 연결되어야만 하는 것이 표상이고, 이러한 작용에서 초래되는 대상들은 순수 표상 안에서만 주어질 수 있다는 것을 의미한다. 작용들과 표상들 간의 관계는 단순한 연상이 아니라 단일한 대상을 향해 지시되는 복합적 작용을 형성하는 내적 결합이다. 표상들 없이는 이러한 작용들이 존재할 수 없다. "한 지향적 체험Erlebnis은 오직 그 체험에서 기능하는 표상Vorstellen 작용의 사실로 말미암아, 또한 체험에서 대상이 표상됨vorstellig macht을 통해서 대상과의 관련을 얻는다."[27]

그런데 다음으로 넘어가기 전에, 우리는 기쁨, 의지 등의 대상이 기쁨을 주고 의욕하게 하는 일 등에 앞서서 표상되어야만 한다는 사실은, 브렌타노나 후설에게서 정서적이거나 의지적인 작용에 고유한 지향성에 대한 부정을 함축하지는 않는다고 진술해야만 한다. 대상

---

26) *LU*, Ⅱ, p. 370; Brentano, *Psychologie*, p. 109.
27) *LU*, Ⅱ, p. 428.

구성에 관한 표상의 역할이 『이념들 1』보다 더 중요하게 다뤄지는 『논리 연구』에서, 후설은 지향성 개념이 다음과 같이 말해지는 경향에 반대한다.

> 그 자체로 고려되는 느낌은 지향성과 무관하다. 이 지향성은 자기를 넘어서 느껴지는 대상을 가리키는 것이 아니며, 오직 한 표상과의 결합을 통해서만 특정한 한 대상과의 관계를 얻는다. 또한 이 연결을 통해서만 지향적 관계를 얻는 것이지 본래적으로 관계를 획득하는 것은 아니다.[28]

후설은 느낌의 지향적 성격에 대해 브렌타노가 확증한 개념을 인용한다.

> 우리는 사물과의 관계를 결여한 채 자기-자신에게서 비롯한 어떤 것으로, 그리고 연상을 통해 습득한 것으로서의 느낌과 더불어 하나의 표상을 단순하게 소유하는 것이 아니다. 쾌나 불쾌의 작용은 표상되는 대상을 그 자체로 지시하며 그러한 지시가 없이는 이 작용이 존재할 수 없다.[29]

이제 브렌타노의 표상 개념으로 되돌아가 보자. 후설에 의하면

---

28) *LU*, II, p. 389.
29) *LU*, II, p. 389; 또한 *Ideen* §117, p. 241을 보라.

브렌타노는 표상을, 차후 후설이 '중립화된 작용'이라고 부른 작용과 같은 것으로 간주했다.[30] 이 작용의 본성은 그 현존이나 비-현존에 대한 모든 요구와 무관하게 나타나는 대상의 단순한 상^{image}을 표상하는 데 있다.[31] 인간의 '믿음'이 지니는 성격은 상실되고 만다. 그 상은 그것의 현존이나 비-현존에 대한 우리의 규정 없이, 우리 앞을 떠다닌다.

그런데 후설에 의하면, 지향성에 대한 분석은, 복잡한 표상 작용들이 위에서 정의된 '순수 표상'이라는 의미에서의 표상을 그 자체로 포함하지는 않는다는 사실을 보여 준다. 판단은 이런 식의 단순하면서도 순수한 표상에 더해진 동의의 결과가 아니며, 또한 그 자체로 표상을 담아내지도 못한다. 그것은 동일한 '의미', '순수하고 단순한 표상'으로서의 동일한 질료만을 갖는 것으로 국한된다. 또한 질료는 특정 성질과 무관하게, 성질을 갖는 순수한 표상과 무관하게 존재하지 않는다. 예를 들어 판단에 있어 판단의 성질과 정립을 대체하는 것은 순수 표상이다. 그러므로 우리는 상이한 작용들에 공통적인 것일 수 있는 표상-질료 개념과 다른 성질들 및 정립들 사이의 하나의 성질, 하나의 정립인 순수한 표상이라는 의미에서의 표상 개념을 구별해야 한다. 이것이 우리가 가정했던 브렌타노의 명제의 첫번째 부분으로서, 모든 작용의 필연적 요소를 형성하는 것은 표상-질료이지, 순수한 표상의 작용 전체가 아니다(성질+질료). "자기 자신에 대한 이 두번째 부

30) 중립화 현상에 대한 기술은 다음 구절을 보라. *Ideen*, §§109, 110, pp. 222ff.
31) *Ideen*, §109, p. 223; §111, p. 226.

분, 다시 말해 모든 지향적 체험이 표상을 기반으로 삼는다는 명제는, 표상을 통해서, 또는 질료를 의미하는 차원에서 참된 명증성을 갖는다."[32]

우리가 진술했던 차원에서, 이 이론이 아직까지는 실재에 이르는 다른 모든 방식에 대한, 지향의 다른 모든 형태에 대한 이론적 의식의 우위성에 대한 주장으로 나아가는 결정적 단계를 제시하지 않는다. 실제로 작용에 있어서 한 대상과 관계하는 특수한 방식을 특징짓는 것, 또한 상관적으로 그러한 대상의 존재 방식을 특징짓는 것은 질료가 아니라 성질, 정립 —또한 이와 상관적으로 그것은 '완성시킨 노에마'요 '그것이 주어지는 방식 내에서의 대상이다'—이다. 만일 우리가 브렌타노의 명제를, 특정한 작용이 질료, 의미로 이해되는 한, 그것이 표상을 기반으로 삼는다는 주장으로 환원시키면, 실재가 주어지는 방식에 대한 어떠한 편견도 없이 의식 작용의 지향적 성격을 확증할 수 있다고 말하는 것은 어려운 일이 되고 만다. 존재하는 것으로서의 대상을 정립하는 이론적 방식은 다른 모든 것과 동일한 차원에서 존재한다. 왜냐하면 그것은 '질료'라는 의미에서의 한 표상을 필요로 하기 때문이다.

그런데 후설은 여기서 멈추지 않는다. 비록 '순수 표상'이 완전한 작용으로 지각이나 판단에서는 발견될 수 없다고 하더라도, 또한 브렌타노의 명제가 이런 식으로 해석될 때 거부되어야 한다고 볼 경우, 후설은 그 규정의 전체성 안에서, 브렌타노의 규정이 '표상'이란 용어의

---

32) *LU*. II, p. 458.

또 다른 의미를 고려하는 것으로 여전히 보존될 수 있다고 생각한다.

판단과 지각은, 브렌타노의 '순수 표상'과 마찬가지로, 새로운 종류의 표상 개념과 관련한다.

우리는 표상이라는 명칭하에, 그 말이 갖는 보다 더 좁은 의미에서, 지각이나 직관, 유사 지각들에서와 같이, 어떤 것이 우리에게 대상이 되는in welchem uns etwas gegenständlich wird 그러한 어떤 작용을 도입할 수 있으며,[33] 이 경우 지각, 직관은 단일한 포착 대상을 파악하고 단일한 사유의 발산 안에서 대상을 향한다. 또는 그것은 여전히 범주적 진술에서 주체가 표현하는 단일한 규정에 대한 작용, 가설적 주장이라는 작용에서 선재하는 것Vorderglieder으로 기능하는 직접적인 전제의 작용Akte des schlichten Voraussetzens에서 비롯된다.[34]

후설이 명사화하는 작용이라고 부르는 이 작용은, 단지 이름에 대한 문법적 개념과 관련한 표상만을 확인시켜 줄 수 있을 뿐이다. 이름을 지명하는 작용에서 대상이 사고되는 특정한 방식은, 더 넓은 작용의 영역, 이름을 넘어서는 영역을 특징짓는다.

이러한 표상 개념을 해명하기 위해, 후설의 몇몇 언급을 검토해 보자. 'S는 P이다'라는 것은 그것이 주장하는 판단에 상관한다. 그런데 이 'S는 P이다'라는 사실, 이 사태Sachverhalt는, 후설이 판단의 상관자라

---

33) 기억과 상상력에 대해서는 다음 장을 보라.
34) *LU*, Ⅱ, p. 459.

고 말한 것처럼, 우리가 판단——연속적인 작용들의 종합을 이루는 작용——대신에[35] 이 사태 관계를 주어나 첫번째 가설적 판단의 항으로 받아들일 때, 매우 상이한 방식으로 주어진다. '만일 S가 P이면, Q는 R이다.' 사태가 주어지는 두번째 방식은 판단에 있어서 주어인 것과 지각과의 유비를 나타내고, 또한 가설적 판단에 있어서, 첫째 항으로서의 사태를 지시하는 단일한 발산을 통해서도 특징지어진다.

'이름'이라는 명칭에 대해, 후설은 이것을 명사로만 이해하지 않았다. 명제에서의 이름의 역할을 분석함에 있어서, 이름의 본래 기능은 단언의 주어가 된다는 데 있다.[36] 그러므로 만일 후설에게서 표상 작용이 명사화 작용이 되는 것으로 이해된다면, 이 경우 브렌타노의 명제는 타당한 의미를 지닌다. 우리는 이렇게 말할 수 있다. "각 작용은 그 자체로 하나 또는 그 이상의 표상들의 정초가 되는 표상이다."[37]

우리는 명사화 작용과 사태에 관한 판단을 구별했다. 이러한 차이에도 불구하고 이 작용들의 통일성을 유지하는 것은 가능한 일인가?

후설은 동일한 사태가 '발산의 다수성'으로 구성된 일련의 종합으로 주어진다는 점[38] 및 이미 구성된 종합으로 주어진다는 사실에서 차이를 본다. 그런데 이 차이는 질료(의미)에서의 차이이지 성질(정립)에서의 차이가 아니다. 사태를 명명하는 작용과 판단을 전달하는 작용 간의 차이는 이 사태를 존재로 정립하는 방식에서가 아닌, 우리가 말

---

35) *LU*, Ⅱ, pp. 472~473.
36) *LU*, Ⅱ, p. 463.
37) *LU*, Ⅱ, p. 461.
38) *Ideen*, §119, p. 247을 보라.

했던 대로[39] 질료에 속하는 형식적이고 범주적인 구조에서 나타난다. 더 나아가 후설이 말한 것처럼,[40] 종합 작용의 질료를 변형시키는 가능성, 이 작용의 '명사화'는 어떤 종합, 예를 들어 연언, 선언 등의 특징일 뿐만 아니라 판단의 서술적 종합의 특징이다. 이 모든 작용에 있어서, 종합의 다양한 규정을 향하는 수많은 발산은 작용 성질을 촉발하지 않는 단일한 발산[41]으로 변형된다.

판단과 명사화 작용은 객관화하는 작용objektivierende Akte으로 불리는 동일한 작용의 유에 속한다. 이 작용은 우리가 '이름들'과 '판단들' 사이를 구별하는 이 집합 내에 존재한다. 객관화하는 작용의 성질과 관련하여, 우리는 정립적 작용과 중립화된 정립에서의 작용을 구분한다. 우리는 브렌타노가 모든 체험의, 심지어는 판단 자체의 기초에 두길 원했던 이 '순수 표상'이라는 항목 아래서 어떤 것을 인식한다. 표상들이 판단 작용에서는 결합되지 않지만 중립화될 수는 있다. 표상들은 판단에 관해서는 우위성을 가지지 않는다. 왜냐하면 표상들은 동일한 유의 일종의 객관화하는 작용을 형성하기 때문이다.

만일 이제 우리가 '표상' 개념과 객관화하는 작용 개념을 동일시한다면, 브렌타노의 명제가 지니는 가치는, 후설에 의하면 그 총체성 안에서 보존된다. 이 명제는 다음과 같이 말한다.

---

39) 위의 내용을 보라.
40) *Ideen*, §119, p. 248.
41) *Ideen*, §119, p. 248.

각 지향적 체험은 객관화하는 작용이고, 이 작용을 자신의 토대로 삼는다. 말하자면, 후자의 경우에 그 구성 요소 가운데 객관화하는 작용을 담고 있으며 또한 객관화하는 작용의 질료는 그것과 동일한 질료다. 그것은 수적으로 동일하다.[42]

후설은 이 객관화하는 작용이나 이론적 작용의 우위성—그 개념은 주장에서 빌려 온 것이기 때문에—을 표면적으로 긍정한다.

대상과의 관계는 일반적으로 질료에서 구성된다. 그런데 우리의 법칙을 따르는 모든 질료는 객관화하는 작용의 질료이며, 또한 객관화하는 작용을 통해 그 작용으로 정초된 다른 성질의 질료가 된다. 우리는 지향성을 제일지향과 제이지향으로 구별해야 하는데, 제이지향은 그 지향성이 제일지향에 정초된 존재의 사실에 기반한다.[43][44]

---

42) *LU*, Ⅱ, pp. 493~494.

43) *LU*, Ⅱ, p. 494.

44) [옮긴이] 전통적으로, 특별히 스콜라 철학에서는, 정신 안에서 지향하는 대상이 정신 바깥에 존재하는 대상을 향하는 경우, 그것을 제일지향이라고 불렀다. 이 제일지향을 다시금 정신 안에서의 지향적 대상으로 삼는 지향을 제이지향이라고 불렀다. 예를 들어 '이 고양이는 동물의 종이다'라고 할 때, '종'은 정신 바깥에 현존하는 대상이 아닌 논리적 개념이다. 이 개념을 지향하는 것이 바로 제이지향이다. '이 고양이'는 당연히 제일지향이다. 또한 후설은 객관화하는 지향을 제일지향이라고 부르고, 비객관화하는 작용을 제이지향이라고 부르기도 한다. '여기 고양이가 있다'는 것이 객관화하는 지향으로서의 제일지향이고, 이것을 정초로 삼아 '이 고양이는 귀엽다'와 같은 제이지향이 등장한다고 후설은 주장한다. 이 문제와 관련한 자세한 해명은 이남인, 『현상학과 해석학』, 서울대학교 출판부, 2004, 2장 참조.

『논리 연구』의 다섯번째 연구에서 후설의 의식 개념은 이론적 의식의 우위성을 함축할 뿐만 아니라 대상 존재를 형성하는 것으로 접근하는 문제도 함축하는 것처럼 보인다. 물론 우리는 비-이론적 작용의 지향적 성격을 확증하는 구절을—우리가 이미 주장했던 것이다—잊어서는 안 된다. 의지, 욕망, 정서 등의 작용은 실제로 대상과 관련한다. 하지만 작용들을 노에시스적 측면에서만 검토하는 『논리 연구』의 태도에서는, 이러한 작용들이 대상 구성에 부가되는 것을 보기 어렵다. 『논리 연구』의 실재론적 태도에서, 객관화하는 작용은 의식으로부터 독립적으로 존재하는 존재에 이르며, 비-객관화하는 작용의 기능은 그것들의 실질적 구성에 어떤 기여도 하지 않는 가운데 이 대상들과 관련하는 것처럼 보인다. 질료를 통해서만 대상은 나타나고, 질료는 언제나 객관화하는 작용에 대한 것이다. 결과적으로, 우리가 드러내는 현존하는 세계는 이론적 시선에 주어지는 대상의 현존 방식을 갖는다. 실재하는 세계는 인식의 세계다. 사물에 소속된 '가치', '사용' 등의 특징은, 우리를 통해 사물들에 귀속되지만 그 특징이 대상을 현존 안에서 구성하지는 않는다. 이것이 적어도 『논리 연구』 초판의 입장이다. 이것은 또한 여섯번째 연구의 세번째 장에서, 형식적으로는 재판에서조차도 거부된 입장으로,[45] 후설은 욕망, 탐구하는 물음 내지 의지에 관한 명제들이 대상의 영역에 속하는 어떤 것을 표현한다는 점을 부정한다. 이 명제들은 탐구적 물음, 욕망 등의 작용들, 반성의 이론적 판단, 객관화하는 작용으로 확증된다.

---

45) *LU*, III, p, vii 서문을 보라. 또한 *Ideen*, §127, pp. 262ff의 새로운 이론을 보라.

그런데 만일 우리가 앞 장과는 달리 말하는 것이 허용된다면, 그것은 후설이 나중에 이러한 논지를 거부하기 때문이다. 우리가 『이념들 1』에서 본 것처럼, 자기 자신에 대해 완전하게 인식하는 현상학적 태도에서 핵심이 되는 생각은, 존재는 곧 체험된 것이라는 점 및 그 실재성 자체가 언제나 그 변형의 풍요로움 속에서, 삶과 관련해서 존재한다는 점이다. 이러한 생각은, 존재의 특징들 가운데 이론적 대상과는 다른 현존 방식을 말하는, 비-객관화하는 작용에 상관하는 구조를 제시하게 만든다. 바로 이러한 생각이 『논리 연구』의 입장을 지양할 수 있게 해준다.

그렇지만 만일 다른 한편으로, 우리가 이 문제에 대한 해명 작업에 오래 머물러 보면, 후설은 그러한 생각을 절대 확정적으로 포기하지 않는다는 사실을 발견할 수 있다. 세계를 구성하는 우리의 삶 속에서 —지각과 판단의 —이론이 지니는 탁월한 역할에 대한 긍정은, 후설이 절대로 포기하지 않은 논지다. 표상은 언제나 모든 행위의 기초에 남아 있을 것이다. 또한 만일 후설에게서, 의지, 욕망 등과 같은 복잡한 작용의 대상이 단순한 표상의 대상과 다르게 존재한다면, 그 작용들은 이론적 대상들의 현존 방식을 다소간 여전히 간직하고 있어야 한다.[46] 우리의 견해가 후설 철학이 지닌 난점을 담고 있다는 점을 말해야겠다. 그것은 바로 동일한 대상이 가지는 현존의 두 가지 의미를 화해시키는 방식을 이해하는 문제다.

직관 이론에 있어서, 이론적 의식의 우위성은 핵심적 중요성을

---

46) *Ideen*, §95, p. 198.

갖는다. 우리는 이 문제를 나중에 알게 될 것이다. 존재와 접촉하는 것인 직관 작용은, 『이념들 1』에서 객관화하는 작용이라는 개념 속에 도입해 보려고 한 변형 작업에도 불구하고, 무엇보다도 이론적 작용, 객관화하는 작용acte objectivant이다.

그런데 만일 객관화하는 작용이라는 개념이 주장의 영역에서 도입되고 그렇게 해서 그것이 후설의 직관주의를 주지주의로 더럽힌다면, 그것이 판단과 지각을 같은 유의 작용으로 정립한다는 사실에서,[47] 그리고 판단 안에서 새로운 범주적 형성 ─지각 및 명사 같은 성질의─ 을 엿본다는 사실에서, 다음 장에서 다뤄지는 직관주의적 진리론을 예비한다. 우선 진리는 판단과 지각 작용 안에서 동일한 것이어야만 하고 판단의 정당화가 지각의 정당화와 같은 어떤 것을 갖는다고 추측함으로써, 판단과 지각은 같은 차원에 놓이며 같은 차원에서 연결된다.

---

47) *LU*, II, p. 15를 보라.

5장 | 직관

앞서 우리는 오로지 객관화하는 작용만이 대상을 부여하는 특권을 가진다는 것과 우리의 실재와의 접촉이 표상의 구조를 갖는다는 점을 보여 주었다.

하지만 모든 표상이 동일한 권리를 갖고서 존재하는 것으로서의 대상을 정립하는 것은 아니다.[1] 우리는 실제로, 순수하게 상상적인 대상, 그리고 그 외 '오직 사유'일 뿐인 대상도 다룰 수 있다. 사유는, 말들에 대한 이해를 수반하는 정신적 작용으로 이해되는데, 이를테면 이것 또한 지향성이다. 아울러 사유는 그것이 의미를 부여하는 대상을 향하는 경향이 있다. 하지만 사유는 존재하는 대상으로 있는 것만을 다루지는 않으며, 사유가 그 자체로 대상을 정립하는 권리를 가지는 것도 아니다. 우리가 존재와의 접촉으로 진입하는 데서 비롯된 의식 또는 표상의 방식은 규정된 구조의 작용이며 또한——곧 이렇게 말해야 한다——이것이 직관이다.

우리가 이 구조를 더 잘 이해하기 위해서, 사유를 표상과는 다른

---

1) *Ideen*, §135, pp. 280~281.

방식으로, 그 대상 안에서, 주어진 것 없이 의미를 형성하는 '순수하게 의미화하는' 사유로 특징짓는 것은 매우 유용한 일일 것이다.

후설은 '의미화하는 작용'이라는 개념을 말들mots의 의미화로 받아들인다. 모든 말, 모든 이름은 단어에서 연상되는 하나의 단순한 표상이 아닌, 그 말이나 이름이 특별한 지향과 관련하는 데서 비롯하는 어떤 것을 의미Bedeutung로 갖는다. "이 지향성 덕분에, 말은 어떤 것을 의미하고, 표현은 단순한 말의 소리 그 이상의 것이 된다. 말은 어떤 것을 의미하며er meint etwas, 이와 같은 것이 대상적인 것auf Gegenständliches과 관계한다."[2] 말의 지향이 상상이나 지각에서와 같이, 필연적으로 대상을 직접적으로 보여지게 하는 것은 아니다. 말은 의미를 갖는 것이기 때문에, 대상을 향하는 것만으로 충분하다.

우리는 의미화하는 작용의 이러한 특징을 견지할 수 있다. 우리는 대상을 보지 못하고, 대상에 이르지 못하며, 대상을 향하고 있을 뿐이다. 실제로, 의미화하는 작용은 일상적인 대화의 사실이다. 그것은 한 예로, 우리가 상이나 지각을 소유하지 못하는 차원에서, 우리가 이해하는 한에서, 그리고 우리가 말한 것과 우리 자신에게 말하는 한에서, 우리 스스로를 제한시켜 대상을 지향하게 하는 단순한 작용이다.

만일 우리가 후설이 '로고스의 층'[3] (이것은 후설이 출발점으로 삼

---

2) *LU*, II, p. 37.

3) 문제를 단순화하기 위해, 우리는 후설이 『이념들 1』에서 '로고스의 층'으로 부른 것에서 어떤 작용을 추상해 낸다. 이 차원은 어떤 의미화하는 지향이 표현되기 위해서 지녀야만 하는 일종의 성격이다. 의미화하는 지향은 그 목적을 위해 내적으로 변형되지 않는한, 그 자체로 표현되지 않는다. 의미화하는 작용에는 일종의 일반성이 수여되는데, 이

은 표현 작용의 특징이 첨가된 말이다)이라고 부른 것으로부터 추상해 본다면, 우리는 대상에 이르지는 못하지만 대상을 지향하는 모든 작용들을 포함하는 의미화하는 작용이라는 보다 일반적인 개념에 도달한다.

의미화하는 지향은 공허하며, 현실화되지 않는다. 의미화하는 지향은 상이나 지각에서만 현실화된다.[4] 다른 형태의 작용은, 실제로 의미화하는 지향을 통해 지시되는 것으로서의 대상 자체와 관련할 수 있다. "의미화하는 지향은 대체로 충전과 관련해서 무엇을 향하는 작용을 실현하고erfüllt, 확증하고, 예증하며, 그리하여 지향을 통해 그 대상과의 관계를 현실화한다."[5]

대상에 도달하는 직관적 작용과 오직 대상을 향할 뿐인 의미화하는 작용 간의 차이가 통상 명석함의 차이 내지 명시적인 작용들의 차이는 아니다. 비직관적 지향성은 직관적 사유에서 함축적인 암시, 충만하게 현실화하는 작용의 지름길 그 이상의 것이다. 이것은 생생하면서도 완전한 그림에 창백한 상, 모호한 소묘가 대립하는 일과 관련하는 정도의 차이가 아니다.[6] 직관이 대상을 향하는 순수하면서도 단순한 지향을 현실화한다고 말하는 것은, 우리가 대상과 직접적

일반성은 개별 대상들이 그 자체로 표현될 때 부여되는 일반성이다. 또한 그것은 결과적으로 추상적이거나 이념적인 대상의 일반성과는 구별되는 일반성이다. *Ideen*, §124, p. 256; *LU*, III, p. 30를 보라.

4) *LU*, II, p. 38; 또한 *Ideen*, §136, pp. 282 ff.를 보라.

5) *LU*, II, p. 38.

6) *LU*, III, p. 76.

으로 관계하고, 그 대상에 이르는 것이 직관 안에서 이루어진다고 말하는 것이다. 어떤 사물을 향하는 것과 사물에 도달하는 것 사이에는 전적인 차이가 존재한다. 의미화하는 지향은 그 대상을 절대 소유하지 못한다. 지향은 오직 대상을 사유할 뿐이다. 의미화하는 지향이 직관과 혼동되지 않는다는 점은 다음과 같이 증명된다. 한 예로, 수학적 명제를 지향하는 것은, 우리가 그것의 다양한 결합들을 분석함으로써, 결국 그 명제가 표현하는 이념적 관계와 대상을 명증적으로 봄으로써 이해할 수 있다. "개념을 명료하게 하는 것 …… 이것은 순수하게 의미화하는 작용 속에서 성취될 수 있다."[7] 그런데 이것은 의미화하는 지향이 직관과 구별되는 일에서의 혼잡함, 그 모호성을 통해서가 아니라 오히려 우리가 이미 드러낸 그 공백, 특징을 통해 이루어진다. 지향은 직관에 고유한 이 충만plénitude; Fülle의 결여로 특징지어진다.[8] 의미화하는 지향은 대상을 오직 사유하게 할 뿐이고, 직관은 대상 자체라는 어떤 것을 우리에게 부여한다. 즉 직관이 지각적이지 않을 때 ——특권화된 직관의 경우—— 상상력처럼, 우리는 유비를 통해서 대상을 표상한다. 그 자체로, 순수하게 의미화하는 지향은, "정확하게 말하자면 표상이 아니다. 즉 그 지향에는 생생한 대상이 존재하지 않는다."[9]

그런데 우리가 말하는 공허한 지향의 불만족스러운 특징은, 공허

---

7) *LU*, III, p. 68.
8) *LU*, III, p. 76.
9) *LU*, III, p. 76.

한 지향이 대상의 나타남에 이르지는 못한다고 말할 수 있게 한다. 기대는 지향이지만 모든 의미화하는 지향이 기대인 것은 아니다. "……대상의 미래적 나타남zukünftiges Eintreten을 지시하게 되는 것이 대상의 본질에 속해 있는 것은 아니다."[10] 가구 밑에 놓여 있어 감춰진 양탄자의 윤곽을 주시함으로써, 우리는 그것의 한 부분만을 직접적으로 지각할 뿐이다. 그런데 감춰진 것을 향한 소묘로부터 지각된 부분으로부터 지향된 공허한 지향은, 기대를 전혀 의미화하지 못한다.

의미화하는 작용의 영역은 모든 표상적인 의식의 삶을 아우르지는 못한다. 우리는 객관화하는 작용의 모든 형식에 상응하는 다음과 같은 여러 형식들을 알고 있다. 지각, 판단, 연언(예를 들면 A와 B) 등. 우리는 후설이 논리적·범주적 형식을 파악하는 지적 직관을 인정했다고 보아야 한다. 의미화하는 작용의 영역은 그렇게 널리 확장된다.

범주의 도움에 힘입어 형식화된 그 대상과 관련하는 범주적 직관의 이 모든 작용은, 순수하게 의미화하는 작용에 상응하는 것일 수 있다. 이는 명확한 선험적 가능성이다. 여기에는 의미의 가능한 형식에 상응하지 않는 그런 적절한 작용-형식이 존재하지 않으며, 각 의미는 상관된 직관 없이 수행되는 것으로 사고될 수 있다.[11]

우리가 한계를 설정한 영역은, 사물과의 접촉과는 반대되는, '사

---

10) *LU*, III, p. 40.
11) *LU*, III, p. 191.

유', '순수 사유'의 영역이다. 의식은 지향성이며, 초재적인 존재와의 관계이다. 그런데 의미화하는 지향 개념은 모든 사유 대상이 실재적이지 않은 이유를 이해하도록 이끌어 준다. 그리고 이 개념은 우리의 논의의 시초부터 독자의 마음에 분명하게 야기된 반대에 응답한다. 왜냐하면, 실재는 체험되고, 사유되고, 믿고, 인식하고, 의지하는 등의 작용을 허용하기 때문이다.[12] 우리는 그런 것들이 주어지는 일종의 작용 및 그것들의 의미가 있음에도, 우리의 삶의 모든 대상에게 존재의 지위를 부여하는 데 나아가지 못하는 것일까? 우리는 참과 거짓 사이의 모든 구별을 단념하지 못하고, 그렇게 함으로써 오류의 불가능성 자체를 긍정하지도 못하는 것이 아닐까?

대상에 도달하지 못하면서 대상과 관계하는 작용의 가능성은, 순수 사유의 현존하는 대상들 간의 혼동을 일으키는 것과는 별개로, 구별의 참된 의미를 이해하게 해준다. 순수 사유는 순수하게 내재적인 '정신적 상'의 공간을 지시하지 않는다. 순수 사유는 사물과의 직접적 접촉, 내실적인 초재인 접촉과 대립하는 것이 아니다. 순수 사유와 실재와의 접촉 사이에 일어나는 차이는 그 대상들 안에 있는 것이 아니며, 그 일치의 문제는 허구적이다. 직관은 의미화하는 작용을 지향하는 것으로 대상 자체를 파악한다. 차이점은 대상에 관한 것이 아니라 대상의 주어진 존재 방식, 체험된 존재 방식과 관련한다. 순수 사유는 존재의 현전으로서의 삶과 같은 차원의 삶의 방식이다. 의미화하는 지향성에서, 의식은 그것이 '사물 이전의 현전'에서 행하는 것과 같은 차원

---

12) 2장에 의하면 그렇다.

에서 자기 자신을 넘어선다. 의미화하는 작용의 진리를 보증하는 실재와의 접촉은, 소위 순수 사유의 내재적 지향성의 영역을 초월하는 데서 나타나는 새로운 지향성이 아니다.

만일 '순수 사유'의 작용과 '실재와의 접촉'이라는 작용이 인식을 구성한다면, 인식은 주체의 현존에 첨가된 어떤 새로운 것이 아니라 주체의 양상들 가운데 하나이고, 지향성의 구조를 규정한다는 점이 명백해져야 한다. 분명 순수 의미화 작용은 그 작용 자체에서 비롯하는 인식이 아니다. "한 단어에 대한 순수하게 상징적인 이해에 있어서, 한 의미의 작용이 수행되지만, 그것을 통해서 알려지는 것은 아무것도 없다."[13] 인식은, 충족되지 않은, 단순하게 의미화하는 지향 속에서 의미가 부여된 것을 직관을 통해 확증하는 일에서 일어난다.[14] 이 경우 직관적 작용의 구조를 인식하는 문제가 야기된다.

후설은 한편으로 직관적 작용이라는 용어로 지각(현전화présentation; Gegenwärtigung)을 아우르고, 다른 한편으로 상상력과 기억(재再현전화la re-présentation; Vergegenwärtigung)을 아우른다.[15] 이러한 개념들은 통일을 실행한다. 왜냐하면 이러한 작용을 통해 의미를 부여받는 대상들은 그 자체로 주어질 뿐만 아니라 의미화가 되기 때문이다. 이것은 "그 안에서 대상들이 …… 스스로 주어짐zur Selbstgegebenheit kommen"의 작용에서 비롯한다.[16] 그러므로 이는 '모든 정신의 적극적 운

---

13) *LU*, III, p. 33.
14) *LU*, III, p. 34.
15) 상상력과 기억의 관계에 대해서는 *Ideen*, §§ 111, 112, pp. 225ff를 보라.
16) *Ideen*, § 1, p. 7; § 67, p. 126; § 136, p. 283.

동에 앞서 주어진다'는 의미에서의 직관 개념, 감각 개념 또는 '직접적인' 것 속에 포함되는 것이 아니다. 곧 '추론'과 직관은 대립되는 것이 아니며 직관이 그 대상을 소유한다는 사실 자체에 의거한다. 이것은 '충만'이라는 개념을 표현하고, 동시에 의미화하는 작용의 '공허함'과 대립하는 직관적 작용을 특징짓는다.[17]

충만이라는 개념은, 대상 규정이 의식에 현전한다는 이 사실을 표현해 낸다. 하지만 직관적 작용의 내재적 구성 속에서, 후설은 대상의 충만함을 표상하는 기능을 특별한 내용, 그가 '충만'이라고 부르는 내용에 귀속시킨다.[18]

작용의 실질적 구성 요소로서의 충만이라는 개념은, 『논리 연구』에서는 감각Empfindungen과 동일시된다. 우리는 이미 이것이 감각주의의 '감각'과는 구분되어야 함을 강조했고, 또한 우리는 특별히 감각이 외부 대상의 성질과 혼동되어서는 안 된다고 주장했다. 왜냐하면 감각들은 각기 실재의 다양한 차원에서, 표상된 존재자와 다른 체험들에서 발견되기 때문이다. 후설에게서, 감각들이 삶 속에서 대상들을 표상하는 요소들이라는 점은, 비록 그것이 지향성의 도움을 받는 것이긴 하지만, 진정으로 참된 사실이다.[19] 감각은 "반성과 음영 Abschattungen"에서 비롯한 존재자로 특징지어진다.[20] 지각에 대해 '감각'이라고 부르는 것(현전화), 그리고 기억과 상상력에 대해서 '상상'

---

17) *Ideen*, §136, p. 283.
18) *LU*, III, p. 76.
19) *Ideen*, §36, p. 65; §41, p. 75.
20) *Ideen*, §41, p. 75.

phantasme이라고 부르는 것(재-현전화), 이러한 요소들이 작용의 충만을 구성하고 상상력으로 표상하거나 지각 속에서 현전화하는 대상의 유비들이다.[21] 감각과 상상의 총체는 작용 속에 포함되고(왜냐하면 직관적 작용이 언제나 순수 지각이거나 순수 재-현전화인 것이 아니라 지각적 요소들의 총체에 의해 구성되기 때문이다), '작용의 직관적 내용'intuitiver Gehalt des Aktes이라는 개념의 경계를 설정한다.[22]

충만이라는 개념을 규정하면서, 우리는 직관적 작용이 점진적으로 받아들여진다는 점과 이런 점진적 이행의 방향을 이해할 수 있다. 무엇보다도 직관적 작용은 대체로plus ou moins 그 작용이 지시하는 대상의 다양한 특징을 앞서 가질 수 있다. 그것은 단적으로 다른 것을 향한다. 한 인간을 사유함에 있어, 그 인간의 여러 특징들이 대체로 우리 앞에서 재생될 수 있고, 그 인간의 형태의 남겨진 부분만이 사고된다. 더 나아가, '직관적 내용'은 대체로 생생함을 통해서 특징지어질 수 있고, 결과적으로 그것이 대체적인 대상의 유비다. 결국, 직관적 요소들은 상상처럼 단순하게 반성하는 것이 아닌, 우리가 대상 그 자체에 부여하는 대체적인 지각적 내용——감각——으로 구성될 수 있다. 우리는 또한 작용 안에서, 연장의 정도, 생생함과 현실성을 구별한다.[23] 이것은 직관적 내용이 이념을 향할 수 있는 세 가지 방향으로서, 곧 지각의 작용이다. 지각에서, 충만은 우리에게 그것 자체en soi인 그러한 대상을

---

21) *LU*, III, p. 79.
22) *LU*, III, p. 79.
23) *LU*, III, p. 83; *Ideen*, §68, pp. 127~128.

현실화한다. 지각은 지각에 앞서 '생생하게 주어지는'leibhaftgageben 그 대상을 소유한다는 사실 자체를 통해 특징지어진다. 이것이 바로 직관적 작용, 후설이 말한 바, 원초적 직관이 특권화되는 이유다.[24] 지각은 우리에게 존재를 준다. 그것은 존재라는 개념 자체의 기원을 추구하는 지각 작용에 대해 반성함으로써 존재한다.[25]

지금까지 우리가 제시한 직관적 작용에 대한 분석에서 그 최종적인 특징이 대상을 부여하는 속성이라는 점이 나타났다. 충만은 이러한 기능을 하는 작용의 요소로 나타난다.[26] 그런데 충만이라는 개념이 감각이라는 개념 ─순수하게 내재적인 의식의 요소─과 결부되어 있다는 것은, 그것이 버클리적 관념론으로 후퇴한다는 것을 뜻하지 않는가? 만일 직관적 작용 속에 있는 그러한 대상의 현존이, 정신 안에서의 어떤 내재적 내용들, 직관적 내용의 현전을 의미할 뿐이라면, 참된 대상, 실질적인 대상을 구성하는 것은 그러한 내용들이다. 이 경우 의식은 더 이상 독특한 현존 방식을 가지는 최상의 구체적인 현상이 아니다. 여기서 대상은 의식을 통해 지향된gemeint (의미 지어진), 지향된 대상으로 존재한다. 의식은 다시금 그 지향적 초월이 그저 환영에 불과한 그런 대상들의 표상적 내용의 영역이 되고 만다. 다시 말해서, 대상은 존재의 의미를 대상에 일으키는 지향이 아니라 감각이라고 불리는 특정한 내용들, 죽은 상태의 흐름 속의 현전을 통해서 존재한

---

24) *Ideen*, §1, pp. 7~8; §39, p. 70; §43, p. 79; §67, p. 126; §136, p. 282 그 외 여러 곳.
25) *Ideen*, §47, p. 89.
26) 지각에서의 감각의 역할에 대해서는 *Ideen*, §97, p. 203을 보라.

다. 또한 이러한 조건 속에서는, 특유의 직관이 지향성의 특별한 방식으로서의 존재가 아닌 본질적으로 내재적 내용의 규정된 형태를 통해 특징지어진다.

적어도 우리의 입장에서 보면, 후설은 '직관적 내용'에 귀속시킨 역할에서, 곧 특별히 반성된 것으로서의 초재적 대상과의 유비로서의 이 직관적 내용이라는 개념에서,[27] 우리가 이미 언급했던 것처럼, 영국 경험론의 반향[28]을 내포하고 있다는 점을 인정해야 한다. 그런데 우리는 또한 후설의 의식이 영국 경험론의 주체성이 아니라는 것을 보여 주어야 한다. 무엇보다 우리가 처음 절반 분량을 할애해서 요약한 후설에게서의 직관적 작용의 이론은, 의식의 질료적 요소를 따라 직관을 특징짓는 경험론적 시도에 철저하게 대립한다.

실제로 우리는 우리의 모든 작용이 '질료'와 '성질'을 구성한다는 점(『이념들 1』의 술어로 표현하자면, 우리의 모든 작용이 노에마와 노에시스의 구조로 이해되는 '의미'와 '정립')을 앞서[29] 보여 주었다. 그런데 충만은 이러한 작용들과 무관하게 존재하는 어떤 것이 아니다.

그러나 질료와 충만은 무관하지 않음으로 존재한다. 또한 이러한 충만을 야기하는 순수하게 의미화하는 작용을 따라 직관 작용을 배치할 때, 두 작용에 공통적인 성질과 질료에다가 충만이라는 세번째

---

27) *Ideen*, §97, p. 202 그 외 여러 곳; *LU*, III, pp. 92~93.
28) *Ideen*, §86, p. 176.
29) 4장을 보라.

요소를 더함으로써, 이 두 작용은 구별되지 않는다.[30]

우선, 의미화하는 작용 자체는 단순히 질료와 성질로 구성되는 것이 아니다. "의미화는, 그 직관적 대상이 기호의 방식으로 자기 바깥을 지시함으로써, 직관이 지향적으로 새로운 본질[31]로 덧입혀지게 되는 경우에만 가능하다."[32] 또한 예를 들어, 대화에서의, 말에서의 지각은, 직관적으로 도달하는 말의 의미를 제공한다. 그러므로 한 직관은 한 의미가 발생하기 전에 일어나는 필연적인 일이다. 그런데 이것은 후설이 정확하게 말한 것처럼, 완전한 작용이 아니라 요청된 감각적인 '직관적 내용'일 뿐이다. 또한 의미에 기반을 둔 '직관적 내용' 자체는, 직관적 작용에서 충만의 구실을 할 수 있다. 후설이 말한 것처럼,[33] 직관적 내용, 이 대표상representant은 직관적 기능과 같은 의미화하는 기능을 성취할 수 있다. 이들을 분리시키는 차이는 어디에 있는가?

후설에 의하면, 대표상의 기능은, 지향적 작용의 질료와 관련하여 연결된 형식에 의존한다. 후설이 '표상의 형식'이라고 부르는 이러한 형식, 그리고 질료의 형식과 '대표상'의 통일은 '표상'으로 명명된다.[34] 그러므로 표상의 형식은 지향성이 대표상을 전유하는 방식을 표현한

---

30) *LU*, III, p. 88.
31) 『논리 연구』의 술어로 보면 지향적 본질이란 성질 더하기 질료를 의미한다.
32) *LU*, III, p. 89.
33) *LU*, III, p. 90.
34) 여기서는 Vorstellung을 번역한 4장에서의 표상이라는 말과 구별하기 위해, 표상을 작은따옴표에 넣어 표기했다.

다. 그리하여 후설은 이와 같은 것을 파악^{apprehension}이라고 부른다.

　이로부터 우리는 직관의 본질적 특징이 지향성의 한 특징이기도 하다는 점을 이해할 수 있다. 대표상을 의미화하는 역할이나 직관하는 역할은, 대표상에 지향성이 부과하는 환원 불가능한 의미에 있어서, 대표상에 활기를 불어넣는 지향에 의존한다.[35] 대표상에 활기를 불어넣는 방식에서의 차이는, 다른 어떤 것으로 환원할 수가 없다. "의미화하는 파악과 직관적 파악 간의 차이는 환원 불가능한 현상학적 차이이다."[36] 의미화하는 작용의 내적 구조는 그 질료를 통해 의미를 부여받는 대상에 관련하는 대표상에 대한 무관심을 통해 특징지어지고, 다른 한편으로 둘 사이의 유비 관계가 직관적 작용에 존재하긴 하지만, 최종적인 분석에서 두 작용은 대표상과 질료 간의 관계의 양상을 따라 구별된다. 후설에 의하면, 대표상은, 표상의 대상과의 유비에서조차도, 의미화하는 내용으로 기능할 수 있다.[37]

　만일 지각이 존재 그 자체, '직접적으로' 존재에 이른다면, 또 존재가 우리와 실재와의 직접적 관계 속에 있는 지각에 존재하는 것이라면, 그것은 지각적인 지향성의 특별한 성격, 지향성의 내재적 의미 덕분이다.[38] "지각의 지향적 성격은, 상상력의 단순한 재-현전화와의 대립에 의한 현전화이다. 이것은 우리가 알고 있는 것처럼 작용의 내

---

35) 질료(hyle)에서의 지향성의 역할에 대해서는 *Ideen*, §98, p. 206을 보라.

36) *LU*, III, p. 93.

37) *LU*, III, p. 54.

38) *Ideen*, §43, pp. 79~80.

적 차이, 보다 정확하게는 작용의 표상 형식에 대한 것(파악)이다."[39]

　이 모든 예비적 고려가 있은 다음, 우리는 진리의 영역 안에 직관의 역할이 있다는 것을 보여 줄 것이다.

　의미화는 의미의 대상을 지향하고, 직관, 그리고 무엇보다도 지각이 대상들에 도달한다. 그런데 이 두 가지, 곧 직관의 대상과 지각의 대상은, 또한 그 대상이 동일할 뿐만이 아니라 질료나 의미에서도 동일한 존재일 수 있다. 왜냐하면 의미는 직관에 상응하는 동일한 대상을 향하고, 이러한 대상들이 지향되거나 지각되는 '그러한' 방식도 동일할 수 있기 때문이다.[40] 그러므로 두 작용은 겹칠 수 있다. 다시 말해 하나의 공허한 의미화 안에서만 의미를 부여받게 되는 한, 대상은 직관 안에서 보이게 된다. 즉 의미화하는 공허한 지향은 어떤 방식에서 충족될 수 있는데, 후설은 여기서 우리가 réalisation이라는 말로 번역하는 충족l'Erfüllung이라는 현상에 대해 이야기한다. 충만이 대체적으로 완벽해지는 차원에서, 충족도 그렇게 존재한다. 충전적 지각에서, 우리는 의미화하는 지향의 완벽한 충족을 소유한다. 대상에 관해 절대 규정할 수 없는 의미화, 단순한 사유는—대상의 본질이나 현존에 대한 것이 아닌—이 대상 그 자체 앞에서, 충족 안에서 대상을 발견하며, 또한 충족은 정확하게는 그것이 대상이 지향하는 방식을 보게 한다. "대상은 실제적으로 현전하거나 주어지고, 정확하게는 대상이 지향되는 만큼 그러하다. 또한 부분적 지향은 명시적이지 않고 여전히

---

39) *LU*, III, p. 116.
40) *Ideen*, §136, p. 283; §140, p. 291.

충족을 결여하고 있다."[41] 그러므로 여기서 진정한 사물과 지성의 일치 adaequatio rei et intellectus가 나타난다. 예를 들어, 나는 빨간 타일로 덮인 지붕에 대해서, 이것을 보지 않고서도, 상상조차 하지 않고서도 그것을 생각한다. 곧, 나는 이 지붕을 쳐다보고, 내가 생각한 것과 같은 지붕을 본다. 여기서 바로 나의 본래의 사유에 대한 충만이 존재한다. 지붕은, 내가 생각했던 것처럼, 나의 눈앞에 직접적으로 존재하며, 그 자체로 현전한다.

우리가 인용한 예에서 충족은 일차 지향을 확증한다. 그런데, 확증된 존재 대신에, 일차 지향은 또 존재를 약화시킨다. 지각은 의미화하는 지향을 '좌절시킬' 수 있다. 예를 들어 나는 '내 앞에 있는 이 집의 빨간 지붕'을 지향한다. 그런데 내가 지붕을 올려다볼 때 그 지붕은 녹색일 수 있다. 그것은 의미화의 대상과 직관의 대상 간의 불일치 Widerstreit이며, 또한 우리는 순수하고 단순한 의미화를 통해 가정된 것에 대한 부정에 이른다. 의미화된 대상과 주어진 대상 간의 이러한 불일치는 여전히 공통적 요소를 기반으로 가져야 한다. 대립이 존재하기 위해서는 공통적인 요소가 있어야만 한다. '좌절'die Enttäuschung은 부분적 충족 속에서만 가능하다. "한 지향은 그것이 기대에 어긋난 지향을 보충하는 부분 속에서 충족하고 그 부분을 아우르는 지향의 일부일 경우, 불일치의 형식 아래서 기대를 벗어난다."[42] 이것이 충족이라는 주제 아래 불일치가 파악될 수 있는 이유이다. 대상은 이러한 불

---

41) *LU*, III, p. 118.
42) *LU*, III, p. 43.

일치를 산출하기 위해 주어져야만 하고, 심지어 의미화하는 지향이 기대에 어긋난다고 해도, 분명 진리를 위한 자리를 갖는다. 그러므로 불일치는 단순한 직관적 충만의 부재, 그저 결여를 나타내는 개념이 아니다. 하지만 불일치는 부분적 일치를 기반으로 하는 긍정적 현상이며, 부정적인 것이라고 하더라도, 한 인식에 도달하는 종합이다.

충족의 의식이나 의미화하는 지향의 좌절은 명증이다. 그러므로 명증은, 특정한 심적 현상을 수반하는 주관적 감정이 아니다.[43] 명증은 한 대상이 몸소 의식 앞에 존재하는 지향성이며, 의미화에 선행해서 존재하는 것이다. 만일 우리가 명증이 진리의 규준이라고 말한다면, 명증이 진리의 주관적 표지일 뿐이라는 것을 의미하지는 않으며, 또한 존재가 가장 확실한 명증을 약화시키는 것과 같은 방식으로 나타날 수 있다는 것을 의미하지도 않는다. 명증은 바로 존재 이전에 의식의 현전이 있다는 사실을 통해 정의된다. 존재 개념의 기원이 바로 여기에 있다.

> 만일 어떤 사람이 A에 대한 명증성을 경험한다면, 제2의 인격이 동일한 A의 불합리함을 경험할 수 없다는 점이 자명해진다. 왜냐하면 그 A는 명증적이기 때문에, A는 단지 사유가 아니라 진정으로 주어지며, 또한 사유된 것으로 주어진다. 엄밀한 의미에서 그것은 그 자체로 현전한다. 그런데 A가 존재한다는 사유가 그것이 참으로 주어진 비非-A를 통해 배제되는 와중에도, 어떻게 제2의 인격이 이 동일

---

43) *Ideen*, §21, pp. 39~40; §145, p. 300; *LU*, I, pp. 180ff.

한 A를 사유 속에서 지시할 수 있는가?[44]

직관이 인식의 핵심 요소로 존재한다면, 우리가 판단의 진리에 대해 말해야 하는 바로 그 순간, 극복할 수 없는 난국에 봉착하는 것이 아닌가? 실제로 '나무는 녹색이다'라는 판단의 지향적 상관은, 한 판단이 또 다른 대상, '녹색임'과 연결되어야만 하는 '나무'라는 대상에 대한 것이 아니다.[45] 그것은 '나무가 녹색이라는 사실'Das grünsein des Baumes의 이 복합적 지향에 의해 지향되는 사태다. 이 사태는, '나무', '녹색'과 같은 것을 구성하는, 서로의 특정한 관계 속에서 존재하는 대상으로 이루어진다. 즉 이 관계가 또한 객관적인 지향의 영역에 속해 있으며, 이것이 표상들의 순수하게 주관적인 연결인 것은 아니다. 표상들 간의 관계가 아직 연결의 표상은 아니다.

이 사태는 끊임없는 우리의 구체적 삶의 대상이다. 왜냐하면 삶을 산다는 것은 지각하는 것일 뿐만 아니라 판단하는 것이기 때문이다. 또한 이것은 '사태'에 끊임없이 부딪히는 학문적 삶 속에서 존재한다. 곧 감각적인 지각 대상으로서의 사태가, 진정 모든 존재 개념의 기원을 발견하는 구체적 삶의 대상에 있다고 한다면, 그것은 존재 영역에 속한다. 더 나아가, 여기서 존재는 감각적 지각 대상의 영역에 점유된 것과는 다른 의미를 가지며, 또한 우리는 이 정확한 의미의 사례를 곧장 갖게 된다.

---

44) *LU*, III, p. 127.
45) *Ideen*, §94, p. 194.

우리가 존재의 구성 요소로 드러내는 사태의 구조는, 감각적 대상만이 아니라 범주적 대상도 포함한다. 이는 판단에 있어서 '존재한다'는 말을 표현하는 서술적 범주와 같은 것이다. 그런데 다음과 같은 점을 더 보아야 한다. 한 예로 판단의 종합에 선행하는 단순한 대상, 이름을 표현하는 대상은, 어떤 범주적 형식 없이 그 자체로 존재하는 것이 아니다.

그러므로 우리는 의미에 있어서, 매우 다양한 종류의 부분들이 발견되고, 이들 가운데서 우리는 '그', '한', '어떤', '많은', '적은', '둘', '존재하다', '아님', '그것', '그리고', '또는' 등과 같은 형식적 말에 의해 durch Formworte 표현되는 것들, 더 나아가 명사적이고 형용사적인, 단칭적이고 다원적인 말의 어형 변화에 의해 표현되는 것들에 대해 특별한 주의를 기울여야 한다.[46]

우선 이것들이 포괄하는 형식과 질료 사이에는 본질적인 차이가 존재한다는 점을 언급하도록 하자. 그리고 그 경계를 설정하도록 하자. 우리의 지각 세계를 표현하는 명제들은, 존재를 그 뼈대, 달리 말하자면 형식으로 환원시킬 수 있다. 우리는 다음과 같은 표현에 이르게 된다. 'S는 P이다', 'S 와 P', 'S 또는 P', '한 S', '두 P' 등. 오직 이 문자들만이 지각의 감각적 내용을 표현한다. 또한 이러한 '항들'이 복합적임과 동시에 형식과 질료로의 분리를 허용한다는 점을 인정한다고 하더

---

46) *LU*, III, p. 129.

라도,[47] 우리는 최종적인 분석에서 단순한 항들이 있음을 가정해야 한다. 이러한 항들은 지각 속에서 직접적으로 현실화되는 질료를 이룬다. 비록 형식이 질료를 구성하는 부분일 수 있다고 해도, 사태가 새로운 판단을 위한 주제로서의 구실을 할 때와 마찬가지로('나는 그 나무가 녹색이라고 주장한다'), 우리는 형식이 본질적으로 질료와는 다른 기능을 가지며 범주적 영역의 윤곽을 그려 준다고 말하게 된다. 오직 질료만이 지각된 대상에 직접적으로 주어진 것일 수 있다. 그런데 '존재한다', '또한', '또는', '하나' 등과 같은 특수자들은 그와 동일한 방식으로 대상 속에서 발견되는 것이 아니다.

실제로, 한 예로 '계사-존재'는 대상에 대한 실질적 술어가 아니다. "존재는 대상 속에 있는 것이 아니며 대상의 일부도 아니고, 대상을 점유하는 계기도 아니고, 대상의 성질이나 강도도 아니며, 대상의 형태나 어떤 내적 형식도 아니고 대상의 구성적 특징 역시 아니다."[48] 계사는 대상의 구성 요소들 가운데 하나인 소리나 색과 같은 것이거나 소리를 구성하는 일련의 소리에 대한 멜로디와 같이 대상에 부과되는 그런 대상의 특징이 아니다. 그런데 '계사-존재'와 같은 범주적 형식의 본질적 특징은 곧 그것을 둘러싸는 질료와 무관한 것이 된다는 점이다. 접속어 형식인 '또한'과 선언적 형식인 '또는', 아니면 '어떤 것'이라는 형식은 다음과 같은 형태와는 무관하게 적용될 수 있

---

47) 질료는 여기서 4장에서 나왔던 그런 의미를 가지지 않는다. 여기서 질료는 범주적 형식과 대립된다. 이 경우, 후설은 질료를 소재(Stoff)라고 부른다.
48) *LU*, III, p. 137.

다. 우리는 '한 인간과 한 동물', '한 지각과 한 기억', '해왕성과 수학적 충전성'을 생각할 수 있다.

사실 범주적 형식은 색깔이나 강도와 같은 대상의 내용의 일부를 만들어 내지 못하여, 의식의 작용 속에서 대상의 근본을 탐구하게 되고, 오로지 대상이 발견되는 의식의 반성으로 대상을 귀속시킨다. 이와 같은 경우, 예를 들어 대부분의 경우에 제기되는 해석은 칸트의 종합이다.[49] 잡다하게 주어지는 것의 다양체에서, 정신의 자발성은 주어지는 것을 서로 연결 짓는 기능을 위해 존재하고, 반성의 시선은 우리에게 이런 연결 짓는 작용 자체를 포착할 수 있게 해준다. 종합은 대상적 영역의 요소라는 사실에 속하는 것이 아니라 오로지 의식 작용의 내적 성격에 속한다. 후설은 이런 범주적 형식 개념과 같은 것에 반대한다.[50] 추후 범주적 형식의 개념들은 대상의 영역에 속한다. "감각적 대상 개념이 지각에 대한 반성을 통해서는 일어날 수 없는 것과 마찬가지로 …… 사태라는 개념은 판단에서의 반성으로부터는 나올 수 없다……"[51] "우리가 이런 개념의 충족을 위한 추상의 토대를 발견하는 것은, 이런 대상들로 간주되는 작용에서가 아니라 이러한 작용들의 대상에서이다."[52] 우리는 이미 이것을 암시한 바 있다.

한 범주적 형식은 사물에 대한 실질적 술어가 아니며 의식에 대한 반성의 결과도 아니다. 그것은 대상의 이념적 구조다.

---

49) Husserl, *Philosophie der Arithmetik*, pp. 36f를 보라.
50) *LU*, III, pp. 160~161.
51) *LU*, III, pp. 140~141.
52) *LU*, III, p. 141.

그런데 개별 대상의 이념적 본질도 구별된다. 대상의 유는 대상의 형식이 아니다.[53] '색'의 본질은 빨강이나 파랑의 형식이 아니라 색의 종류이다. 색의 형식은 '어떤 것 일반'이다. 그 형식은 모든 상위의 유가 오로지 종 그 자체일 수 있는 관계에서 비롯되는, 일반화의 상위의 차원에 속한 대상이 아니다.[54] 형식은 일반성을 넘어선다.[55] "범주들은 빨강 일반이 빨강의 색조 차이에 놓여 있다거나, 색상이 빨간색이나 파란색 속에 놓여 있는 것과 같은 물질적 특이성에서는 발견될 수 없다."[56]

대상들의 형식에만 의존하는 진리를, 후설은 상위의 유에서 발견되는 물질적인 종합적 진리와 대조해서 분석[57]이라고 부른다. 우리는 이 문제로 돌아가야 한다.[58]

범주적 형식이라는 개념은 후설이 기체-형식과 구문론적 형식 사이에 정립한 구별과 관련하여, 이러한 기체들(관계, 연언, 술어 등)을 전제하고 있으며,[59] 또한 뚜렷하게 형식과 일반의 대립을 확증한다면, 이는 후설 철학의 가장 결정적인 구절 가운데 하나에 의거한다. 우리는 여기서 형식에 대한 세부적 분석을 멈추지 않는다. 단 우리는 형식이 논리학의 주제라는 점만을 말해 둔다. 존재하는 형식은 유를 구별하고, 논리학은 결정적으로 존재론과 분리된다. 논리학은 존재의 일

---

53) *Ideen*, §13, p. 26.
54) *Ideen*, §13, p. 26.
55) 1장 29~30쪽을 보라
56) *Ideen*, §13, p. 27.
57) *Ideen*, §10, p. 22.

반적 형식에 대한 문제에 앞서는, 존재 형식의 질료적 구조에 대해서는 말하지 않는다.[60] 즉, 논리학은 한편으로 모든 심리학의 바깥에 존재하며—존재하는 형식은 대상의 형식이다—또한 다른 한편으로는 이러한 대상들을 점유하는 모든 학문에 대해 독립적이다. 왜냐하면 논리학은 오로지 형식과 관련하는 것이기 때문이다. 그런데 이 논리학이 우리가 여기서 관심을 두는 후설의 논리학인 것은 아니다. 후설의 논리학은 우리가 말했던 것처럼, 범주적 형식 개념의 경계를 설정하는 직관 이론에 충족적인 것이다.

이 이론으로 돌아와서, 우리는 직관 안에 자리하는 진리론과 '사태' 역시 범주의 도움을 힘입어 구성된다는 사실을 화해시키기 위하여 범주적 직관 내지 지적 직관에 대해 분명하게 말해야 한다. 우리는 이제 후설의 학설 가운데 가장 흥미로운 지점에 이르렀다.

논의를 시작하면서, 우리는 직관 개념이 감각적 직관에 고유한 특징을 통해서가 아니라 명증에 의해, 의미를 충족시킨다는 사실을 통해서 정의된다는 점을 확증해야 한다. 범주적 형식은 그 주어지는 방식에 있어서, '순수하게 의미화된 것'과 '직관적으로 주어진 것'의 구별을 용납하는가?

후설은 긍정적으로 답한다. "여기에는 적어도 단순히 감각적 지각이 질료적 요소가 되게 하는 것과 같이 범주적 의미 요소에 도움을

---

58) 208쪽 이하를 보라.
59) *Ideen*, §11, p. 24.
60) *Ideen*, §10, pp. 21~22.

주는 작용이 있어야만 한다."[61] 이 작용은 이러저러한 형식을 덧입는, 봄에 앞서 가지는 것으로 나타나는 작용이며, 이 특권화된 방식에서 범주적으로 형성된 대상을 지시하는 작용이다. 그러므로 우리는 직관 개념을 명확하게 할 수 있다. 왜냐하면 범주의 영역에 있는 직관 기능은 감각적 영역에서 발휘되는 것과의 유비이기 때문이다. 감각적 직관과 범주적 직관 사이에는 다음과 같은 심오한 유사성이 존재한다. 의식은 두 작용 사이에서, 직접적으로 존재 앞에서 발견된다. "어떤 것이 '실제적'으로, '스스로 주어지는 것'으로 나타난다."[62]

그런데 만일 진리를 드러낼 수 있는 것으로서의 감성과 지성을 직관적 작용의 통일성으로 다시 불러올 경우, 우리는 여전히 이 능력들의 차이에 관해 설명해야만 하며, 특히 이 차이가 이 작용의 직관적이거나 비직관적인 성격에 부수적인 것이라는 점을 보여 주어야 한다.

우리는 후설이 도입한 방법을 통해서 우리의 흥미를 불러오는, 감성과 지성이라고 부르는 것의 경계를 정하려는 논의를 살펴볼 수 있다. 후설은 생득성l'innéité이나 감각 기관의 활용과 같은 순수하게 외재적인 좌표에 힘입어서 이러한 능력들을 특징지으려고 하지 않는다. 지성과 감성을 구별하기 위해서, 후설은 소박한 형이상학이나 인간학이 아니라 감각적 삶이나 범주적인 삶 자체의 내재적 의미에서 출발한다.

그러므로 감각적 대상은 직접적인 방식으로 주어지고, "단순한

---

61) *LU*, III, p. 142.
62) *LU*, III, p. 143.

방식으로"in schlichter Weise 구성된다.[63] 우리에게 감각적 대상들을 부여하는 작용이 그 대상들을 정초하는 다른 작용들을 요구하지 않는다. 다시 말해, 그것들은 단일한 차원에 속한다. "감각적 지각 안에서, 사물은 우리의 시선이 마주치는 한, 오직 하나의 마주함 속에서 나타난다."[64] 분명 우리는 외부 사물에 대한 지각의 복잡한 특징, 그리고 외부 사물을 파악하기 위해 필수적인 작용의 무한한 연속체를 자주 내세우게 된다. 그런데 한편으로 이 연속체의 각 요소, 각각의 '일면적 관점'은, '단번에' 주어지고 그 대상 전체를 나타낸다. 내가 어느 정도 알고 있는 동일한 책이 있다. 그런데 나는 즉각 그 책에 대한 전체적인 인식 작용을 갖는다. 다른 한편으로, 동일한 대상에게 던져진 이 연속적 시선의 통일성은 새로운 작용이 아니며, 이 단순한 작용 속에 정초된 종합도 아니다. 또한 더 상위의 수준의 대상을 구성하는 것도 아니다. 사물에 대한 감각적 지각은, 이러한 사물의 연속적이고 계기적인 파악의 완전성의 정도가 어떻든 간에 필연적으로 '단순하다'. 잇따르는 작용은, 그 종합을 실현하는 새로운 작용을 기대하는 것처럼 통합되고, 분리된 것으로서 머무르지 않는다. 지각 작용의 다양체는 오로지 길게 늘어지는 작용처럼 존재하고, 이 길게 늘어지는 작용 속에서 "새로운 것을 향하는 것이 아니라 단지 언제나 그 자체로 포착되는, 부분적인 지각이 지향하는 대상 자체를 향한다."[65] 또한 만일 이 계기

---

63) *LU*, III, p. 145.

64) *LU*, III, p. 147.

65) *LU*, III, p. 150; 또한 *Ideen*, §11, p. 24를 보라.

적 작용의 대상이 줄곧 동일하다면, 그것은 이 작용의 총체의 대상인 동일성이 아니다. 분명 우리는 이 동일성 자체로 향할 수 있지만, 이 작용은 새로운 구조를 가지게 되며 더 이상 감각적 직관에 속하지는 않는다.

감각적 직관과의 대립을 통해서 범주적 직관을 특징짓는 것은, 범주적 직관이 필연적으로 감각적 직관을 정초한다는 점이다. '결합'이나 '분리'와 같은 작용으로부터, 본질을 통해서 단번에 그 대상을 파악하는 '단순한'schlichte 작용 속에서 주어질 수 없는 새로운 대상 형식이 구성된다. 이러한 것들은 그 대상 형식의 기초가 되어 주는 감각적 내용과의 본질적인 관계이다. "그 나타남의 방식은 본질적으로 이러한 관계를 통해서 규정된다. 여기서는 그렇게 정초된 작용 속에서 오직 그 스스로 나타날 수 있는 '대상성'Gegenständigkeit의 영역을 다룬다."[66] '정초됨'의 이러한 특징은, 작용과의 독특한 그 관계와 더불어, 또한 상호 관련적으로 정초하는 대상과의 독특한 관계와 더불어, 이념적 대상의 나타나는 방식과 존재하는 방식을 특징짓는다. 그런데 그것은 범주나 이념적 본질과 관련함으로써 달라진다. 범주적 형식의 직관 속에서, 정초되는 대상은 정초하는 대상을 그 안에 포함한다. 사태는 어떤 방식으로든, 대상을 구성하는 사물을 포함한다. 반대로 본질들은 그것들이 감각적 직관에 정초된다 하더라도 어떤 점에서는 감각적 직관을 넘어선다. 이에 우리는 본질 직관에 한 장을 할애해야 한다. 다만 우선은, 이해를 돕는 한 가지 예를 통해 범주적 직관으로 돌

---

66) *LU*, III, p. 146.

아가 보자. 감각적 직관 A와 A의 부분인 a를 지시하는 다른 감각적 직관을 생각해 보자. 우리가 감각적 직관의 차원에 머무르는 한, 우리는 A의 '부분으로서의' a를 파악할 수 없다. A의 부분으로서의 'a'를 정확하게 파악하려면 새로운 사유의 지향이 필요하다. 이 작용은, a의 특징적인 부분을 지시하며, A와 a에 대한 지각을 전제하고, 또한 새로운 의미의 통일성을 초래한다. 이것이 바로 부분과 전체라는 이 관계를 대상에 대하여 정확하게 가지게 하는 범주적 작용이다. 따라서 부분은 전체 속에서 온전히 존재하고, 전체의 지각 속에서 주어지는 것이지 부분에서 주어지는 것이 아니며, 오로지 정초된 작용을 통해서만 구성에 이른다는 특징을 갖는다.[67]

이러한 고찰은 크나큰 호기심을 불러일으킨다. 왜냐하면 이것은 분명히 직관의 문제를 초래하는 것이기 때문이다. 그런데 이 관점과 대면하기 전에, 우리는 이 고찰이 어떤 다른 관점에서 비롯하는 중요성을 갖는다는 점을 보여 주어야 한다.

무엇보다도 감성과 지성의 관계 문제 속에서 이 고찰의 위대한 명석함이 일어난다. 왜냐하면 여기서 우리가 한 가지 이율배반과 같은 것을 마주하게 되기 때문이다. 한편으로, 범주적 작용을 특징짓는 정신의 자발성은 감각적 지각과의 관련을 통해서 하나의 창조물을 발생시키는 것처럼 보인다. 다른 한편으로, 논리적 사유의 대상은 객관적 영역에 속해 있는 것처럼 보인다. 즉 우리는 이 경우 우리의 정신의 자발성의 산물이 실질적 대상과, 이를테면 감각적 대상 속에서 발견

---

67) *LU*, III, p. 155.

되는 것처럼 보이는 이런 범주들과 일치하는 일이 어떻게 해서 자연적으로 일어나는지를 묻는다.[68]

이 이율배반은 삶의 내용을 표현하기에는 너무 엄격한, 특정한 대상성 개념을 전제한다. 이 개념의 엄격함은 언제나 동일한 유형과 동일한 차원에 존재하는 존재의 대상성을 파악하는 것으로 나타난다. 즉 대상성의 다양한 차원들, 또는 대상성의 다양한 존재 방식들을 허용하지 않는다. 그것은 감각적 존재 가운데 범주적 형식을 추구하거나, 소리와 색을 존재에 귀속시킨다는 의미에서 범주적 형식을 존재에 귀속시킬 것을 강제한다. 후설은 이러한 대상 개념을 지양한다. 대상은 참된 단언의 주제라는 존재의 기능을 표현하는 더 넓은 의미에서의 보다 더 형식적인 용어로 이해되어야 한다.[69] 후설은 이러한 점을 표현하기 위해 '대상성'Gegenständlichkeit이라는 더욱 모호한 용어를 선택하고, 이를 통해서 그는 "협소한 의미의 대상"만이 아니라 "'사태'Sachverhalt, 표지 내지 표시Merkmal, 실질적이거나 범주적인 의존적 형식[70] 등"도 이해하려 한다.[71] 대상성은 또한 '존재한다'라는 말 자체의 다양한 의미, 존재의 다양한 차원이라는 이념을 완벽하게 하는 더욱 일반적인 기능을 따라 정의된다.[72]

우리가 이러한 존재의 다양한 형식을 나타내는 직관적 지향성에

---

68) 범주들이 대상적 영역에 속한다는 사실에 대해서는 147쪽에서 말한 바 있다.
69) *Ideen*, §22, p. 40; *LU*, II, p. 101.
70) 이 용어에 관해서는 198쪽 이하를 보라.
71) *LU*, II, pp. 38n.
72) *Ideen*, §22, p. 40

준거함으로써, 감성과 지성에 대한 우리의 분석은 바로 범주적 형식의 존재와 그 형식을 통해 형성된 새로운 '대상성'의 존재를 의미하는 것으로 나타난다. 정초된 작용 속에 주어지는 것, 이것은 대상에 새로운 감각적 속성을 첨가하는 것이 아니라 새로운 존재의 척도 속에서 규정된다.

> …… 그것들은 그것들에게 아무것도 할 수 없고 그 자신의 존재 속에서 그것들을 변화시킬 수 없다. 왜냐하면 그 결과는 이와 달리 일차적인 실질적[73] 의미 속에서im primären und realen Sinne 새로운 대상이 될 수 있기 때문이다. 분명 범주적 작용의 결과는, 예를 들어 집합이나 관계의 작용 같은 것이 일차적으로 직관된 것에 관한 객관적 '관점', 그러한 정초된 작용 속에서 주어질 수 있는 '관점'으로 나타난다. 그렇기 때문에 형성된 대상에 대한 직접적schlicht 지각의 이념, 또는 어떤 다른 직접적 직관 속에서의 대상의 현전에 대한 사유는 무의미하다.[74]

감각적 실재성과 논리적 사유의 일치 문제[75]는 불합리하다. 왜냐하면 감각적 실재성은 논리적 사유에 대응하는 것이 아니라 감각적 실재성이 논리적 사유의 토대로 작용하는 것이기 때문이다. '범주적

---

73) 여기서 실재성은 '것'(res), 사물의 현존, 감각적 대상의 현존을 의미한다.

74) *LU*, III, p. 186.

75) Herman Lotze, *Logik : Drei Bücher vom Denken, vom Untersuchen und vom Erkennen*, Leipzig : S. Hirzel, 1874, pp. 536ff를 보라.

대상성'은 감각적 대상과 그 토대에 관계하고, 또한 그 대상성은 감각적 대상이 없이는 생각될 수 없다. 왜냐하면 이러한 감각적 대상과의 관계가 그 현존 방식 자체에 내속하기 때문이다. 그런데 그것은 전적으로 새로운 방식으로 존재한다. 한편으로, 감각적 대상은 그 대상의 본성을 통해 감각적 대상에 형성되는 범주적 실재의 가능성을 받아들일 경우, 마치 우리가 그 현존의 차원의 변형(점토를 형상화하는 토기장이처럼)을 일으키는 일과 같은 형상화 작업을 통해 도달하게 되는 것이 아니다.[76] "범주적 기능은 그 감각적 대상을 형성시킴에 있어, 아무런 조작도 가하지 않은 채 대상의 실질적 본질을 남겨 둔다."[77]

직관 이론이 의식 앞에 있는 대상의 일차적 현전 속에 진리와 이성을 자리하게 한다면, 대상의 이념은 존재의 다양한 차원을 인정한다는 말을 가장 넓은 의미에서 활용하는 것이 된다. 이를 통해서 존재가 감각적인 지각의 세계로 환원되는 것은 아니며, 존재의 근원성은 존중을 받게 된다. 사태의 존재 의미는 의식에 주어지는 특별한 방식으로 나타나고 이 방식에 대한 분석을 통해 해명된다.

그런데 이러한 현상학적 분석의 유익은, 주로 감성과 지성의 관계를 해명하고, 현상학이 이러한 문제를 정립하고 해결하는 방식의 일례를 제시하는 데서 나타나는 것이 아니라, 무엇보다도 감성과 지성의 구별이 직관과 관련되지 않는다는 특징에 힘입어 제시될 수 있다는 점을 보여 줌으로써 나타난다. 그러므로 직관은 감성의 특권일

---

76) *LU*, III, p. 186.
77) *LU*, III, p. 186.

수가 없다. 의식의 삶 속에서의 감성의 특별한 기능은 직관의 기능과 동일하지 않다. 우리의 분석은 인식으로서의 존재에 이러한 우리의 삶이 접근해 가는 일에 있어서, 판단으로서의 종합 작용의 역할이 어떻게 나타나는지를 보여 주는 것이다. 우리는 판단의 특별한 기능이 인식의 본질적 요소가 아니고, 이것이 진리를 열어 주는 판단으로 존재하지 않는다는, 이미 우리가 확증한 내용을 더 분명하게 보여 주고자 한다. 판단 기능은 다음과 같이 매우 상이한 것으로 드러난다. 판단 기능은 새로운 대상 형식, 새로운 존재의 차원을 구성하는 것으로 나타난다. 우리가 판단과 관련하여 참과 거짓을 말할 수 있는 유일한 길은 그 판단이 직관에서 충족될 수 있는가 하는 여부에 의해서다.

그런데 직관은, 대상에 대한 직접적 봄^{vision}으로 이해되는데, 이렇게 감각적이거나 지성적인 작용의 특징과 분리되는 것처럼 보이는 이 직관이, 과연 하나의 새로운 개념으로 제시될 수 있는 참된 본질적인 현상인가? 직관적 영역 내부에서의 사태에 대한 직관이 감각적 대상에 대한 직관과 다르고, 여기에 '추론'의 요소가 도입되기 때문에, 이런 식의 직관은 감각적 직관 개념에 대한 순수하게 형식적인 어휘적 확장에 불과한 것이 아닐까? 후설은 이런 식의 반대에 대해 분명하게 반론을 제시한다.[78] 이 이론에서 관심을 끄는 것은, 그가 인식의 문제에 있어, 직관과 추론이라는 각각의 영역을 규정하거나 우리의 인식의 매개적이거나 직접적인 특징을 규정하는 일을 하지 않는다는 점이다. 후설은 서로를 소급시켜 버리는 것, 예를 들어 창조자에게서 비

---

78) *LU*, III, p. 165; *Ideen*, §3, p. 11.

롯하는 일종의 직관적 인식, 지성적 감정을 증명하는 인식으로 소급시켜 버리는 것,[79] 또한 역으로 그 반대편을 다른 것에게 소급시켜 버리는 일에는 관심을 두지 않는다. 그가 몰두하는 문제는 이와는 매우 상이한 것이다. 후설은 오로지, 직접적이고 매개적인 인식에 대한 이러한 구별을 그 자체로 가능하게 하는 현상으로 현상의 본질 자체를 파악하기 위해, 근원적인 진리의 현상으로 거슬러 올라가고자 한다. 후설의 관심은 지성과 감성을 서로 연관시키는 것이 아니다. 곧 후설은 이러한 문제를 해명함에 있어, 이 능력들의 차이를 매우 크게 강조한다. 후설은 이를 통해서 정신의 활동성이 진리를 가능하게 하는 양상을 해명하고 싶어 한다. 또한 이 양상이 바로 그 본래적 의미가 직관에 앞서 현존하는 것으로서의 대상과 마주하고 그 대상에 도달하게 하는 지향성으로 파악되는 직관이다.

이 최종 지점의 심원한 철학적 관심을 강조하기 위해, 우리는 문제사를 가져오거나 이전의 풍부한 전통을 철저히 고찰하지는 않겠지만, 몇몇 역사적 언급을 소개하기는 해야 한다. 우리는 후설의 입장을 깔끔하게 드러내는 데 도움이 될 정도로만, 불가피하게 도식적 계보를 추적해서 검토할 것이다.

파르메니데스 이래로 고대 철학의 전통은, 진리가 사유와 사물 [사태]chose의 충전으로 나타난다는 이 이념을 후대에 물려주었다. 한편으로 아리스토텔레스 이래로,[80] 참과 거짓은 판단, 주장, 주어와 술

---

79) Spaïer, *La Pensée concrète*, pp. 261f를 보라. 또한 Edmond Goblot, "Expérience et intuition" *Journal de psychologie*, XXII, 1928, pp. 721~734를 보라.

어의 결합에 대한 배타적 특권화로 간주되었다. 그럼에도 불구하고 아리스토텔레스에 의하면, 판단이 아닌 인식의 원리에 있어서, 거짓일 수 없는 인식이라는 또 다른 진리 형태가 가능하다.[81]

우리는 이러한 '충전성'의 이념이 모든 난점과 문제의 원천이라고 믿는다. 정신과 사물 간의 '충전성'은 무엇을 의미하는가? 충전성은 공통의 척도가 존재하는 곳에서만 가능한 것이 아닌가? 사유와 사물의 유사성을 말하기 위해 의미가 존재한다는 점을 인정한다고 해도, 대상이 언제나 인식 안에서 '지성'을 통해 주어지는 이상, 진리를 인식하는 주체의 관점에서 이러한 일치를 어떻게 보증할 수 있을까? 사물에 대한 사유의 충전이란 어떤 규정된 사유의 구조 속에서 발견되어야 한다고 결론을 내려야 하는 것처럼 보인다. '로고스'는 법칙을 따라 구성되어야만 한다. 추론이 가능한 사유의 법칙, 말하자면 사태에 충전하는 사유의 법칙을 언술하는 것이 논리학이다. 우리에게 주어와 술어를 연결하는 일을 가능하게 해주는 논리학의 법칙이 곧 실재성의 법칙이다. 또한 이 개념은 판단의 원리가 동시에 존재의 원리라는 점을 확증하는 형이상학적 정립에 기대고 있다. 이는 훗날 칸트에게서 문제가 되는 확증이다.

이것이 곧 합리론으로의 길이다. 이로부터 사실 판단의 절대적인 비가지적 성격과 사실의 진리라는 개념이 가지는, 혼종적인 것에 가

---

80) *De Interpretatione*, I, 16 a 12. *De anima*, III, 8, 432 a 11. 이러한 참조 다음으로부터 받아들인 것이다. Eduard Zeller, *Philosophie der Griechen*, Leipzig : Reisland, 1921, II, pt. 2, 191.

81) Zeller, *Philosophie der Griechen*, pp. 191, 219를 보라.

깝다고 할 수 있는 이차적 성격이 도출된다.

사태가 연속체의 법칙이나 계열들의 본성에 관한 것일 때, 여기서
그것들의 시작 자체 안에 연이은 모든 진행이 되는 것은 충분히 가
능하다. 자연 전체가 이와 같이 존재해야만 하는데, 그렇지 않다면 이는
불합리할 수 있으며, 또한 지혜롭다고 할 수 없을 것이다.[82]

우리는 이것이 합리론을 전복하는 사실의 진리의 우연성이 아니
라고 믿는다. 이것이 경험론의 혐의를 추궁함으로써 합리론을 견지하
게 강요하는 필연적 진리를 요구하는 것은 아니다. 합리론에서 진리
개념 그 자체는 개념들 간의 논리적 연결로 이해되는 인식 가능성과
동일한 것으로 여겨진다.[83]

이 점에서 라이프니츠의 합리론은 그 자체로 더욱 일관성을 가지
게 되며, 진리의 동일화 및 선험적 진리의 동일화를—후자는 모순 법
칙에 종속되는 것으로 이해된다—충만하게 현실화한다. 완전한 학
문, 말하자면 완전한 합리적 학문은 선험적 학문이다. '선험적인' 것은
오로지 지성의 내적인 힘에 의해서만 정당화되는 것으로, 모든 경험
에서 독립적이다. 카시러가 『인식의 문제』에서 라이프니츠에게 할애

---

82) Gottfried W. Leibniz, *Oeuvres*, hrsg. C. I. Gerhardt, Berlin : Weidman, 1875~1890,
Tome II, p. 258, "Letter à De Volder" du 10 Novembre 1703(강조는 필자).

83) Octave Hamelin, *Essai*, Paris : Alcan, 1907, pp. 6~7을 보라[아믈랭(1856~1907)은 프
랑스의 관념론 철학자로, 보르도대학과 소르본대학에서 교수로 재직했다. 에밀 뒤르켐의 가까
운 친구로도 알려져 있다].

한 부분을 보면, 그는 라이프니츠에 대해 이렇게 말했다.

내적인 모순이 없기 때문에 타당한 판단을 위한 원천이자 출발점으로 활용될 수 있는 확실성을 우리가 가지는 이러한 차원에서, 외적인 실재성 속에서는 절대 주어지지 않는 그러한 내용이 없이도, 한 개념은 가능할 수 있고 참이 될 수 있다.[84]

진리의 정초는 언제나 관념들 간의 내적 연결, 주어와 술어 간의 연결에 놓인다. 이러한 연역의 시초에 자리해야 하는 직관조차도, 소박한 학문만을 위한 직관일 뿐이다. 왜냐하면 그것은 논리학이 이러한 원리를 그 자체로 증명하기 위한, 그리고 더 폭넓게 전개시키기 위한 작업으로 들어가는 자리이기 때문이다.[85]

무는 근거 없이 존재한다. 곧 모든 진리는 비록 그것이 언제나 이러한 분석에 이를 수 있는 우리의 힘 안에 존재하는 것은 아니지만, 모든 진리는 연관된 항들termes이라는 개념으로부터 파생된 선험적 증명을 갖는다.[86]

진리의 합리적 성격은 명제의 주어와 술어 간의 지성적 관계에

---

84) Ernst Cassirer, *Erkenntnisproblem*, Berlin : Bruno Cassirer, 1907, Tome II, p. 48.
85) ibid, p. 51.
86) Leibniz, "Letter à A. Arnaud", *Oeuvres*, II, p. 62; 또한 Couturat, *Opuscules*, Paris : Alcan, 1903, pp. 402, 513.

놓여 있다. 또한 이것은 라이프니츠가 수정한 데카르트의 보편학의 이념을 표현하는 일련의 연역으로 모든 인식을 환원시키려는 이상이다.

그는, 흄에게서 나타나듯이, 경험론이 사실의 진리의 이념 자체라는 불합리한 성격을 신뢰하는 것처럼 보인다는 것을 관찰하는 데 관심을 둔다. 오직 사실을 일차적 차원에 밀어 넣음으로써, 흄은 진리의 인식 불가능성을 해명하려고 한다. 하지만 그런 의지와는 별개로 진리 개념은 변형되고, 오히려 회의론이 선언되기에 이른다. 그러므로 흄은 합리주의적 이론의 핵심 논지를 다음과 같이 보존한다. 진리의 차원은 판단인데, 이 진리의 차원은 주어와 술어 간의 연결로 나타난다. 그럼에도 불구하고 흄은 분석적 논리가 주어와 술어의 연결을 해명함에 있어 충분하지 못하다는 주장을 했고, 결과적으로 그는 판단의 정당화를 습관에서 비롯된 관계로 환원시켜 버린다.

칸트는 진리 개념에 내재하는 난점을 매우 명확하게 보았고, 이를 사유와 사물의 충전성으로 이해한다. 또한 『순수 이성 비판』에서, 그는 명목상의 설명Namenerklärung이 아니라 그 자체로 이러한 정의에 더 깊이 침투하려고 한다. 실제로 진리는 사유와 사물의 충전으로는 절대로 증명될 수 없다. 왜냐하면 사물은 사유에서 우리에게 주어진 것일 수 있기 때문이다. "나의 사유는 대상에 대응해야 한다. 그러므로 나는 인식한다는 사실을 통해서 대상과 나의 사유를 비교할 수 있을 뿐이다. 이것은 순환논증이다."[87]

---

87) Kant, *Handschriftlicher Nachlass*, 22 volume, Berlin : G. Reimer, 1910~1940, XVI, p. 251, 재출간된 베를린 학술원판 여백의 주석.

『순수 이성 비판』은 진리 개념을 파악하기 위해서 새로운 대상 개념을 추구한다. 칸트적 해결책은 우리가 인식하는 존재의 순수한 현상적 성격을 확증하는 것으로 나타난다. 그것은 '사물 자체'가 아니다. 그러므로 우리 인식에 대응하는 것은 절대로 보증할 수 있는 것이 아니며, 단지 우리의 인식을 통해 그 자체로 구성된다. 이로부터, 사유와 대상의 대응은 대상 일반의 구성 법칙에의 충실도로 나타날 수 있을 뿐이다. 인식은, 대상에 일치하는 한에서 참이다. 하지만 대상은, 범주표로 나타나는 종합에 의거하며, 초월적 분석론에서 기술하는 규칙을 따라 구성된다. "초월논리학은 진리의 논리학이다. 왜냐하면 초월논리학은 또한 그것 없이는 대상이 사유될 수 없다는 원리를 가르치기 때문이다."[88] 그런데 사유 안에서 대상을 구성하는 것은 판단의 능력인 지성이다. 진리의 법칙은 또한 판단의 법칙이다. "진리와 현상 l'apparence은 그것들이 직관되는 한에서는 대상에 존재하지 않고 오히려 그것들이 사유되는 한에서 판단 속에 그것들을 가져온다."[89]

이러한 해법과 관련하여 라이프니츠의 철학이 주재하는 예정 조화라는 형이상학적 가설은, 또한 사실상 논리학 안에서 사유와 사물의 충전의 규준을 찾으려고 하는 모든 이론에 있어서 불필요한 것이 되고 만다. 그런데 칸트에게도, 진리의 자리는 잡다성의 종합으로서의 판단에서 발견된다. 또한 만일 진리의 규준이 라이프니츠에게서 분석적 논리라면, 이는 칸트에게서는 종합적 논리이다. 또한 일자는

---

88) Kant, *Critique de la raison pure*, B. 87.
89) ibid., B. 350.

타자 안에 포함되지 않으면서, 타자에게 개념을 전달하는 것을 가능하게 한다. 칸트 철학의 의미와 가치는, 순수하게 논리적인 문제로 파악되는 선험적 종합의 가능성을 우리에게 명증적으로 보여 주는 일에만 국한되지 않는다. 칸트는 개념들 간의 단순한 연결로 판단을 이해하는 것을 표면적으로 비판하며,[90] 『순수 이성 비판』에서 분석 판단과 선험적 종합 판단을 구별하면서 입장을 개진한다. 또한 이러한 문제는 개념들 간의 내적 연결로서의 분석적 판단에 합리성의 이념이 나타나는 경우에만 유의미하다. 왜냐하면 이것은 다음과 같은 것이 요구될 경우에만 존재하기 때문이다. 하나의 종합 판단에서 주어와 술어를 묶어 주는 연결이 존재하는가?

어떤 식이건, 이것이 아믈랭의 우주에 대한 총체적 연역과 같은 철학을 실행하는 종합적 논리학의 상세화로서 칸트주의, 칸트 철학의 양상이다. 이 문제를 잘 의식하고 있던 아믈랭에게, 모든 경험론은 비합리성으로 더럽혀진 치료 불가능한 것이었다——완벽한 학문은 주어진 것과 절대 마주하지 않는다. 그것은 모든 것을 연역한다. 그런데 전통적으로 논리학은 충분한 것이 아니며, 거기에 종합적 방법이 보충되어야 하고 동시에 논리학은 대체된다. 또한 정립, 반정립, 종합에 의해 전개되는 이러한 종합적 논리의 도움으로, 우리는 비록 종합적 방식 안에서이긴 하지만, 다른 것으로부터 한 개념을 도출하는 연역적 운동에 의해 구축된다는 의미에서 순수하게 '수학적인' 실재성으로 시간적이고 역사적인 실재성이 변형되는 가장 두드러진 예를 제시했다.

---

90) Kant, *Critique de la raison pure*, , B. 140~141.

사유에서 비롯되는 모든 것 속에 전제된 것, 그것은 대상에 대해 독립적으로 현존하고, 또한 자발성의 작용에 의해 달성되는 주체성의 이념이다. 주체성은 이러한 자발성이 현시하는 판단(칸트에 의하면 이것은 대상을 구성하는 판단이다) 속에 존재하고, 진리 현상의 기원을 그 자체로 발견하는 판단 속에 존재한다. 그것은 또한 모든 대상(사물화된 것)에 독립적인 주체 개념이다. 이 개념은 동질적인 영역 속에서만 가능한 사유와 사물의 충전이라는 이념 자체를 해명한다. 주체가 사물의 모형으로 고안된 순간에서부터, 우리는 어떻게 표상이 사물과 유사하거나 유사하지 않을 수 있는지를 완전하게 파악한다.

후설에 의한 진리 개념의 변형은, 후설의 의식 개념을 기반으로 한다.

의식은 순수한 일군의 주관적 감각이 아니며, 또한 순차적으로, 존재와 마찬가지로, 표상을 만들기 위해서 소유하는 것도 아니다.[91] 주체는, 그것이 현존하는 차원에서, 세계의 현존으로 이미 나타나 있는 존재이며, 세계의 존재 그 자체를 구성하는 것이다. 따라서 진리는 사유와 사물의 충전 안에서는 나타날 수 없고, 주관적 표상과 현존하는 대상의 충전으로 파악된다. 왜냐하면 원래 우리는 우리의 표상을 향하여 있지 않으며 다만 표상하는 존재일 뿐이기 때문이다. 우리는 대상 이전의 의식의 현전, 진리의 일차적 현상을 이루는 의식의 현전으로 존재한다. 우리가 '사유와 사물의 충전'이라고 부르는 것은, 오로지 일차적 현상을 기반으로 해서 파악할 수 있고 가능하게 된다. 우리가 보여준 것처럼, 그것은 직관적으로 보여지는 것으로서의 대상과 관련한

---

91) *Ideen*, §86, p. 176.

의미화 작용으로 사고되는 것으로써, 그러한 대상의 일치로 나타난다. 대상은 두 작용 속에서 동일하며, 또한 존재의 두 가지 상이한 차원에서 발견되는 것이 아니다. 만일 어떤 판단이 참된 것이라면, 이는 그것이 판단인 한에서 그런 것이 아니라 어떤 다른 것을 확증함으로써, 직관인 한에서 직관의 상관자, 사태로서 참이다. 지각된 사물이 감각적 직관과 마주해서 발견되는 것과 같은 방식으로 말이다. 이것은 진리를 가능하게 하는 판단과 무관하다. 반대로 판단은 존재와 직면함으로써 발견되는 것으로 나타나는, 이 일차적인 진리 현상을 전제한다. 대상에 관한 판단을 떠받치는 사실 그 자체가 대상에 직면하는 새로운 존재 방식이다.

후설에게 감성은 이미 이성을 받아들이기 용이한 것이 되었다. 이미 감각적 대상의 주체에 대해 우리는 현존이나 비-현존을 말할 수 있기 때문이다. 우리는 판단과 같은 종합적 작용과 '대상성'이, 범주를 수단으로 하여 어떻게 일원론적인 작용 내지 대상, 오직 하나뿐인 규정을 가지는 이러한 작용 및 대상의 결합을 이루는지를 보여 준 바 있다. 우리는 앞에서, 판단과 '표상' 간의 차이가 성질이 아니라 질료의 차이라는 점을 보여 줌으로써 이러한 점을 뒷받침했다. 판단이 대상과 관계하는 한, 판단은 지각과의 유비적 구조를 갖는다는 점도 암시했다. 우리는 두 가지 차원의 작용 속에서 사태의 형성을 보여 주는 것을 목적으로 삼아 분석을 수행했고, 또한 이러한 복합이 절대로 사태 파악의 직관적 성격을 제거하지 못한다는 점을 보여 주었다. 『이념들 1』에서,[92] 마침내 후설은 판단과 같은 종합적 명제와 비교되는 하나의 결합으로서의 명제 개념, 또한 정당화시킬 수 있거나 정당화시킬 수 없는, 말하자면 진리 내지 거짓으로 받아들일 수 있는 명제 개념을 구상한다.

후설의 직관 이론은 논리적인 추론적 이성(분석적이거나 종합적인)에 직관적 방법을 대립시킴으로써 그 영향력에 반대하려는 것이 아니다. 직관 이론은 연역의 계열을 중단시키는 일의 필연성을 확증할 수 없을 뿐만 아니라 그 자체로 명증적 진리의 현존을 확증할 수도 없다. 왜냐하면 이와 같은 확증은 진리 자체의 본질에 이르지 못하기 때문이다. 이 이론은 순수하게 부정적인 방식으로 입증될 필요가 없는 진리들을 정의함으로써, 이성의 본질적 요소를 연역 안에서 보는 일을 지속한다. 후설은 진리와 이성의 일차적 현상을 탐색하고, 그것을 존재에 이르는 지향성으로 포착되는 직관 안에서 발견하며,[93] 또한 모든 추론적 주장의 최종 원천을 '봄' 안에서 발견한다.[94] 봄은 '정당화하는' 기능을 갖는다. 왜냐하면 봄은 그 대상을 직접적인 방식으로 주기 때문이다. 또한 봄은 대상을 현실화하는 차원에서의 이성이다.[95] 이것이 바로 과학 안에서 실행되는 설명과 실험이 이성적 지식의 유일한 형식이 되지 않는 이유다.[96] 설명과 실험은 이것들의 대상인 자연의 본질을 통해 규정된다.[97] 연역과 설명은 특정 대상들의 본질을

---

92) *Ideen*, §133, p. 274을 보라.

93) *Ideen*, §19, p. 36; §24, p. 44; §76, p. 141.

94) *Ideen*, §136, p. 282; §141, p. 293.

95) *Ideen*, §136, pp. 283f.

96) 후설은 분명 '설명적' 학문과 기술적 학문 간의 관계 속에서 한 가지 문제를 보았다. *Ideen*, §73, p. 137.

97) *Ideen*, §50, p. 94.

통해 요청된다. 다시 말해 그것은 오직 매개적 방식으로만 드러날 수 있는 이 대상들의 범주들의 본질에 속한다. 연역은 직관에 이르기 위한 하나의 매개적 방식일 뿐이며,[98] 직관은 그 자체로 이성이다. "'왜?' 라는 물음에서 '나는 그것을 본다'라는 것에 아무런 가치도 부여하지 않는 것은 불합리하다."[99]

우리는 이 마지막 행간에서 모리스 프라딘이 『감각의 문제』라는 책에서 후설의 직관적 방법에 할애한 내용을 살펴보아야 하며,[100] 여기서 이 문제에 대해 일정 정도의 시간을 들이려 한다.

모리스 프라딘은 의식의 삶 속에서의 지향의 주도적 역할, 그리고 전통적 심리학이 참작하지 못한 심리학적 방법의 불충분성을 매우 깔끔하게 정리한다. 또한 '건전하고 정직한 기술'이 정신과학의 출발점을 이룬다고 한 후설에게 동의를 표한다. 그런데 이 기술에서 그는 이를 출발점과 다름없는 것으로 이해했다. 왜냐하면 모리스 프라딘에

---

98) *Ideen*, §141, pp. 293~295.

99) *Ideen*, §19, p. 36.

100) Maurice Pradines, "Préface", *Le Problème de la sensation*, p. 11. 이 작품은 후설 의 몇 가지 논지가 명시적으로 언급되고 논의되는 프랑스에서의 첫번째 연구 실적 가운데 하나이다. 또한 프라딘이 매우 자연스럽게 현상학의 핵심 논점으로 공격하 는 바가 지향성 개념이지 후설의 '논리주의'가 아니라는 점에 주목하는 것은 흥미로 운 일이다. 다음 저서들에서 눈여겨보는 것은 주로 '논리주의'이다. Spaïer, *La Pensée concrète*; Burloud, *La Pensée d'après les recherches expérimentales de H. J. Watt, Messer et Bühler*; 또한 빅토르 델보스의 다음 논문이 있다. Delbos, "Husserl : Sa Critique du psychologisme et sa conception d'une logique pure". 델보스의 논문이 『이념들 1』(1913)의 출간 이전에 나온 것이라는 점에 주목해야 한다. 또한 다음 저서도 눈여겨보아야 한다. René Kremer, *Le Néo-Réalisme américain*, Louvain-Paris : Alcan, 1920, pp. 290, 295.

의하면, 직관적 지향의 신비에 대한 특유의 해명, 직관 자체와의 관계에서 비롯되는 의식의 초월에 대한 해명이란, 동시에 이 초월의 기술을 제시해야 하는 일이기 때문이다. 또한 프라딘은 직관이 다른 방법의 힘을 빌릴 필요가 있다고 믿는다. 만일 직관이 토머스 리드Thomas Reid의 방식대로, 순전한 믿음과 같은 확증을 제시하는 것이 아니라면 말이다. 이것이 우리가 차후 살펴보아야 하는 후설의 체계 속에 자리하는 '현상학적 환원'의 역할을 프라딘이 해명하는 방식이다.[101] 환원은 '데카르트적인 의심의 정신을 되살리는' 일종의 숙고prudence와 예비 작업을 통해 의식의 자발적 확증을 받아들이는 것이 아니다.

모리스 프라딘이 초월이라는 '특유의 수수께끼'를 해명하지 못한 채 직관에서 파악한 난점은, 의식의 지향적 성격과 관련한 것이 아니다. 프라딘에게 지향성은 의식의 본질 속에 있는 것만이 아니다. 달리 말하자면 지향성은 의식에 대한 정의 자체다.

모리스 프라딘이 후설에게 반대하려고 한 것은 다른 데서 분명하게 발견된다. 후설의 현상학은 자기 자신과 관련하는 의식의 초월이 하나의 수수께끼일 수 있다는 점이 암시된 실재론이라는 것이다. 실재론적 가설에 그 자체로 존재하는 한 존재, 이 존재에 이르기를 요구하는 직관을 어떻게 믿을 수 있는가? 존재론적 확증을 얻기 위해 이러한 직관에 대해 주어진 것을 기술함에 있어, 어떻게 하면 '심리학적 기술'의 단계를 지양할 수 있을까? 이러한 형태 아래 나타나는 반대는 매우 중요하다. 그런데 이 형태 아래서, 우리가 우리 스스로 반대점

---

101) 7장 254쪽 이하를 보라.

을 제시했다. 이에 대한 답을 제시하기 위해 우리는 후설의 존재 개념을 탐구하는 데 머물러야 하는 것이고, 우리는 이내 본래 자리로 돌아가야 한다. 우리는 존재 개념을 '지향적 대상', '체험된' 대상 개념과 동일시해서 보았다. 우리는 『논리 연구』의 실재론이 현상학의 착상 단계에 있었던 것일 뿐이며, 또한 직관에 대해 주어진 것에 존재론적 가치를 수여할 수 있게 하기 위해서는 『이념들 1』에서 관념론이라고 일컬어지는 것이 필연적으로 등장해야 한다는 점을 보여 주어야 한다.[102] 또한 우리는 여전히 여기에 준거해야 한다.[103] 『이념들 1』의 관념론—결과적으로 새로운 양식의 현존 방식과 의식의 구조, 사물의 '현상적' 현존 방식으로도 파악되는 지향적 관념론—은 이러한 '직관의 수수께끼'를 잘 해결해 주는 것처럼 보인다.

아울러 지향적 관념론이 후설의 본질적 태도이기 때문에, 현상학적 환원은 의식의 초월적 확증과 관련하여, 하나의 예비 작업을 통해 지시되는 숙고의 차원에 있을 수 없는 것이다. 이는 오히려 세계를 의식의 지향을 통해 구성되는 것으로 간주하는 절대적 관점으로의 길이다.[104] 후설은 그가 사용한 유비에도 불구하고, 데카르트적 의심의 환원과 표면적으로 분리된다.[105] 이 환원은 직관의 진리를 의문시하거나 뒤흔들려고 하는 것이 아니다. 결국 여기서 관련한 내용과 더불어 의식에 대해—일종의 '자연적 마법'을 통해서—이론의 여지가 없는

---

102) 1장과 2장을 보라.
103) 6장 이하를 보라.
104) 7장 258~259쪽 이하를 보라.
105) 7장 254쪽과 각주 156을 보라.

고유한 특정 원리의 현존을 확증하기를 원한다면, 후설의 직관주의는 리드의 그것 ─모리스 프라딘이 제안한 것─처럼 '모든 신비주의를 정당화시키는' 일과 동일한 차원으로 설정될 수 있다. 그런데 후설의 직관주의에 마법은 절대 존재하지 않는다. 후설의 직관주의는 진리에 대한 근원적 현상을 분석한 결과이자 모든 이성의 형식 안에서 직관이 실행하는 분석의 결과이다. 달리 말해서 직관은, 후설이 파악한 것처럼, 매개적 인식과 관련하여 이러한 직접적 인식의 효과와 가치를 표시하는 가운데 우리가 다른 방식과 비교해서 평가할 수 있는 그런 직접적 인식 방식이 아니다. 후설에게서 직관은 진리를 향한 사유의 전개, 우리가 직관 자체를 정당화하기 위해 착수하기 원하는 어떤 것의 토대에서의 사유의 전개 그 자체다.

진리 개념의 변형과 관련해서 존재 개념 역시도 혁명적으로 변형된다. 또한 우리는 우리의 첫 장의 결론으로 돌아간다. 존재는 우리의 직관적 삶에 상관하는 것일 따름이다.[106] 왜냐하면 우리는 존재의 표상을 향하는 것이 아니라 언제나 존재를 향하기 때문이다. 이러한 정립은 분명 현상들 배후의 사물 자체를 받아들이려고 하는 실재론이나 관념론에 반하는 방향으로 나아가게 된다. 이것은 또한 주어진 것에 '신화론적' 현존을 귀속시키는 소박한 실재론에 반하는 것이기도 하다. 우리는 2장에서[107] 이 개념의 불합리함을 보여 주려고 했다. 뿐만

---

106) *Ideen*, §142, p. 296.
107) "절대적 실재성은 둥근 사각형과 정확히 똑같은 정도로 타당하다"(*Ideen*, §55, p. 106). 실재성은 여기서 '사물의 현존'을 의미한다.

아니라 이 정립은 초재적 존재 안에서 정신의 특정한 구축 작업을 파악하려고 하는, 더 철저한 관념론에도 반대한다. 여기서 정신의 구축은 초재적 존재에 대해 독립적이다. 세계의 존재 자체를 형성하는 의식과의 상관성이 세계가 순전히 논리의 규칙(분석적이거나 종합적인)을 따르는 주체의 구성 작업의 결과라는 것을 의미하지는 않는다. 또한 이는 실재성 내지 비실재성이 이러한 규칙들에 대한 대응이나 비-대응에 의존한다는 것을 의미하지도 않는다. 대상의 초월은 의식과의 관계를 통해서 ─그러한 초월과 같은 것으로서의─ 범주를 수단으로 하는 구성으로 환원할 수 없는 어떤 것이며, 또한 이는 관계로 해소되지 않는다. 다르게 말해서, 세계의 현존은 그 본질을 이루는 범주로 환원되지 않지만, 말하자면 의식을 통해 마주하는 존재의 사실로 나타난다. 왜냐하면 의식은 본질적으로 대상과 접촉함으로써 존재하기 때문이다. 대상의 종합과 구성은 범주의 도움으로 인해 그 자체로 가능하다. 정신의 자발성, 판단은 대상을 만들어 내는 것이 아니라, 세계에 직면한 의식의 근원적 현존을 토대로, 지향성을 토대로 삼아 대상 자체를 가능하게 하고 인식할 수 있게 한다.[108]

본서의 첫 두 장의 결론으로부터 우리가 기억해야 하는 계기가 바로 여기에 있다. 우리는 후설에게서, 어떻게 존재의 기원이 '체험' Erlebnisse의 내재적 의미화 속에서 발견되는지를 보여 주려고 했다. 만일 직관의 대상이 우리가 추적하는 존재의 모형에 일치한다면, 이제 직관적 작용의 내재적 지향에 대한 분석은, 직관의 작용 안에 있는 존

---

108) 이 책의 152, 163~165쪽을 보라.

재 개념의 기원 자체 및 우리가 요구하는 법칙을 믿고 탐색하기 위해 작용의 상관자로서의 존재를 드러나게 하는 것이다. 또한 존재 개념이 후설이 『이념들 1』에서 정립한 체험과의 연결이 아닐 경우, 우리는 직관 이론 안에서는 '기술적 심리학'psychologie descriptive의 단계를 넘어서지 못한다.

『이념들 1』에서, 후설은 특정한 방식으로 파악되는 심리학이 철학 자체와 긴밀하게 연결되어 있다고 본다.[109] 또한 이것은 자연주의적 심리학으로 철학을 격하하는 것이 아니라 새로운 심리학, 심리학적 현상학을 고안함으로써 이해되는 부분이다.[110] 현상학적 환원은 현존에 대한 모든 자연주의적 해석에서 벗어나기 위한 구체적인 삶의 정화이자[111] 존재의 기원이 의식의 구체적 삶 속에 존재한다는 사실에 대한 자각이기도 하다. 이것이 바로 후설이 그의 체계의 시금석, 현상학의 시초 자체의 근거를 현상학적 환원 안에서 이해하는 이유이다.

그런데 만일 직관적 삶 속에서 존재의 기원을 찾고자 한다면, 존재의 모든 형식을 해명할 수 있고 그 근원성 안에서 각 존재를 존중하기 위한 넓은 의미의 직관 개념이 필요하다.[112] 우리는 이미 판단의 대상, 사태가 어떻게 감각적 지각 대상과는 다른 현존의 방식을 갖는지를 보여 주었다. 그리고 우리는 물질적 대상과 심리학적 대상, 이념적 대상과 개별적 대상, 심적 대상과 일상적 삶에 속한 것들이 현전하는

---

109) *Phil. als str. Wiss.*, p. 302 그 외 여러 곳.

110) *Ideen*, p. 2.

111) *Ideen*, p. 4; §76, pp. 141~142.

112) *Ideen*, §20, p. 38.

상이한 존재의 방식을 말할 수 있다.[113] 이러한 차이들이 바로 존재에 대한 연구에서의 새로운 척도, 후설이 근대 철학을 무시하면서까지 접근한 척도를 어렴풋하게나마 예감할 수 있는 근거가 된다.[114] ──우리는 현존하는 '대상성'을 지시하기보다는, 현존 자체와 현존의 구조의 모든 근원성을 향해 우리의 직관적 시선을 보낼 수 있다. 철학은 대상의 대상성이 무엇을 의미하는지를 요구하지 않고, 해명도 하지 않으면서 이러한 대상성을 전제하는 학문의 태도에 머무르지 않고, 각 대상의 영역에 고유한 의식에 주어지는[115] 방식이자 초재하는 방식으로 앎에 관한 어떤 문제를 정립한다. 이는 우리가 마지막 장에서 다룰 철학적 직관의 문제이다.

그런데 비록 직관이 그 대상의 현존 방식에 대한 전제를 제시하지 않는 매우 넓은 개념으로 나타난다고 하더라도, 우리는 후설에게서의 직관이 이론적 작용이라는 점을 잊어서는 안 되며, 또한 『논리 연구』를 따라, 다른 작용들과 마찬가지로 하나의 표상을 기반으로 해야만 존재에 이를 수 있는 것이라는 점 ──간략하게 말해서, 이러한 언급의 이점은 마지막 장을 통해 그 문제의 총체가 완전하게 파악될 수 있다는 것이다── 만큼은 언급하도록 하자. 우리는 이 물음을 앞서 길게 연구했다. 또한 만일 『이념들 1』이 『논리 연구』와 관련해서 변형된다고 해도, 차후에 그것은 표상이 모든 작용의 정초라는 이러한 논지

---

113) *Ideen*, §21, p. 39.
114) *Phil. als str. Wiss.*, pp. 289~290.
115) *Ideen*, §87, p. 180.

가 각 존재의 정립^{thèse}에 표상적·억견적 정립이 포함된다는 말을 못하게 할 정도로 변형되지는 않는다. 그러므로 우리는 우선 후설에게서 존재가 이론적인 직관적 삶, 객관화하는 작용의 명증에 상관적인 것으로 나타난다는 점을 드러내야만 한다. 이것이 바로 후설의 직관 개념이 주지주의로 더럽혀지고 매우 지나치게 협소한 것이 될 수 있는 이유이다. 왜냐하면 존재의 구성에서, 이론적 삶을 초래하지 않는 범주를 도입하기 위한 후설의 모든 시도는, 이러한 이론적 태도의 우위성이나 그 보편성을 폐지하는 데 이르지 못하기 때문이다. 가치, 사용 등의 성격은 표상에 대해 상관하는 존재의 현존에 접붙여진 것으로서의 현존을 소유할 뿐이다.

하지만 이것이 분명 후설이 절대적 논리주의를 확증한다고 말할 수는 없다. 후설 철학의 이러한 부분——논리주의와 본질 직관 이론——은 보편적으로 알려져 있으며 대체로 대중적으로도 알려져 있다. 수많은 철학자들은 심지어 후설 이론의 의미 자체를 여기서 발견할 수 있다고 믿고 있다. 우리는 『논리 연구』 첫째 권의 태도가 다른 데서의 태도와 구별된다는 점을 실제로 표현하는 현상학의 양상을 보여주기 위해 특별히 한 대목을 할애해야 한다. 우리는 논리주의와 본질 직관의 진정한 의미가 앞서 해명한 정립을 기반으로 해서 이해될 수 있다는 점, 그리고 논리주의와 본질 직관 양자 모두 그의 체계에 있어 삶의 고유한 의미에서 현존의 원천을 보고 있다는 점이, 이 책의 처음부터 우리가 수립해 낸 요점의 결론임을 밝혀내야 한다.

6장 | 본질 직관

이것은 후설에게 논리학자이자 '플라톤주의적 실재론자'라는 명성을 안겨 준 『논리 연구』, 그 가운데서도 1권에 나오는 내용이다.

『논리 연구』는 논리학으로서의 심리학주의를 비판하는 것으로 시작된다. 1권은 심리학의 법칙과 논리학의 법칙 간의 동일시를 반대하는 방향으로 나아간다.[1]

그런데 후설이 논리학 안에서 교전을 벌이는 심리학은, 일종의 자연과학의 예에 해당하는, 하나의 사실과학으로 이해된 자연주의적 심리학이다. 다음과 같은 언급을 이해해 보자. "우리가 이러한 분야를 정의하길 원하는 어떤 방식에 있어서 …… 우리는 심리학이 사실들의 학문이고 경험적인 학문이라는 데 보편적으로 의견의 일치를 이룬다."[2] 또한 이처럼 심리학이 동경하는 법칙은, "공존과 연속 안에서의, 근사치적 규칙성"과 관련할 뿐이다.[3] 귀납의 결과, 심리학의 법칙은

---

1) 앞서 인용된 델보스의 논문["Husserl : Sa critique du psychologisme et sa conception d'une Logique pure"]을 보라.
2) *LU*, I, pp. 60~61.
3) *LU*, I, p. 62.

후험적이고, 우연적이며, 또한 순수하게 개연적이다.

이 궁극적 요점은 매우 중요하다. 하지만 우리가 이를 항상 강조하지는 않는다. 논리학과 심리학의 결별에 있어 후설이 주장하는 바는 자연주의적 심리학과 관련한다. 이러한 분리가 현존하는 모든 심리학에 부과되는 것은 아니다.[4]

자연주의 심리학에 관해서, 후설은 이와 관련한 논리학의 독립성을 긍정한다. 한편으로 논리학적 관계를 지배하는 법칙들은, 그 법칙이라는 의미 자체에서 정밀하면서도 선험적이며, 결과적으로 특별히 심리학적 법칙과 구별되는데, 다른 한편으로는 그 의미 작용 자체를 통해 논리학은 심리학을 전제하지 않으면서 독립적으로 존재한다.

어떤 논리적 법칙도 사실의 문제를 암시하지 않으며, 심지어 현전화나 판단의 존재나 인식의 다른 현상도 내포하지 않는다. 적절하게 이해된 그 어떤 논리적 법칙도 정신적 삶의 사실성을 위한 법칙이 아니며, 곧 (체험으로서) 현전화, 판단(판단함의 체험), 그리고 마지막으로 우리의 다른 정신적인 체험을 위한 법칙이 아니다.[5]

이러한 확증으로부터 논리학의 법칙이 알려지건 알려지지 않건 간에, 논리학의 법칙이 동일한 타당성을 갖는다는 점이 『이념들 1』에

---

4) 현상학과 심리학의 관계를 드러내는 이 책의 7장을 보라.
5) *LU*, I, p. 69.

서 반복된다.[6]

　이러한 비판의 두번째 단계에서, 후설은 논리학의 법칙과 심리학의 법칙의 이 동일화의 불합리한 결과를 드러낸다. 논리학의 이념성, 논리학의 이념적 현존은, 진리의 조건 그 자체다. 왜냐하면 논리학의 법칙은 논리적 경험 ─자연에 대한 경험으로 이해되는─ 의 일반화로 환원되기 때문에, 그것은 모든 필연성의 성격을 거부하고 절대적 회의론으로 ─달리 말하면 불합리함으로─ 빠져드는데, 이는 절대적 회의론이 곧 모순적인 것이기 때문이다.[7]

　마지막으로, 세번째 단계에서 후설은 심리학주의를 둘러싼 원리상의 오류를 폭로하려고 한다. 의식의 지향적 성격에 대한 무지, 논리학의 대상, 곧 이념적 대상의 초월에 대한 몰이해는, 심리학자들이 생각하는 심리학적 작용과의 관계에서 비롯된다.[8] 이것은 의식과의 관계를 통해서 논리적 대상의 독립적 현존을 긍정하는 새로운 방식이다.

　『논리 연구』 둘째 권은 이러한 논지를 반복한다. 두번째 연구는 이념을 환원시키려고 하는 영국 경험론자 ─개념론자와 유명론자─ 의 이론들을 세밀하게 비판함으로써 환원 불가능한 사실의 이념의 성격을 수립한다. 『논리 연구』의 제3연구 및 제4연구는 '본질' 속에 있는 원리인 이념적 법칙에 관심을 쏟는다.

　이 대목에서 자연주의적 심리학으로부터 전적으로 분리된 것처

---

6) *Ideen*, §22, p. 42.
7) *LU*, I, pp. 32f.
8) *Ideen*, §20, p. 37.

럼 보이는 순수 논리학의 이념과 순수 본질학의 이념이 나타난다.

　이념적 세계가 복권되어 나타나고, 논리적 관계는 자율적인 적법화를 갖는다. 논리적 관계는 형식화가 발견되는 순수 형식의 세계를 구성하고,[9] 또한 전통 논리학과 대수학이 분파로 속해 있는 '보편 지식'에 그 대상을 선사한다.[10] 이러한 정립들은 영국의 논리학주의를 연상시킨다. 형식의 세계와 나란히, 우리가 빨강, 색, 인간, 집합성 등의 본질과 같은 일반화를 현시하는 물질적 본질의 세계가 존재한다. 이러한 본질들은 플라톤주의적 관조를 통해 그 본질들에서 인식되는 필연적 진리들의 토대를 이룬다. 이러한 것들이 공간의 본질 및 '모든 색은 연장된다', '각각의 소리는 하나의 강도를 가진다' 등과 같은 질서의 진리들을 연구하는 기하학의 진리다. 그러므로 필연적 진리들의 영역은 한계가 없는 본질의 영역 전체를 포함하며, 전통 철학은 연장된 것에 혐의를 보내지도 않았다. 여기에 후설의 철학을 이해하는 방식이 존재한다. 이 해석을 따르면, 플라톤적 실재론──빈약해 보일 수 있지만, 그런 식으로 나타나고 있는──은 독일 바깥에서 통용될 뿐만 아니라,[11] 독일 내에서도──이 철학의 의미를──찾아볼 수 있다. 더 나아가 이데아의 실재론은 실재론 일반과 완전하게 일치한다. 왜냐하면 『논리 연구』는, 바로 이념적 세계의 초월이라는 차원에서, 의식과의 관계를 통해 물질적 사물의 초월을 떠받치기 때문이다.

---

9) 이 책의 146~151쪽을 보라.

10) *LU*, I, p. 227, 11장. 후설의 순수 논리학과 영미권의 논리주의의 유사성에 관해서는 다음 책을 보라. Kremer, *Le Neo-Realisme amerieain*, pp. 290~294.

11) 델보스 자신이 이를 수용하는 것처럼 보인다.

무엇보다도 『논리 연구』 첫째 권이 나온 다음, 그리고 이 책에 관한 연구가 급격하게 일어난 다음, 뒤이어서 나온 둘째, 셋째, 넷째 번 연구에 과도한 중요성이 부여되고, 이것은 후설주의의 본질이 논리학주의와 플라톤주의로 나타난다는 믿음을 확산시켰다. 후설이 표상, 진리, 대상, 명증의 본질을 규정하기 위해 의식으로 방향을 전환하는 다섯번째 연구와 여섯번째 연구——이것은 다른 연구들과 동시에 발간되었다——는 이러한 오해를 피하게 해주지만, 이 연구들은 상대적으로 그리 많이 읽히지도 않았고 악의적으로 이해되기도 하였다. 그래서 이 연구들은 더 나아가 후설이 맹렬하게 공격한 심리학주의로의 회귀를 나타내는 것처럼 받아들여지기도 했다.[12] 이러한 무지가 『이념들 1』의 초월적 관념론을 생산하게 되는 놀라움을 해명한다.

이 개념과는 반대로, 우리가 앞서 이해를 돕기 위해 검토했던, 『이념들 1』의 초월적 관념론에 그 토대를 둔——표면적으로 후설은 이 말을 거부한다[13]——'후설의 플라톤적 실재론'이라고 일컬었던 것을 강조하는 것이 중요하다.

무엇보다도 『논리 연구』 1권에서는 심리학자들이 지지하는 것으로서의 하나의 특정 관계를 부정한 것과는 다르게, 의식과 논리와의 관계를 부정하지 않는다.

사실 1권에서 제기된 실제적 논의는, 마치 하나의 심리학으로 이해되어 버린 의식에 대한 연구가 사유의 규범적 학문으로 이해되는

---

12) *LU*, III, VI.
13) *Ideen*, §22, p. 40.

논리학을 뒷받침해야 하는 이론적 학문을 제공할 수 있는지를 연구하는 데 있다. 한편으로 논리적 현상의 존재 자체를 발견하는 논리적 삶의 연구를 통해서, 후설은 이러한 현상의 근원성과 심리적 현상과의 관계에서 비롯되는 그것의 환원 불가능성을 확증한다. 최초의 문제로 주어진 것은, 논리학이 주체성의 학문의 어떤 방식이 아니며, 또한 뿐만 아니라 심리학과 관련해서 논리학이 규범학과 이론학의 관계 안에 있는 것이 아니라는 점이 따라나온다. 그런데 다른 한편으로, 만일 심리학이 또는 더 일반적으로 주체성의 학문이 논리학에 대한 토대를 제시할 수 없다면, 다음과 같은 매우 한정된 의미에서의 불가능성을 이해해야 한다. 심리학은 이 특수한 경우에 논리학이라는 규범적 학문에 토대를 부여할 수 있는 학문이 아니다. 다만 그것은 논리적 대상과 주체성 간의 필연적 관계의 현존을 배제하지는 못한다. 반대로 후설은 주체성으로부터 논리학을 분리시키는 일과는 거리를 둔다. "…… 진리는 심리학이나 그 옹호자들에게서가 아니라 그 중간 지점에서 발견된다."[14] "논증은 심리학이 논리학의 토대에 도움을 주는 유일한 것이라거나 그런 중요한 부분을 가지고 있는 것이 아니라 단지 한 가지 요인이라는 점만을 증명한다. 그것은 위에서 정의된 의미에서의 논리학의 본질적 토대를 제공하지 않는다"(§16).[15] 후설은 심리학과 관련해서, 적어도 두 학문 사이에 관계가 있음을 인정하고 있는 것으로 보인다. 다만 우리는, 후설의 눈앞에 있었던 심리학, 자연주의

---

14) *LU*, I, p. 58.
15) *LU*, I, p. 59.

학파의 심리학이 심리적 내용의 형식 아래서 의식의 삶을 파악했던 것을 상기해 볼 수 있다.[16] 이로부터 우리는 논리적 대상이 주체와 관련한다는 것과 그것이 독립적인 적법성을 분명하게 드러낸다는 점을 어떻게 이해할 수 있는가? 오로지 지향성의 이념이 이 문제의 이해를 가능하게 한다.

요컨대 자연주의적 심리학에서는, 논리학과의 결별이 완성적이고 궁극적인 것이라고 말할 수 있다. 그것은 이론적 학문, 규범적 학문의 정초가 아니다. 하지만 우리는 다른 방식으로 이해되는 주체성의 연구로부터 철학적 논리학의 연구를 분리시킬 수 없다. 우리는 논리학에 철학적 정초를 제공하기 위해『논리 연구』1권이 잘못된 심리학을 공격하고, 2권에서 올바른 심리학을 찾아내려고 한다고 말할 수 있다. 후설은 심리학적 본질이라는 것이 본질의 의미만이 아니라 심리학의 의미마저 왜곡시킨다는 점을 인정한다.[17]

더 나아가,『논리 연구』제1권은 삶의 논리를 분리시키는 것이 아닐 뿐만 아니라, 단지 이 책의 모든 논증은 토대로서의 존재의 기원이 삶에 있고, 존재가 의식의 삶의 고유한 의미에 일치한다는 확신을 갖고 있다.

실제로 자기 추론의 모든 단계에서 후설은 의식의 내밀한 의미에 호소한다. 그는 논리학과 이념에 관한 하나의 정의에서 시작하는 것이 아니라 그것이 제시하는 그대로, 논리학을 점유하는 삶 속에서 논

---

16) 1장을 보라.
17) *Ideen*, §61, p. 116.

리학을 포착한다. 심리학주의의 편견을 지적함에 있어, 그가 여전히 대상이 사유하는 작용에 초재적인 것으로 주어진다는 점과 명증이 감성이 아니라 대상에 대한 직접적 봄이라는 점을 드러내기 위해 분석한 것은 논리적 삶의 내밀한 의미다. 동일한 태도가 일반적이고 이념적인 것이 지닌 환원 불가능한 성격에 대한 후설의 확증에서도 나타난다. 개별적인 실재성으로는 전적으로 환원이 불가능한 특정한 이념적 대상이 존재한다. 왜냐하면 내재하는 환원 불가능한 의미가 그런 식으로 주어지는 것으로 나타나는 의식이 존재하기 때문이다.[18]

> 의미의 일반성은 …… 한 일반적 이름이 이해되는 …… 각 개별적인 경우에 내재하는 것으로 느껴지는 어떤 것이다. 한 새로운 지시 형태는 우리가 …… 직관적으로 나타나는 대상을 의미하는 것 아닌 …… 이 나중에 예시되는 성질이나 형태, 그리고 한 종의 의미에서 통일성으로서의 일반적인 것으로 이해하는 것을 의미한다는 의미에서, 그 나타남이 형성된다.[19]

또한 이 이념적 대상의 현존은 우리의 구체적 삶이 이념적 대상을 지시한다는 사실과 다른 것을 의미하는 것이 아니다.[20] 우리는 대상의 내실적 가치를 준다. 우리는 그것들을 확인하고, 결과적으로 서

---

18) *LU*, II, pp. 122, 171~172ff; *Ideen*, §25, p. 45.
19) *LU*, I, p. 187.
20) *Ideen*, §22, p. 41.

로를 비교할 수 있다. 그것들은 다양한 술어들의 주어, 수집된 것들, 수nombréa 등일 것이다.[21] 다시 말해 일반적인 것, 이념적인 것이 우리에게 주어진다. 명제들과 판단들은, 그것들이 우리의 삶에 현전하는 한, 주어들과 일반적 속성들을 가질 수 있다.[22] 그러므로 후설이 그 시도가 성공적이건 그렇지 않건 간에 개별적인 것을 일반적인 것에 환원하는 경험론의 주장을 비난한 것은, 이념적 삶의 내재적 지향 때문이다.[23]

이러한 논증의 영향력을 후설은 완벽하게 의식하고 있다. 『논리 연구』 2권 도입부에서, 후설은 논리학의 개념을 드러내기 위해, 언제나 말들의 다의적 의미에 머물러서는 안 되고, 그 활동성이 이론적 활동성인 의식의 삶 속에서, 논리학의 원천 및 현상으로 간주되고 있는 것을 파악해야 한다고 주장한다. 우리는 이 확증이 논리적 방법의 단순한 경고가 표현된 것이 아니라, 『이념들 1』에서 포착된 의식, 다시 말해 현상학의 원리 자체라는 심원한 철학적 원리를 내포하고 있다고 잠재적으로 판단할 수 있다. 논리학에서 철학적 태도는, 이미 어렴풋하게나마 『논리 연구』 1권 71절에서 암시된 것처럼, 논리학의 대상만을 향하는 논리학자의 소박한 삶에 관한 반성으로 나타난다.[24]

그런데 『이념들 1』의 존재론은, 이러한 방법에 궁극적 정당화를 가져온다. 존재 개념은 체험 개념에 근접해 있는 것으로, 우리는 심리

---

21) *LU*, II, pp. 111~112.
22) *LU*, II, pp. 111~112.
23) *LU*, II, p. 156.
24) *LU*, I, pp. 253~254.

학적인 것처럼 보이는 철학적 가치를 이 반성에서 주어진 것으로 정당화한다. 또한 우리는 존재에 대한 판단에 이르는 것을 정당화했다. 이 경우 사실상 우리는 반성에 있어 존재의 단순한 표상(비충전적일 수 있는)을 가지는 것이 아닌 이 존재 자체를 가질 수 있다. 이때 우리는 이를테면 개별적 실재성으로 환원할 수 없는, 또한 이념적 대상에 관한 단순한 의식도 아니며, 이 개별적 실재성에 대한 의식으로도 환원할 수 없는 이념적 대상의 현존을 말할 수 있다. 확실히, 우리가 2장에서 보여 준 것처럼, 초월적 관념론은 여전히 『논리 연구』에서는 아직 그 자체로 의식되고 있지 않으며, 이 해석에 반대하는 것처럼 보이는 본문들도 존재한다. 우리는 『논리 연구』에서 『이념들 1』로의 진화를 부정하고 싶지 않다. 왜냐하면 후설 자신이 실제로 이 사실을 공언한 적이 있기 때문이다.[25] 하지만 이러한 진화는 오히려 후설에게서, 『논리 연구』에 제시된 논지의 모든 요청들을 의식하게 하고 그 요청들을 해명하는 것으로 나타난다.[26] 『논리 연구』의 특정 부분은 ―후설이 인정하는 것처럼[27] ―『이념들 1』을 명확하게 예비하고 있으며 둘 사이의 이행을 감행한다. 후설 연구의 지속적인 경과는, 우리가 상승해 가는 차원에서 각 연구들이 발견되는 그러한 상승의 기류에 있으며, 더 큰 지평에서 더욱 완성된 총체 속에 다시 자리하게 된다. 더 나아가, 『논리 연구』에는 실재론과 관념론 간의 어떤 동요가 존재한다.

---

25) *Ideen*, §61, p. 117을 보라.

26) *Ideen*, p. 2.

27) *Ideen*, §61, p. 117.

그것은 오랫동안 실재론적 측면에서 『논리 연구』가 '기술적 심리학의 관점'을 넘어설 수 없다는 점을 분명하게 제시한다.

요컨대, 후설은 심리학주의를 넘어서고, 삶의 내재적 의미가 이러한 논리와 이념의 현상을 지시한다는 입장을 견지함으로써, 논리학의 객관성을 확증하기에 이른다. 또한 이 존재에서의 현상의 권리는, 체험과의 상관성에서, 후설의 현존 개념으로만 부여될 수 있는 권리이다.

그러므로 후설의 '논리학주의'는 심리학과의 관계를 통한 논리학의 독립성, 주체성과의 관계를 통한 이념의 독립성을 확증하는 것이 아니다. 후설의 '플라톤적 관념론', 본질의 세계와 논리적 범주의 세계의 복권은, 우리가 2장에서 해명하기 위해 검토한 의식의 절대적 현존 이론 안에서 그 원리가 발견된다. 또한 거기서 현상학적 영감의 통일성이 현시된다. '플라톤적 실재론'과 '논리학주의'라고 불리는 것은 결론이 아니다. 시간 속에서 개별화된 경험적 현존과 현존을 확인하는[28] 자연주의적 존재론을 넘어, 후설의 현존 개념은 본질과 이념적 세계 일반이 현존한다고 말할 수 있게 해준다.

이로부터, 본질의 현존에 어떤 의미가 주어질 수 있는가?

우리는 이미 본질이 개별적 대상과는 다르게 현존한다는 점을 보여 주었다. 그것은 공간에 연결된 것이 아니다. 그것은 탄생하거나 소멸되는 방식으로 시간 안에서 개별화되지도 않는다.[29] 여기서 그 이념성이 나타난다. 또한 이러한 본질 및 일반의 이념성은, 무시할 수 있거

---

28) *LU*, II, p. 125.

나 규정하지 못하는 것이라기보다 오히려 세분화와 기술技術적 차이들을 인정하는 것이다.[30] '한 A'의 일반성은 '모든 a'의 일반성, 또는 'A 일반'의 일반성과는 다르다. 그것은 이념적 삶을 반성함으로써, 다시 말해 우리가 본질의 이념성만이 아니라 그러한 그 이념성의 형식까지 부합시킬 수 있는 이념적 삶의 고유한 의미에 의미에 집중함으로써 존재한다.

본질의 이념성과 일반의 이념성은 그것들의 모든 형식하에 ——후설의 분석은 그것들을 세밀하게 구별했지만, 우리는 그것들을 우리가 언급한 것으로 한정해야만 한다 ——이러한 관점에서 하나의 실질적 술어, 규정 ——이를테면 한 대상의 속성은 연장을 갖는다는 규정 ——이 아니라 모든 것에 앞서 또 다른 현존의 방식으로 나타나는 것이다. 그 것은 우리에게 존재의 새로운 차원을 드러낸다. 대상의 이념성이 우선 존재한다고 말할 수는 없으며, 공간과 시간에 관한 무관심을 통해 특징지어진다. 이러한 무관심은 이념적인 것이 존재하는 방식 자체, 후설이 말했던 것처럼, 구성하는 의식 안에 주어지는 그 방식을 구성한다. 에링이 적절한 형식으로 언급한 것처럼, "이것은 '일반'으로서가 아니라 [일반적 이념은——레비나스] 이 세계에 속하지 않는다는 이 념으로 존재한다".[31]

이로부터 우리는 후설이 제2연구에서 본질의 이념성을 개별 대

---

29) *LU*, II, pp. 124, 155.

30) *LU*, II, pp. 147(§16), 187, 223.

31) Héring, *Phénoménologie et philosophie religieuse*, p. 46.

상의 속성으로 환원하려고 한 영국의 경험론에 반대하는 비판의 원리 자체를 이해한다. 로크가 하나의 개별적인 무규정적인 것을 통해 일반적인 것을 해명하려고 할 때, 그것은 시작부터 오류에 빠지며, 일반적 대상의 이념적 현존 방식을 무시하기 때문에, 추상은 똑같이 환원의 불가능성을 초래한다.[32] 원리의 오류 자체는 우리가 개별 대상의 특징이나 계기로 본질을 확인하려고 할 경우, 충분히 주의함으로써 제거된다. 빨강이라는 유는 개별 대상의 빨강이 아니라는 점이 강조되는데, 왜냐하면 후자는 개별적인 어떤 것에 지나지 않는 것이고, 유는 이념이기 때문이다.[33] 동일한 이유로 여전히 특유한 심상 이론la théorie des images générique이 똑같이 거부당한다. 특유한 상은 희미한 것이면서 변화하는 것이다. 그 상이 그렇다고 해서 개별적인 상이기를 그치는 것이 아니다. 본질은 필연적으로 불명확한 것이 아니며 그 방식에 있어 잘 규정될 수 있다. 이념성은 대상의 무규정성이 아니며 대상이 존재하는 방식을 특징짓는다.

따라서 이러한 것은 현존에의 권리이며, 이념이 존재하는 특정한 방식이다. 우리는 이제 이념적인 것에 대한 직관, 본질 직관, '형상' Eide ─ 형상적 직관, 후설이 찬미한 본질 직관Wesensschau ─ 이 의미하는 바를 이해할 수 있다.

개별 대상처럼, 이념적 존재와 본질은 참과 거짓의 구별을 하게 해준다. 본질은 우리가 아무것도 아니라고 확증할 수 있는 그런 허구

---

32) *LU*, II, Untersuchung II, pp. 106~224.
33) *LU*, II, pp. 106~107.

가 아니다.[34] 예를 들어 기하학에서 우리는 그릇된 사유와 참된 기하학적 사유를 구별할 수 있으며,[35] '순수하게 의미화된' 본질 개념을 가질 수 있다. 다만 그 본질 개념은, 예를 들면 정십면체 같은 것처럼, 존재하지 않는 것이다.

따라서 우리는 본질의 영역 속에 '순수하게 의미화하는 것'과 본질을 직접적으로 지시하는 작용, 또한 이를테면 원본 속에 담겨진 것을 구별할 수 있다.

이 궁극적인 원본적 직관 작용은, 『논리 연구』에서 형상과 유사한 본질의 영역에서, 상상적 활동성과 평행하는 지각의 활동성의 차원에 있는, 지각 작용과 동일시된다. 후설은 상상력이라는 개념을 확장시켰고, 또한 범주적 상상력을 허용했으며,[36] 심지어 그것의 예시도 제시한다.[37]

분명 1905~1910년에 걸쳐 이루어진 『내적 시간의식의 현상학』에서 후설은 이념적 대상이 지각된 것과 상상된 것 사이를 구별하게 해줄 수 있다고 하지는 않았다.[38] 지각과 상상력 사이의 이러한 평행론은 어떤 대상들의 시간적 특징에 기인한다.[39] 직관 개념은 더 일반적이며 이러한 평행론을 가정하지 않는다. 감각적인 것으로서의 감각적

---

34) *LU*, II, pp. 124~125.

35) *Ideen*, §23, p. 43; *Phil. als str. Wiss.*, p. 316.

36) *LU*, III, pp. 144.

37) *LU*, II, pp. 163~164.

38) *Zeitbewusstsein*, p. 448.

39) 어떤 점에서, 직관은 그것이 '몸소' 한 본질을 나타내는 한, 진리가 될 가능성이 있는 한, 지각의 유비물에 지나지 않는다(*Ideen*, §23, p. 43).

직관에 적용되는 것은 형상적 직관이 아니다. 여기서, 어디서나 마찬가지로 직관은, 직관을 통해 지향된 대상이 '의미화될' 뿐만 아니라 근원적으로 주어지기까지 하는 삶의 방식이다.[40] 이념에 이르는 이러한 인식은 감각적 직관과 같은 것을 필요로 하지 않는, 직관으로 특징지어지기 위한 단순한 작용이다.[41] 그러한 인식은 그 앞에 주어진 그 대상을 소유한다는 사실을 통해 충분하게 특징지어진다.[42]

이념적인 것에 대한 직관은, 이미 범주적 직관의 형식 아래 우리에게 현전화된 것이다. 그런데 그 범주는 순수하게 형식적인 대상에 속한다. 우리는 그것을 이념적 대상과는 다른 형태로 현전화되는 물질적 본질과 구별해야 한다. 이러한 것이 바로 빨강, 삼각형,[43] 인간 등의 본질 내지 의식의 영역에 있는 기억, 지향성 등의 본질이다. 우리는 형상적 본질의 직관이 감각적 대상의 직관의 도움을 힘입어 실현되는 방식과 어떤 식으로건 감각적 대상이 사태의 구성과 협력하는 방식을 보여 주고자 한다. 그런데 물질적 본질의 직관으로 인도하는 이념화 작용은 차별화된 구조를 갖는다. 개별 대상——이를테면 내 앞에 있는 이 소재의 빨강이라는 색——을 출발점으로 받아들여야 하지만, 나는 개별적 대상만이 아니라 개별적 빨강이 하나의 범례가 되어 버리는 빨강 일반을 향해 나의 시선을 보낸다. 나는 이념적 대상을 사유하기

---

40) *Ideen*, §3, p. 11; *Phil. als str. Wiss.*, p. 316.
41) 앞의 156~157쪽을 보라.
42) 본질 직관에 대해서는 7장을 보라.
43) 공간은 '대상 일반'의 범주와 같은 형식적인 어떤 것이 아니다. 형식적 수학, 보편 수학, 그리고 물질적 수학 내지 기하학 사이에 형성되는 구별이 존재한다.

위해 감각적 직관을 향하는 지향을 총체적으로 포기한다. 이로부터 이 궁극적 사유는 하나의 직관이 될 수 있다. 왜냐하면 그 예에서 검토된 이념적 대상은 '몸소' 주어질 수 있는 것이기 때문이다. "우리가 일반적인 이름을 이해할 때처럼 '순수하게 의미화하는' 방식으로 그것을 사유하는 것이 아니라 우리가 직관하는 것을 인식한다. 또한 확실히 여기서 직관 ······ 일반에 대해 말하는 것은 정당하다."[44]

그런데 이 개별 대상과의 관계는──이것이 범주적 직관의 경우처럼 이념적 대상의 구성에 들어간다고 하더라도[45]──우연적 관계가 아니다. 또한 범례로 기능하는 개별 대상은 하나의 필연적 항목이다. 이와 마찬가지로, 사태의 직관에서, 사태의 구성에 들어간 감각적 대상은 '범주화하는 종합'의 토대를 제공하는 것으로서, 따로 분리될 수가 없다. 마찬가지로 개별 대상은 본질의 지각과 분리할 수 없는 하나의 토대다. 어떤 방식으로건 개별 대상에 대해 우리가 준거하고 있는 이념적 대상의 현존 방식은 또한 개별 대상과의 관계를 함축한다. 하지만 개별 대상의 현존은 형상적 인식에서 그 전제의 역할을 하지는 못한다. 형상적 인식은 개별 대상의 '유효성'과는 별개다.[46]

이념적 현존에 대한 물음과 본질 직관에 대한 물음은 선험적 인식이라는 또 다른 문제를 직접 건드린다. 직관주의적 진리론에서, 선

---

44) *LU*, III, pp. 162~163.
45) *LU*, III, p. 162.
46) *Ideen*, §4, p. 13; §6, pp. 16~17; §34, p. 60; *Phil. als str. Wiss.*, p. 316.

험적 인식이라는 개념 자체는 어떤 의미를 가질 수 있는가? 이 개념에 있어서 진리는 어떤 경험을 통해 정당화되기 때문에 ─이 경험이 여기서 감각적 경험보다 더 넓은 의미로 이해되는 것이긴 하지만─ 직관 이론은 모든 진리를 사실의 진리로 환원시키는 것이 아닌가?

다음으로, 선험적인 것은 이념적 대상의 직관과 이 대상들에 정초가 되는 판단 안에서 자리를 갖는다고 말해질 수 있다.[47] 바로 형상적 직관이 특별한 위엄을 나타내게 되는 것이다. 우리는 이 점을 더 상세하게 열거할 것이다.

우리는 일반의 영역이 일반성의 상이한 형태를 갖는 대상들을 포함한다는 점을 드러냈다. 또한 한 예로, 일반성에 대한 지향은, 그 말이 개별 대상을 나타내는 것인 경우에도, 수반된다. 모든 표현에서 적절한 이 특별한 일반성은 개념의 특징이라는 말에 부여되며, 정확하게는 '흰색' 일반, 인간 일반 등과 같은 일반적 대상과는 구별되어야만 하는 것이다.[48] 그러므로 앞서 표현되었던 것처럼, 이 대상은 두 가지 상이한 특징의 일반성, 표현의 일반성과 그 대상의 고유한 일반성 자체를 가진다. 그런데 정확히 말해서 일반적 대상들의 영역의 내부 자체에서, 그것은 여전히 하나의 구별을 도입해야 한다. 그 구별이란 일반적 대상 일반과 순수 본질을 분리하는 것이다.

『논리 연구』에서는 이 구별이 형성되지 않는다. 『이념들 1』에서도,

---

47) 한 예로 *Phil. als str. Wiss.*, p. 332를 보라.
48) *Ideen*, §124, pp. 257, 259; §94, p. 194; *LU*, III, 102~103. '개념'과 '본질'의 구별에 관해서는 *Ideen*, §10, p. 23.

이 구별은 명시적으로 형성되지는 않는다. 그렇지만 그 구별은 핵심적이다. 왜냐하면 선험적 인식은 후설의 『논리 연구』에서 순수 본질의 직관과 동일시되기 때문이다. 오랫동안 일반적 대상과 순수 본질 간의 구별은 이루어지지 않았다. 우리는 순수한 본질 직관이 경험론적인 경험의 가설일 뿐이라고 후설에게 반대할 수 있는데, 이는 순수하게 귀납적 기원을 갖는 일반적 대상이 존재하기 때문이다.[49] 만일 당신이 백조 일반에 대한 개념을 가진다면, (당신은 후설에 반대해) 백조에 대한 본질 직관에 정초된 진리를 요구함으로써, '모든 백조는 희다'고 말할 수 있다. 하지만 당신의 백조 개념은 실제로 귀납에서 비롯된 것이므로, 당신이 주장한 백조에 대한 본질 직관은 거짓일 수 있다. 실제로 검은 백조 역시 존재한다. 만일 '이념적 대상'과 '순수 본질' 간의 차이가 없다면, 우리가 드러낸 본질 직관은 단순한 동어반복(흰색 백조의 본질에 흼이 존재한다)의 진리이거나 귀납적 진리를 내포하는 진리다.

분명 이런 식으로 검토된 반대는 가치가 있다. 그것은 후설에게 불합리함이나 그의 사유 안에 절대 존재할 수 없는 철학적 소박성을 귀속시킨다. 확실히, 후설의 출간 저작에서는 그 구별이 명시적으로 형성되지 않았으며,[50] 또한 여기서 특징적인 사안은 순수 본질 직관이 우리가 언급한 다른 일반적 대상들에 대한 직관과는 다르다는 점을 인정해야만 한다는 점이다. 우리가 순식간에 요약해 낸 것처럼, 형상

---

49) Reinhard Kynast, *Das Problem der Phänomenologie*, Breslau : Trewendt & Granier, 1917; Kynast, *Intitive Erkenntnis*, Breslau : Trewendt & Granier, 1919.
50) 우리는 미간행 저작들이 이 구별의 정당화를 시도한다고 믿는다.

적 직관에 대한 기술은 이념적인 것의 직관의 매우 일반적인 현상을 거의 넘어서지 못한다. 이념적인 것의 직관을 인식하는 일이 지향의 일종의 내적 구조를 통해서 어떻게 순수 본질이 될 수 있는가? 우리는 현재까지 우리에게 주어져 있는 후설의 텍스트와 관련해서 이 문제를 해명하는 일 자체를 하지는 않았다. 우리는 이런 점에서 후설의 제자들이 시행한 매우 독특한 노력을 이해한다.[51] 특별히 이 문제를 정립하는 일의 장점을 보여 주고 또한 선험적 본질로부터 경험적 본질을 구별해 낸 것은 에링의 공이다.

분명한 것은, 후설에게서 이러한 구별이 확연히 노출되지는 않았지만 암시적으로는 존재한다는 점이다. 어떤 식으로건, 본질을 통해 이해되는 것 ─선험적 법칙의 정초─은 순수하고 단순한 모든 일반적 이념이 아니다. 『이념들 1』 9면에서 본질을 특징짓는 일을 검토한 부분에서 말해진 것을 보라. "한 개별 대상은 그저 개별적일 뿐만 아니라, 단번에 일어나는einmaliger '여기 이것!'Dies Da!으로, 그것은 그러그러한 방식으로 '그 자체로' 구성되는 것으로서, 여타의 이차적·상대적 규정들을 그것에게 귀속시킬 수 있는, 그것에게 소속되어야만 하는 서술들의 총체Prädikabilien라는 특유의 본성을 소유한다." 대상의 본질을 특징짓기 위해서, 후설은 그 이념성을 말하는 것으로 만족하지 않는다. 개별적인 '여기 이것'과 이념성은 단순하게 반대되는 것이 아

---

51) 특히 Jean Héring, "Idee, Wesen, Wesenheit", *Jahrbuch für Philolsophie und phänoménologie et philosophie religieuse*, p. 52를 보라; 또한 Hans Lipps, *Untersuchungen zur Phänomenologie der Erkenntnis*, I et II, Bonn : F. Cohen, 1927~1928; Roman Ingarden, "Essentiale Fragen", 『연감』, VI(1923).

니다. 이념의 차원에서, 하나의 본질을 형성시키기 위해, 일반성에서의 그 모든 규정과 관련해서, 개별 대상을 고양시키는 것으로는 모든 것이 충족되지는 않는다.[52] 대상의 규정에는, 어떤 것이 또 다른 것을 가능하게 하기 위해 요청되는 위계가 존재한다. 대상의 본질은, 대상의 필연적 구조다.[53] 존재하는 바로 그것으로부터 형성된 것, 그것은 대상의 모든 경험적 특징에 앞서는 것으로, 요컨대 그것의 원리를 가능하게 하고 이해를 가능하게 한다.

한 예로 음의 강도, 음색, 음의 높이를 규정하기 위해서, 소리는 음색 일반, 강도 일반, 그리고 음 높이 일반이라는 이런 특징들의 총체를 가져야만 한다. 이것은 상호적으로 그리고 필연적으로 요청되며 음의 필연적 구조를 구성한다.

그런데 이 필연성이 대상의 구조에 고유한 것이라는 사실은 어떤 의미를 가지는가? 본질에 정초된 법칙에 전해지는 이 필연성의 특징은 어떤 의미를 가지는가? 이 물음은 직접적으로 직관의 역할과 관련한다. 실제로 직관 작용, 이성의 작용이라는 것은 언제나 본질에 정초된 특유의 법칙에 대한 필연성을 의미하는 것인가? 이성의 본성의 문제는 이 형식 아래서 전체적으로 해결되지 않은 어떤 것을 다시 찾아내지 않는가? 본질에 정초된 진리의 필연성을 어떻게 이해하고 해명해야 하는가? 우리는 이 필연성 자체의 근거를 탐구하는 쪽으로 나아

---

52) 이 본질 개념에 비추어 우리는 본질이 '이념화된' 것과 동일시되는 것처럼 보이는 구절을 해석해야만 한다.

53) *Ideen*, §2, p. 9.

가야 하지 않을까? 이를 통해서 사유는 추론적 접근으로 본질, 이성의 근본 작용의 필연성을 연역해야 하지 않는가?

여기에 답을 하기 위해 우리는 『논리 연구』의 세번째 연구와 네번째 연구에서의 형상적 필연성 개념의 상세화를 드러내야 한다. 우리는 한편으로 본질의 필연성이 절대로 연역을 시행하는 것이 아니라는 점을 보여 주어야 한다. 왜냐하면 연역 자체는 일차적 현상인, 또한 모형 자체인 본질의 필연, 이성적 필연성의 특수한 사례에 지나지 않기 때문이다. 우리는 다른 한편으로 이 필연성에 긍정적인 특징을 부여할 수 있다.

세번째 연구는 처음부터 '의존적 내용'과 '독립적 내용'을 구별한다. 의존적 내용은, 현존하기 위해 다른 내용을 필요로 한다.[54] 한 예로 색은 연장될 수 있다. 반대로 집과 나무는 독립적이다. 그것들은 존재하기 위해 다른 대상들을 통해 완성될 필요가 없기 때문이다.

이러한 의존성은 무엇을 의미하는가?

우선 '의존적 내용'은 '다른 것이 없이는 표상할 수가 없는 내용'을 말하려는 것이 아니다. 의존은 내용 그 자체의 성격이다. 의존적 존재 내지 비의존적 존재의 사실은 "나는 나를 다르게 표상할 수가 없다는 주관적 필연성"이 아니라 "단지 다르게 존재할 수가 없다는 객관적이고 이념적인 필연성"이다.[55]

그런데 만일 이러한 의존성이 필연적으로 표상적 대상들의 본질,

---

54) *Ideen*, §14, p. 28~29.
55) *LU*, II, p. 239.

필연성에 내재하는 것이라면 거기서 비롯된 이러한 필연성 —예를 들어, 이런 점에서 색은 연장이 없거나 채색된 물질적 대상이 없이는 파악되지 않는다— 이 순수하게 경험적인 것은 아니다. 그것은 자연 법칙에서 비롯된 필연성과 같은 귀납의 결과가 아니다.[56] 필연성은 경험적 관찰의 요소(한 예로 특정한 시간의 계기에 우리에게 연장적으로 나타나는 색)에서가 아니라 유나 색의 본질 자체에서 그 정초를 갖는다.

의존성 특유의 이러한 필연성의 성격은 경험적 존재에 대한 것이 아니며, 더 이상 논리적인 것도 아니다. 논리학은 대상 일반의 형식에 대한 학문이다.[57] 논리적으로 연역되는 진리의 필연성은 이 학문의 법칙 속에서 그 정초를 찾는다. 하지만 바로 그 이유로, 이러한 진리의 필연성은 대상들의 물질적 내용을 잠식해 버린다. 그런데 '의존'의 법칙은 '물질적 법칙'으로부터 표현된다. 따라서 우리는 여기서 논리학 전반의 독립적 필연성,[58] 연역 전반의 독립적 필연성과 충돌하고, "그 특성상 …… 내용의 본질적 특수성"에서 필연성의 정초를 갖는다.[59] 이와 같은 정초를 지지해 줄 수 있는 유와 종이 본질의 세계를 형성한다. 직관적인 것에서, 우리는 그 본성 자체를 통해, 전제로부터 나타날 필요가 없고 연역을 통해 정당화될 필요도 없는, 직관적인 것이 부과하는 필연성을 인식할 수 있다.

---

56) *LU*, II, p. 234.
57) 이 책의 29쪽 및 그 외 여러 곳.
58) *Ideen*, §16, p. 31.
59) *LU*, II, 251~252.

"집, 나무, 색, 소리, 공간, 감각, 감성……"[60] 등과 같은 물질적 본질에 대한 직관은, 곧 우리에게 필연적 인식 및 물질적 인식을 가능하게 한다. 본질의 필연적 구조에 대한 직접적 봄은, 후설에게 인식 가능성의 첫번째 현상으로 여겨진다.[61] 더 나아가 우리가 이성 작용과 직관 작용을 동일시할 때, 논리와 연역에 관해서 무차별적인 것을 확증할 때, 우리는 필연적 인식의 가능성을 강조하지 않는다. 오히려 우리는 인식 방식을 무한한 영역으로 확장하는 수단을 선사한다.

그런데 여전히 더 다루어야 할 문제가 존재한다. 연역이라는 법칙 자체의 필연성은 본질 직관에서 그 정초를 갖는다. 왜냐하면 삼단논법의 결론의 필연성은, 명증과 관련하여 인식되는 그 전제들의 형식적 본질 속에 정초되기 때문이다. 그럼에도 연역의 각 '요소'는, 이 경우 형식적 본질의 직관, 곧 본질 직관이다. 연역의 역할은 그 자체로 명증한 직관, 그 자체로 명증한 일련의 항을 통해서는 존재하지 않는 진리로 귀결되는 것으로 나타난다.[62] 그것은 연역이 아니며, 인식의 이성적 요인인 명증이다. 연역은 특정 진리들이 제일 원리의 명증으로 귀착되는 데서 비롯되는 작용이다. 그것은 모든 이성적 인식에 특징적인 것이 아니라 대상들의 어떤 한정적 영역에서만 특징적이다. 후설에 의하면, 진리들이 유한한 수의 원리들로부터 연역될 때, 그 진리들의 영역은 '수학적이거나 한정적인 다수성'을 요청하는데, 이러

---

60) *LU*, II, p. 252.
61) "Für die Frage nach ihrem Warum dem 'Ich sehe es' keinen Wert bemeissen wäre Widersinn"(*Ideen*, §19, p. 36).
62) *Ideen*, §141, pp. 293~295; §7, p. 17.

한 것들이 곧 기하학과 논리적 형식의 세계의 대상이며, 보편 지식의 대상이다.[63] 결과적으로, 그것이 분석적 논리나 모든 인식 가능성의 종합적 모형을 형성한다는 점은 분명하다. 마지막 분석에서 과학에는 수학의 모형이 투사되어 있으며, 그것은 매우 협소한 이성 개념에서 출발하는 것으로 파악된다. 아믈랭에 의하면, 이성은 규칙을 따라 실재를 구성하는 본질적 기능에 대한 것이다. 후설의 태도는 여기에 정확하게 반대된다. 그것은 본질들의 법칙을 인식 가능하게 하는 변증법적 구성이 아니다. 오히려 그것은 변증법적 구성이 자신의 인식 가능성을 도출해 내는 본질적 관계의 인식 가능성 안에 존재한다.

이제 형상적 법칙의 필연성과 선험적인 것의 특별한 존엄성을 적극적으로 특징짓는 일이 가능해진다. 우리가 이미 언급했던 세번째 『논리 연구』의 한 대목은 이 주제를 명확하게 보여 준다.

'독립적 내용'——후설이 추상이라고 부른 의존적 내용과 대립하여 구체라고 부른[64]——은 다른 내용과 무관하며, 구체적인 것이 되기 위해 규정적이고 필연적인 보충을 요구하지도 않는다. 독립적 대상의 어떤 속성은 그 대상으로부터 분리될 수 있다. 또한 이 존재의 힘은 동시에 일어나는 내용에서 분리되며, 이 동시에 일어나는 내용에 대해, 절대적으로 자유로운 변화하는 힘을 의미한다. 이는 "우리는 이념과 연관된 내용, 그리고 일반적으로 이념과 더불어 주어진 경계 없는 변양——내용의 본질에 그 정초를 둔 법칙을 통해 억제되지 않는 …… 우발

---

63) 이 모든 문제에 대해서는 *Ideen*, §71, p. 132; §7, p. 18 그 외 여러 곳.
64) *Ideen*, §15, p. 29.

적인 방식의 것[65] ——에도 불구하고, 표상과 같은 것으로서의 내용을 간직할 수 있다. 그것은, 그것이 어떤 것이든지 동시에 일어나는 내용으로부터 존재하는 총체의 폐기에도 불구하고, 영향을 받지 않는다"는 것을 의미한다.[66] 한 예로, 상상력에서는 물질적 대상의 형식을 무제한적으로 변양시킬 수 있고, 우리는 그것을 상이한 장소와 시간에서도 상상할 수 있다. 이때 우리의 상상력은 전혀 억제되지 않고 절대적으로 자유로우며, 대상은 구체적인 것으로 존속, 다시 말해 현존할 수 있다. 그런데 만일 우리가 물질적 대상을, 형상을 전체적으로 박탈하는 데 이를 때까지 변양하길 원한다면, 대상의 구체적 성격, 그 현존의 가능성은 상실된다. 그런데 그것은 대상의 내용을 변양할 수 있는 것들 사이에 한계로 규정된 독립적 대상의 본질이다. 이러한 한계를 넘어선 변양은 본질을 통해 부과되며, 그 구체적 성격, 그 독립성, 다시 말해 존재하기 위한 가능성을 없애 버린다. 대상의 본질은 대상의 현존을 가능하게 하기 위해 존재를 실재화해야만 하는 조건들을 변형시키는 것처럼 보인다. 대상의 술어들은 대상의 가능성을 버리지 않으면서도 변양할 수 있다. 하지만 본질적 술어들만은 변양할 수 없다. 더 나아가 술어들의 불변성은 오로지 다른 술어들의 변양만을 허용한다. 모든 변양은 그것을 실제로 가능하게 하는 불변하는 어떤 것을 가정한다. 앞서 제시한 본질에 대한 정의로 되돌아가 보자. 또한 이 정의를 따라서 본질은, 다른 술어들이 자신에게 속하게 하기 위해 가져야

---

65) 강조는 필자.
66) *LU*, II, 235~236.

만 하는 술어들의 총체를 통해 지속된다. 대상의 성질과 본질을 동일시하지 않는 이 정의는, 개별 대상의 모든 성격을 일반성으로 고양시키는 일과 관련하는 것이 아니라, 단지 그 성질들 가운데 어떤 성질만이 특권화된 역할을 수행한다는 점을 보여 준다. 그것이 한 대상의 가능성의 조건 자체를 구성한다.

형상적 진리의 특별한 존엄성이 이 점을 통해 드러난다. 본질의 인식은 이념적 세계의 인식만이 아니라 경험적 세계와 병합한다. 형상적 학문은 존재 안에 새로운 차원을 면밀히 검토한다. 그 현존의 조건 자체, 대상의 구조, 이것들 없이는 학문이 존재할 수 없다. 이런 점에서, 이 학문의 인식은 선험적 인식이다. 왜냐하면 이 학문들은 다른 모든 인식을 통해 전제된 것을 인식하기 때문이다. 또한 의심의 여지없이, 본질의 법칙의 필연성은 존재가 현존하기 위한 조건 자체의 필연성이기 때문에, 선험적이다. 후설은 이런 학문을 존재론이라고 부른다. 선험적 인식은 필연적 존재, "필증적"[67] 존재의 사실만을 통해서는 후험적 인식과 구별되지 않는다. 선험적 인식은 여전히 존재론적 존엄성을 나타낸다.

우리는 자연과학과 사실 일반에 대한 학문과의 관계를 통해서 선험적 학문의 의미, 위상, 그리고 역할을 이해한다. 물질적 선험의 발견은 실제로 칸트에게 흄의 문제를 해결하지 못했다는 점에서 그에게 반대를 표하며 추궁한 데서 보듯, 모든 경험적 진리의 필증적 진리로의 환원을 의미하는 것이 아니다. 왜냐하면 칸트가 인과성 일반의 이

---

67) 후설은 이 말을 다음 대목에서 도입한다. *Ideen*, §137, p. 285.

성적 연역을 시행함으로써, 인과성의 각각의 특수한 경우를 연역한 것은 아니기 때문이다. 그런데 자연법칙은 개별 사실들의 직관의 결과다. 이것이 바로 자연과학이 우연적인 것에 지나지 않으며, 그 필연성이 개연적일 수밖에 없는 이유다. 이러한 자연법칙의 특징은 자연법칙의 본질에 속한다. 경험적 사실의 우연성은 우리의 유한하고 무지한 존재의 성질을 통해 조건화되는 것이 아니며, 그 우연성은 '사실'의 본질 자체에 속해 있는 것이다.[68] 자연법칙은 본질적으로 귀납적이다.[69] 그래서 후설의 철학은 선험적 법칙으로 귀납적 법칙을 환원하기를 거부한다.[70] 선험적 법칙으로 귀납적 법칙을 귀속시키는 것은 사실의 의미를 왜곡시킨다. 만일 본질이 대상의 원리라면, 여기서 원리는 우리가 대상의 우연적 속성을 논리적으로 끌어올 수 있는 상위의 전제를 의미하지 않는다(이것은 라이프니츠와 심지어 아믈랭이 몰두한 바가 아니었는가?). 여기서 원리는 대상의 현존을 가능하게 하는 것을 의미한다. 이것이 없는 구조는 파악이 되지 않는다.

이를 통해서 선험적인 것과 후험적인 것 사이의 환원할 수 없는 차이, 그리고 학문들에서의 각각의 고유한 역할이 확증된다. 존재의 본질적 구조로 이해되는 인과성 일반과 경험적 존재의 인과성의 우연적 관계 사이에 하나의 틈이 형성된다.[71] 그것은 두 가지 상이한 차원에 존재한다. 후설이 비판한 실천적 심리학주의, 극단적 자연주의는

---

68) *Ideen*, §2, p. 9.
69) *LU*, I, p. 61.
70) *LU*, I, pp. 255~257; *Ideen*, §6, p. 16; §58, p. 110.
71) *Phil. als str. Wiss.*, p. 318.

자연의 유형으로 의식을 파악하는 것 때문만이 아니라 자연 그 자체에 대한 인식 안에서 선험적인 것의 역할을 보지 못하기 때문에 그러한 비판을 받았다.[72]

　선험적 학문의 본체 ─ 그것이 나타나는 형식이 무엇이건 ─ 는 보편적인 우연성의 세계 내에 존재하는 필연성의 기적 같은 것이 아니다. 선험적 학문의 필연성은 한 가지 존재론적 특징을 갖는다. 그것은 존재로서의 존재 의미 자체에 내속하며, 이 필연성의 표기가 담지하고 있는 법칙이 각각의 존재의 의미를 정의한다.[73] 이전의 존재론적 학문, 사실의 학문을 통해 정의된 존재는 그 주제에 대해 합리적인 물음을 정립할 수 있다. 이 경우에 존재는 오로지 경험으로부터만 형성이 가능하다.[74] 그러한 학문들 자체에서 비롯된 귀납은 오로지 귀납의 필연성만을 부여할 뿐이며, 절대 존재론적 필연성을 부여하지 못한다.[75] 또한 문제들을 귀납으로 정립하기 위해, 대상들의 주어진 영역에 대해 요청된 어떤 경험의 형태를 인식하기 위해서는 그 존재론적 의미를 구별하는 데서 시작해야 한다.[76] 후설이 받아들인 것은 갈릴레이가 고전적인 자연의 존재를 통해서 상세화한 기하학과 수학에서 파악한 근대 물리학의 커다란 진보다.[77] 다른 학문들의 거대한 오

---

72) *Phil. als str. Wiss.*, p. 308~309.

73) *Ideen*, §16, p. 31.

74) *Phil. als str. Wiss.*, p. 310.

75) *Ideen*, §79, p. 159; *Phil. als str. Wiss.*, pp. 306~307, 320.

76) *Phil. als str. Wiss.*, pp. 307~308.

77) *Phil. als str. Wiss.*, p. 308; *Ideen*, §9, p. 20.

류—예를 들어 심리학과 같은—는 이 자연의 존재론, 주어진 것의 모든 영역, 또는 모든 존재론에서 여전히 배척당하는 고유한 존재론 안에서 가시적인 것으로 나타난다. 그러므로 우리에게 부과된 오로지 과제는 학문들의 진보에 기여하기 위해서 대상들의 모든 영역들의 존재론을 정립하는 것이다.[78]

이를 통해서 학문들에 관한 철학의 절대적 독립성이 가시적인 것이 된다. 철학은 다른 모든 경험의 영역 속에 존재하며, 또한 경험이 작동하는 다른 모든 방법과 더불어 존재한다. 학문의 진보만이 아니라 그 합리성까지도 여기에 의존한다. 만일 실제로 학문이 절대적 합리성에 이르고자 한다면,[79] 학문이 그 학문이 연구되는 일 자체의 의미를 망각하는 위기에서 벗어나고자 한다면,[80] 존재론은 그 대상의 내밀하고 필증적인 구조를 탐구하는 것이 되어야 하고, 그것을 구성하는 본질적 범주를 명확하게 하는 것이 되어야 한다. 마지막 장에 나오겠지만, 이러한 학문들의 대상들의 현존, 이 학문들이 의식에 현전하는 방식이 동등하게 해명되어야만 한다.

본질 이론에 대한 이러한 물음에서, 현존의 조건들이 현실화되는 것과 동일시되는—우리가 앞서도 말했던—구체의 원초적 역할이 나타난다.[81] 존재의 경계선은 공히 이 구체라는 개념의 도움을 힘입어

---

78) *Ideen*, §9. p. 20.

79) *Ideen*, §9. p. 20; *Phil. als str. Wiss.*, p. 321 그외 여러 곳.

80) *Phil. als str. Wiss.*, p. 306~307.

81) 이 주제에 관해서는 다음의 심오한 연구를 보라. Aron Gurwitsch, "La Philosophie phénoménologique en Allemagne", *Revue de métaphysique et de morale*,

형성된다. 본질의 이념적 세계는 본질에서 유의 위계를 제시하고,[82] 또한 이 본질이 개별화되는 시간적 존재에 상응하는 영역을 규제하는 이 본질에서의 원리인 법칙의 위계를 제시한다. 또한 본질의 분류는 상이한 실재의 영역의 경계선이다. 그런데 이것이 우리가 존재의 분류에 도달하는 상위의 물질적 유의 도움을 받지는 않는다.[83] 왜냐하면 상위의 유는 또한, 이를테면 색처럼, 대상에서 추상한 한 요소를 담고 있을 뿐인 유에서 비롯된 것일 수 있기 때문이다.[84] 현실에서, 존재의 상이한 영역은 예를 들어 '물질적 대상', '의식', '동물성'처럼 구체적 개별자로부터 규정된다. 존재 영역이라는 개념은 최종적 특성이 구체적 개별화를 가능하게 하고, 이 개별화를 완성시키는 상위의 유의 총체를 통해 정의된다.[85] 이 상위의 유의 총체는 '영역적 본질', 이를테면 '자연'의 본질을 형성한다. 이 총체는 자연의 경험적 대상의 가능한 현존에 고유한 필연성이라는 그러한 하나의 필연성을 통해서, 서로가 필연적으로 함께 묶이는 색, 연장, 시간, 인과성, 물질성 등의 유의 도움에 힘입어 형성된다.[86] 이 영역과 관련해서, 동물성, 인간성, 사회 등과 같은 다른 것도 존재한다. 이것은 상응하는 구체적 개별화에서 비롯된다.

XXXV, no. 4(1928), passim.

82) *Ideen*, §3, p. 10; §14, p. 28.

83) 이를 함축하고 있는 것처럼 보이는 텍스트는 *Ideen*, §2, p. 9; 더 분명하게 나타나는 곳은 *Ideen*, §16, pp. 30~31.

84) *Ideen*, §15, p. 30.

85) *Ideen*, §16, pp. 30~31; §72, p. 133~134.

86) *Ideen*, §72, p. 134.

영역을 형성해 내는 총체로서의 상위의 유는 물질적 범주라고 불린다. 이 범주에서, 칸트의 술어를 따르자면 선험적 종합이라는 선험적 법칙의 모든 정초가 발견된다.[87] 선험적 법칙은 그 원리가 대상 일반의 순수 형식에서 발견되는 법칙, 보편적으로 타당하고 다양한 영역의 물질적 본질과 무관한 법칙과는 대조된다. 후설은 후자를 분석이라고 부른다.[88]

범주라는 개념은—이 점에서 칸트의 그것과 다른데—판단에서 빌려 온 것이 아니다. 범주는 존재의 구조이지 인식의 구조가 아니다. 또한 범주표를 만들기 위해 후설은 전통 논리학을 요청하지도 않고, 현대적인 자연과학의 논리(신칸트주의와 같은)를 요청하지도 않는다. 단지 구체적인 존재 그 자체의 다양한 영역을 요청한다.

각 영역을 가능하게 하는 선험적 인식의 총체는 후설이 영역 존재론이라고 부른 것을 구성한다.[89] 이 경우 영역 존재론은 결함이 아니다.[90] 오히려 영역 존재론의 현실화는 『논리 연구』의 시기에 결부된 문제로, 후설의 첫번째 제자들이 시도한 것이다. 후설 『연감』 1권은 사회존재론, 자연존재론 등에 대한 선험적 연구로 가득하다. 그런데 필증적 존재에 대한—한 번 상기해 보자—이 연구들은 필연적으로 연역적인 것이 아니다. 형상적 학문은 형상적 직관의 도움을 힘입어 정립되고 또한 기술된다. 따라서 '범례'로 지각되거나 상상되는 구체

---

87) *Ideen*, §16, p. 31.
88) *Ideen*, §10, p. 22.
89) *Ideen*, §16, pp. 31~32; §72, p. 134.
90) *Ideen*, §17, p. 32.

적으로 주어진 세계에서,[91] 우리는 세계의 본질에 이르고, 그 필연적 구조를 기술한다.

대상 세계를 응시하는 것으로 나타나는 이러한 태도, 단지 본질에 주의를 집중시키기 위해 개별적 현존을 무시하는 이러한 태도는——현상학적 언어로 말하자면——형상적 환원을 요청한다.[92] 개별적 현실 세계는 의식과 자연에서 이 환원에 종속되어야 한다. 여기서 현상학적 태도를 향하는 것이 제일 먼저다.

그런데 이 형상적 환원은 개념적 사유에 대한 베르그손적 비판을 믿고 따르는 입장에서 보면, 구체적 실재를 왜곡하는 것이 아닌가? 개별 존재의 세계에 직접적으로 자리를 잡고 우리에게 나타나는 직관은, 형상적 직관이 됨으로써 이 세계의 구체적 양상과의 접촉을 상실하는 것이 아닌가? 이러한 움직이고 변화하는 현실은 불명확한 주변부로 밀려나고, 형상적 직관은 현실을 소멸시키고 가로막는 것으로 고착되지 않는가? 우리는 이념적이고 추상적인 파악의 힘으로서의 지성과 구체에 대한 직접적인 직관과 지각 사이에는 모순이 일어나지 않는다는 점을 보여 주었는데, 이제는 그 반면에 이념적인 것이 항상 고정되고 정의되는 차원, 그리고 직관이 무한하게 적응하고 운동하며 구체성의 굴곡을 받아들이는 데 적용되는 차원에서, 새로운 모순이 나타나지는 않는가?

그런 모순은 절대로 나타나지 않는다. 『논리 연구』에서 후설은 칸

---

91) *Ideen*, §4, p. 12.
92) *Ideen*, p. 4; 또한 *Phil. als. str. Wiss.*, p. 318을 보라.

트적 의미에서의 이념과 플라톤적 의미에서의 이념을 구별한다.[93] 후자는 『이념들 1』에서 '형상'이라고 불린다.[94] '형상'은 개별 대상의 구체적 양상 속에서 검토되는, 우리 가운데 발견되는 개별 대상의 본질이다.[95] 그것은 정밀성이나 기하학적 개념들의 안전한 규정을 갖지 않는다. 오히려 어떤 부정확성이 내재하는데, 과학자들에게 그 부정확성은 인식할 수 없는 것이다. 이러한 비정밀성, 무규정성은 어떤 대상들의 본질 자체에 속한다. "적절한 지각의 지향적 대상에 발견되는 '계기'와 같이 정확하게 포착되는 지각된 나무 자체의 공간적 형태는, 기하학적 형태, 정밀한 기하학의 의미에서의 이념적이거나 정밀한 형태를 취하지 않는다. 색과 같이 보이는 것도 이념적인 색은 아니다."[96] 이렇게 정밀하지 못한 지각의 주어진 것을 정밀하게 표현해 내기 위해서는, 그 구체적이고 생동하는 양상이 상실되어야 한다.[97] 큰, 작은, 볼록한, 오목한, 따뜻한, 차가운, 무거운, 가벼운과 같은 개념에서 이 개념들의 근사치적이고 모호한 본성에 우리의 지각의 구체적 세계를 특징짓는 것이지, 직선이나 원, 온도나 무게라는 기하학적이고 과학적인 정밀 개념이 구체적 세계를 특징짓는 것이 아니다.[98] 그것은 모든 것에 앞서 세계의 본질을 규정하는 이러한 개념들을 통해 존재한다.

---

93) *LU*, II, p. 245.
94) *Ideen*, p. 6.
95) *Ideen*, §73, p. 139.
96) *LU*, II, p. 245.
97) *Ideen*, §75, p. 139.
98) 우리는 후설의 수고에 나온 예를 빌려 와서 반복시켰다. 우리는 이에 대한 책임을 쳐야 한다.

우리가 이미 보여 준 것처럼,[99] 여기서 정밀한 과학적 개념의 세계가 도출된다.

식물학과 동물학은 그 대상들의 본성상 정밀하지 못한 모호한 개념들의 도움을 힘입어 작동하는 경험과학의 예시다.

완전한 기하학과 그것의 완전한 실천적 사용은, 기술적 자연과학을 시행하는 과학자들에게는 어떤 유용성에 불과한 것일 수 있다. 그것은 과학자가 정밀하지 못하고 수학적이지도 않은 우연이라기보다 본질에 의거한 개념이라고 할 수 있는 치아가 있는, 홈이 새겨진, 수정체의, 산형화가 피는 ombellifère 등과 같은 말에서 보듯 단순하게, 이해 가능하게, 적절하게 표현하도록 도움을 줄 수가 없다.[100]

비정밀적인 것, 순수하게 경험적인 개념들에 더하여, 우리는 개별자들의 세계의 본질을 표현하는 선험적, 비정밀적 본질에 대해서 말할 수 있다. "직접적인 이념화 작용을 따라 직관적으로 주어진 것 안에서 파악되는 본질은 비정밀적 본질이다."[101] 그것들은 그 모든 구체성 안에서 직관의 대상을 표현한다.

만일 우리가 사물의 본질적 직관적 성격과 더불어 직관적으로 주어

---

99) 1장을 보라.
100) *Ideen*, §74, p. 138.
101) *LU*, II, p. 245.

진 것들을 충전적 개념들을 통해서 표현하려고 한다면, 이 경우 우리는 그것들을 주어진 것으로 받아들여야만 한다. 그것들은 제대로 정의되지 않은 채로 주어진다.[102]

그러므로 지각의 세계는 형상적 학문의 대상이 된다. 공간, 시간, 색, 소리 등은 그 본질 속에서 탐구될 수 있다. 그런데 이러한 공간에 대한 기술적 학문은 이미 이념화된 공간을 연구하는 기하학이 아니다. 구체적 삶이 나타나는 것으로서의 공간은 기하학적이지 않다. 그것은 형태론적 개념들의 도움을 힘입어 기술된다.[103] 우리는 이 마지막 요점에 대해 단순하게 언급할 뿐이다. 왜냐하면 이것은 현재까지의 후설의 저작에서는 탐구되지 않은 것이기 때문이다.

후설의 본질적 사유는 정밀한 수학적 본질에 대해서 정밀하지 않은 형태론적 본질이 갖는 우위성을 확증하는 것으로 나타난다. 또한 이러한 우위성은 쉽게 해명된다. 왜냐하면 정밀한 본질은 비정밀적인 본질의 이념화에서 비롯되는 것일 뿐이기 때문이다. 빨간색의 다양한 색조(특정 유에 속하는 비정밀적인 본질)는 이념적 빨강의 다양한 정도를 나타내고, 그리하여 그 색조는 대체로 서로 연관된다. 모든 빨간색이 향하고 있는 이념적 빨강은 어떤 방식으로든 빨강의 유가 아니다. 이 빨강의 유와 관련해서 이념적 붉음은 이념적 한계를 지닌다. 유는 이념적인 것에는 절대 다다를 수 없는 것이다. 그것은 후설이 칸트적

---

102) *Ideen*, §74, pp. 138, 139.
103) 이것은 후설이 비정밀적 본질을 기술하는 방식이다.

의미에서의 이념이라고 제시한 다른 모든 형태의 이념성이다.[104] 그런데 이 이념은 우리가 절대 다다르지는 못하지만, 다르게 말해서 하나의 이념을 향해 끝없이 접근해 가는 목표를 향하는 점진적 상승을 나타낼 수 있는 형상이라는 계열에 대한 비유에서 그 기원을 갖는다. 이로부터 이념에 대한 형상의 특정한 우위성이 도출된다.[105]

형태론적 본질, 이념화 작용의 결과 및 그것의 정밀한 본질과의 대립, 이념화의 생산에 대한 구별, 후설로부터 발견되는 이러한 구별은, 이전에 베르그손이 설정한 딜레마를 벗어나게 해준다. 이와 관련해서 직관은 베르그손이 가정한 것처럼 구체적 실재의 의미를 왜곡하는 이념적인 것일 수 있다. 비정밀적 본질은 수학적 본질처럼 필연적 법칙의 정초로서 실재 안에서 움직이고 지속하는 불분명한 모든 것을 변형시킨다. 베르그손이 비판한 본질은 사물이 지닌 그 특유의 불분명한 것에서 사물의 본질을 인식하는 이념화가 아니라 궁극적이고 이념적인 한계에 이르러 사물들에 대해 주어지는 것들을 구체적으로 주어지게 하는 이념화의 결과인 기하학적 이념이다. 다른 과학적 개념들처럼, 기하학적 개념들은 구체에 대한 이러한 이념화의 결과지만 이것이 가능한 유일한 개념들은 아닌 것처럼,[106] 유한한 공리로부터의 연역을 통해 전개되는 수학적 본질이 유일한 형상적 학문인 것도 아

---

104) 이것은 칸트의 이념 개념에 대한 규정을 상기하게 해준다. *Critique de la raison*, B 370~375; *Ideen*, §74, p. 138.

105) *Ideen*, §72, p. 135; §74, pp. 138~139; 이 '이념' 개념에 대한 적용은 *Ideen*, §83, pp. 166~167; §143, pp. 297~298.

106) *Ideen*, §72, p. 133.

니다.[107] 더 나아가 과학적 개념들은 그 기원과 의미를 이 구체적 세계로부터 끌어온다. 우리는 이 이념화된 본질을 이 구체적 세계의 언어로 이해하기 위해 끊임없이 변형시킨다.[108] 따라서 구체적 세계의 비정밀적 양상에 대한 기술을 잠정적이고 불충분한 것으로 바라봐서는 안 된다. 반대로 이러한 기술은 철학적 학문, 원리의 원천으로서의 학문적 인식에서 정초의 역할을 한다. 우리의 삶의 고유한 의미를 존중하기 위해서는, 삶의 모든 비정밀성에서 지각 세계의 존재에게 우위성을 귀속시켜야 한다.[109]

그런데 여기서 우리는 후설이 주지주의에 가까이 다가설 수 있다는 점을 보아야 한다. 존재론적 질서 안에서 심오한 이념에 이른다고 할지라도, 과학의 세계는 지각의 구체적이고 모호한 세계에 후행하며, 오히려 이러한 세계에 의존한다. 그것은 이 구체적 세계, 모든 것에 앞서 지각되는 대상 세계 안에서 오류로 보일 수도 있다. 실재에 마주한 우리의 일차적 태도는 이론적 관조의 태도인가? 세계는 그 존재 자체에 있어서 행위의 중심으로, 마르틴 하이데거의 언어로 말하자면 능동성 내지 염려sollicitude의 장으로 나타나서는 안 되는가?

---

107) *Ideen*, §75, p. 141.
108) 우리는 후설과의 대화와 더불어 이 생각을 빚지고 있다. 하지만 여기에 대한 책임은 오롯이 받아들인다.
109) *Ideen*, §52, p. 98.

7장 | 철학적 직관

현재까지 문제가 된 직관은 후설이 "자연적",[1] 또는 더 일반적으로 "독단적"[2]이라고 부른 태도에서 실행되는 작용이다.

"자연적 태도"에서, 인간은 현존하는 것으로 정립한 세계를 향한다.[3] 자기 자신에 대해 반성할 때, 타자를 지각할 때, 그것은 자신과 타자를 세계의 일부로 검토한다.[4] 또한 존재의 전체성을 포용하는 세계는 '즉자'의 성격과 그 현존에 대한 믿음으로 현전한다. 비록 그것이 명시적이지는 않다[5] ──습성에 속하는 것도 아니다[6]── 고 해도, 그 현존에 대한 믿음은 대상에 대해 가지는 모든 작용에 내속한다. 세계의 현존은 "자연적 태도의 일반 정립"이다.[7]

후설에게 이 태도는 본질적으로 소박한 것이다.[8] 이 소박함이 인

---

1) *Ideen*, §27, p. 48.

2) *Ideen*, §62, p. 119.

3) *Ideen*, §1, p. 7; §27, p. 48; §30, pp. 52~53; §39, p. 71; §50, p. 94.

4) *Ideen*, §27, p. 50; §29, p. 52; §33, p. 58.

5) *Ideen*, §27, p. 49.

6) *Ideen*, §31, p. 53.

7) *Ideen*, §30, pp. 52~53; *Phil. als str. Wiss.*, p. 298.

간의 경험적 본성의 일종의 불완전성과 같은 것은 아니기 때문에, 우리는 이것을 본질적으로 소박한 것이라고 말했으며, 그것은 대상들을 향하는 모든 사유에 내속한다.[9]

이 소박함은 현존에서의 어떤 의미, '주어진 것의 사실'Gegebenheit을 요구하지 않는, 어떤 현존하는 것이면서 주어진 것으로서의 대상을 수용하는 것으로 나타난다. 확실히 우리가 앞서 존재의 본질적 구조, 그 가능성의 조건을 연구했던 부분에서 말한 '영역 존재론'은 존재에서의 하나의 척도를 벗어나 있다. "이 사실이 의미하는 것은 대상성이 있다는 것이다……"Was das besage, dass Gegenständlichkeit sei…….[10] 영역 존재론은 대상들, 본질들을 존재하는 것으로 정립한다.[11] 영역 존재론은 의식과 이 대상들과의 관계, 삶 속에서의 그 위상과 역할을 무시함으로써 이 본질만을 지시할 뿐이다.[12] 이것이 바로 우리가 존재론들을 형성할 때, 그 말의 정확한 의미에서 자연적 태도에 속하는 것은 아니지만 여전히 더 일반적 개념인 독단적 태도에 있게 되는 이유다.[13] 대상들의 본질과 현존의 가능성과 관계하는 물음들은 제쳐 두고, 대상들의 현존의 의미, 그것이 존재한다는 사실 자체의 의미에 대한 또 다른 물음을 우리는 제기할 수 있다.

---

8) 소박하고, 독단적인, 그리고 철학적 학문들 간의 구별에 관해서는 *Ideen*, §26, pp. 46~47을 보라.

9) *Phil. als str. Wiss.*, p. 299; *Ideen*, §62, p. 118; §79, pp. 156~157.

10) *Phil. als str. Wiss.*, p. 301.

11) *Ideen*, §61, p. 117.

12) *Ideen*, §94, pp. 196n; 또한 §134, p. 278; §147, p. 306; §150, p. 313을 보라.

13) *Ideen*, §62, p. 119.

이 소박성은 본질적으로 우리가 자연적 토대에서 발견한 무지에 의존한다——또한 여기에는 다른 양상도 존재한다. 이 자연적 태도는 그 대상들이 지각의 대상이건 과학적 활동의 대상이건, 자연적 태도의 의미에 부여한 삶의 메커니즘과 관련한다. 대상들을 향하는 시선은 방향 전환 없이는 인식 자체의 구조를 해명할 수 없고, 삶 속에 대상을 정위할 수도 없다.[14] 이 삶이 대상들에 '의미를 부여하고', 이를 통해 우리는 그것이 이러저러한 대상을 향할 때 삶의 참된 지향을 의식화한다. 단 우리는 각각의 작용을 통해서 '의식이 도달하는 바'를 명시적으로 인식하지는 못한다.[15] 의식이 열망하는[16] 이 대상의 의미는, 어떤 방식으로건, 그 고유한 의미화를 통해서 사태들을 향한 시선에서는 보여질 수 없다. 그것은 삶의 참된 지향을 숨기는 것에 지나지 않는다. 이것이 바로 우리가 직관적으로 주어진 대상들에 대해서, 그 모든 대상들의 다의성과 모호성이 부과된 순전하게 의미화된 대상(직관에 대립하는 의미화)을 받아들이게 되는 이유다.[17] 우리가 인식하는 것, 말하는 것의 의미 자체가 제거되는 것처럼 보이는 모든 난점과 모순으로 나아가 보자. 그것은 학문의 위기와 역설의 근원에 존재한다.

---

14) *LU*, II, p. 3.

15) 우리는 후설의 최종 간행물인 다음 글을 활용할 수가 없다. "Formale und transzendentale Logik : Versuch einer Kritik der logischen Vernunft", 『연감』, X(1929). 왜냐하면 이것은 작품이 완성된 후 간행되었기 때문이다. 하지만 일반적인 도입부를 읽으면서 우리는 후설이 인식론의 문제를 검토하는 방식과 우리가 여기서 제안한 문제를 검토하는 방식 사이에서 일치를 이루는 것처럼 보인다.

16) "Formale und transzendentale Logik"는 유비적 표현을 사용한다. "학문과 논리는 ……"(p. 8).

17) *LU*, II, p. 9; *Ideen*, §26, p. 47.

이러한 측면에서 자연적 태도의 소박성을 치유하기 위한 관점은 하나의 인식론을 부과한다.[18] 소박한 태도에서 형성된 것으로서의 인지적 삶을 살아가는 대신에, 우리는 대상을 향하는 것처럼 삶을 향한다.[19] 그렇다면 '체험된 삶의 의미란 어떤 것인가?'라고 물어보자.[20] 그러한 경험에서 작용하게 되는 지향은 어떤 것인가? 그 구조는 무엇인가? 그것들은 어떻게 연관되는가? 우리는 삶의 참된 지향의 의식을 포착해야 한다. 이러한 것들이 바로 후설이 논리적 인식론을 제시함으로써 『논리 연구』에서 정립한 문제들이다. 그는 다음과 같이 시도하자고 말한다. "이 논리적 명제에 관한 철학을 명확하게 하고, 다르게 말해서 이런 유의 명제에서 …… 현실화되는 작용으로 들어가는 인식 방식에 대한 본질 직관을 얻기를 추구한다. 다시 말해 그것들과 더불어 본질적으로 구성되는 것으로서의 의미의 직관[21] 및 객관적 가치들의 직관을 얻기를 추구한다."[22]

그런데 이 이론으로부터 논리학자의 사유의 실질적 지향이 포착될 뿐만이 아니라 의식의 직관적 삶 속에서 배타적으로 탐구를 하게 되며, 자연적 태도의 소박성으로 인해 도입된 것들을 제거함으로써 나타나는 논리적 개념의 수정이라는 결과가 뒤따른다.[23] "우리는 '단

---

18) *LU*, II, p. 22.
19) *LU*, II, p. 9.
20) *Ideen*, §25, p. 45; §26, p. 47.
21) 의미를 부여하는 작용─*Sinngebungen*.
22) *LU*, II, p. 2; 또한 pp. 6f를 보라.
23) *LU*, II, pp. 6, 16~17.

순한 말들', 예를 들어 말들에 대한 단순한 상징적 이해와 관련한 내용으로 지면을 채우고 싶지는 않다. …… 의미들은 막연한, 혼잡한, 비충전적이거나 무익한 직관을 통해서는 생기를 얻지 못한다. 우리는 사태 그 자체로 돌아가야 한다."[24]

그런데 우리는 후설의 철학에서 인식론의 위상과 기능의 문제를 더 분명하게 제기해야 하며, 그의 태도에서 근원적인 부분을 이해하려고 해야 한다. 우리는 인식론으로 위장한 채로 후설이 본질적으로 존재론적인 관심을 추구한다는 점을 발견할 수 있다. 다만 이 문제는 결론부에서 다루기 위해 보류해 둘 것이다. 『논리 연구』, 『이념들 1』은 인식론을 명시적으로 제시하고 있으며, 다만 시간의 정신을 무의식적 대가로 지불함으로써, 후설은 이것을 핵심적 관심사로 전환시킨다.[25]

이 인식의 문제는 『논리 연구』 둘째 권의 시작에서[26] 다음과 같이 그 문제의 전통적 지위와 뒤섞이는 것처럼 보이는 형식 아래 제시된다. "대상 그 자체가 인식에 있어서 표상되고 또한 이와 동시에 파악되는, 요컨대 결과적으로 주관적 차원이 된다는 점을 어떻게 이해할 것인가?"[27] 게다가 다른 구절을 보면,[28] 후설은 인식론의 모든 난점의 기원을 인식 대상이 요구하는 "인식 자체와 관련하는 초월"에서 찾는다.[29] 우리는 이 문제를 로체와 헤르바르트를 불안하게 만들었던, 주

---

24) *LU*, II, p. 6.

25) *LU*, II, p. 8; *Ideen*, §26, p. 47; §62, p. 118.

26) *LU*, II, p. 8.

27) *Phil. als. str. Wiss.*, p. 317.

28) *Ideen*, §26, p. 47.

관적 표상의 객관적 가치 문제로 이해해야 하는가? 아니면 사유 법칙과 사물의 실질적 경로가 엄밀한 대응을 현시해 내는 방식에 대한 이해의 물음인가?

그런데 『논리 연구』 1권에서 후설은 "외견상 심오한 문제인 논리적 사유의 주관적 경로와 외부 실재의 실재적 경로 간의 조화의 문제"를 말함에 있어, 이 문제의 인위적 성격을 확증한다.[30] 이러한 언급은 우리에게 자연스럽게 나타난다. 만일 의식이 본질적으로 지향성이고 '존재 앞에 있는 현전'이지 존재의 반영이 아니라면, 사유의 경로와 사물의 경로 간의 대응을 어떻게 말해야 하는가? 로체와 헤르바르트의 문제는 주체성이 그 특유의 표상, 존재의 상 내지 상징에 경계를 설정하는 폐쇄된 세계라는 것을 전제한다는 점이다. 이러한 조건에서 사유를 지배하는 논리학은 존재에 대응하는 표상들을 따라야 하는 '도덕 법칙', 사유의 적법화일 뿐이다. 그런데 특유의 법칙의 지배를 받는 사유가 외부 실재에 대응할 수 있다는 것을 문제시하는 것은 자연스러운 일이다. 후설은 사유의 도덕으로 이해되는 논리학 개념과 이 잘못된 문제 사이를 결합하는 긴밀한 연결 그 자체를 지적한다.[31] 그런데 우리는 후설의 의식 이론을 따라서 표상, 정신적 대상, 실재적 대상에 관한 대략적인 상이나 상징을 지향하지 않는다. 우리는 직접적으로 존재에 방향을 설정한다.[32] 사유를 지배하는 논리학은 자율적인 적

---

29) Lotze, *Logik : Drei Bücher vom Denken, vom Untersuchen und vom Erkennen*, pp. 536f를 보라.

30) *LU*, I, p. 219.

31) *LU*, I, p. 219.

법화의 방식에서 그것을 지배하는 것이 아니라, 논리학 자체가 존재의 형식 자체이기 때문에 사유를 지배하는 것이다.

'대상성 그 자체가 표상되며 …… 결과적으로 그것은 주관적인 차원이 되고 만다는 점을 어떻게 이해해야 하는가?'라는 물음은 우리가 일상적인 사유 습성에 순응함으로써, 그런 방식으로 끌려가게 될 수 있다는 것을 의미할 수 없다. 대상에 이르고 대상을 모방하는 주체라는 이념은 무엇보다도 불합리한 것으로 제시된다.

이 물음——사유가 어떻게 자기 자신을 초월하는가?——은 유사-문제로만 표현된다. 그런데 이 사유의 초월의 의미가 완전히 분명하게 도출될 수 있는가?[33] 의식의 지향성은 대상을 향하는 투명한 빛, '텅 빈 시선'regard vide이 아니다. 의식과 관련하는 대상의 초월은 '지향들'의 풍요롭고 '다채로운' 총체를 통해 구성된다. 우리가 자연적 태도의 소박함에 대해 말했던 것에 어울리게끔 이 초월의 의미를 명확하게 하는 것은, 이 사유의 '지향'을 이해하고, 초월적 대상을 구성하는——각 지향들 사이에 특이하고 근원적인——방식을 되찾기 위함이다. 초월을 이해한다는 것은, 구성하는 작용들의 지향을 분석하는 것이다. 그것은 의식이 자신을 초월하는 것으로 향해 나아가는 일을 보는 것이다. 또한 이는 "노에마의 존재 세계, 그것이 발견해야만 하는, 또한 체험 안에서 의식되어야만 하는 방식"을 이해하는 작업이다.[34] 의식

---

32) *Ideen*, §43, pp. 78~80.
33) *Ideen*, §27, p. 48; §87, p. 180; §96, p. 200; §102, p. 213.
34) *Ideen*, §96, p. 200.

의 내재적 의미화는 체계적으로 연구되어야 한다. 또한 이 연구, 구성의 문제에 대한 연구가 가능하다. 그 가능성은 "현상들의 지배를 받는 계열……"[35]이 필연적으로 직관적으로 지각될 수 있고, 이론적으로 인식될 수 있는 것으로 나타나는 대상의 특이성에 속한다는 것을 의미한다.[36]

따라서 이것은 다양한 인식의 문제가 초래되는, 의식을 통한 대상의 구성의 문제다. 이는 감각적으로 주어진 것들(질료들)이 지향을 통해 활성화되는 방식을 탐구한다는 목적을 위한 것이다. 다시 말해 그것은 이 지향들이 한 대상, 한 동일한 것을 구성하기 위해 결합되는 방식, 대상이 작용을 통해 구성되어 그 대상이 현존하는 것으로 주어질 때 대상에 이르는 의식의 요구가 정당화되는 것을 발견될 때의 작용들,[37] 또한 역으로 순수한 나타남으로 주어지는 어떤 작용들을 특징짓고 연결하는 방식에 관한 문제다.[38] 한 예로 공간적 사물이 새로운 양상 아래서 동일한 사물을 지각하는 일련의 작용들과 관련할 때, 이러한 작용들은 이성의 동기의 힘을 어떻게 연속적으로 확증하고 증대시키는가?[39] 혹은 반대로 어떻게 이러한 작용들은 환상 내지 환각으로 습득된 것을 변형시킴으로써 약화되는가? 이러한 좌절[40]이 경험

---

35) 이러한 것들이 내적 현상이다.

36) *Ideen*, §150, p. 315; §135, p. 280; §142, p. 296을 보라.

37) *Ideen*, §129, p. 268; §135, p. 281.

38) *Ideen*, §86, pp. 176~177; §145, pp. 301~302.

39) *Ideen*, §138, p. 288.

40) 앞의 142쪽을 보라.

등의 과정에서 새겨지는 '말소'Durchstreichungen라는 것의 의미의 변형 이란 대체 무엇인가?[41] 이러한 문제의 해결은 '이성', '나타남', '현존' 이라는 개념 및 인식의 다른 근본 개념에 그 의미를 부여한다. 지향성 의 분석은 지향성 안에 현존, 나타남, 진리 등의 사유가 존재할 때, 인 식의 고유한 의미를 발견하게 해준다.[42] 우리가 본서 5장에서 재현한 직관 작용에 대한 기술은 의식이 대상을 향할 뿐만 아니라 존재하는 것으로 그것을 정립하는 이 특권적 사례에서 의식의 내재적 구조를 규정하려고 하는 이성에 대한 현상학적 분석의 개요를 정확하게 보 여 준다. 현상학에 있어서 이성과 실재의 문제는 이와 다른 형식 아래 서는 정립될 수가 없다. 이성의 문제는 5장에서의 물음의 정립 자체에 함축된 다음과 같은 물음으로 귀착된다. "어떤 한순간 …… 노에마에 서 지향되는 X(대상 축)의 동일성은 '내실적 동일성'이지 '단적으로 지 향된 동일성'이 아닌데, '단적으로 지향된' 존재라는 이 사실은 무엇을 의미하는 것일까?"[43] 이러한 물음은 대응되는 인식 방식인 노에시스- 노에마에 관한 기술을 통해 해결되어야 한다. 우리는 일반적인 방식 으로 이 물음을 다룬다. 그런데 이성의 문제, 또는 '입증하는 경험'의 문제는 대상들을 따라 상이해지는 그 모든 형식들 안에서 연구되어야 한다. '입증하는 경험'은 그것의 모든 국면에서, 그것의 모든 복잡한 구조에서 분석된 것이어야 한다.[44]

---

41) *Ideen*, §138, p. 287; §151, pp. 317~18; *Phil. als. sttr. Wiss.*, pp. 299~300.
42) *LU*, II, pp. 8~9, 15~16. "Sur les *Ideen* de M. E. Husserl", *Revue philosophique*, CVII(Mars-Avril 1923), pp. 253, 258을 보라.
43) *Ideen*, §135, p. 281; §153, p. 321 그 외 여러 곳.

구성은 영역들을 따라 상이해진다. 우리는 대상들의 직관이 범주적 직관 및 형상적 직관과 상이하다는 점을 드러낸다. 그런데 개별 대상들의 영역에서, 직관은 더 이상 일치를 이루지 않는다. 감정이입L'Ein fühlung──타자의 의식의 삶을 드러내는 작용──은 감성적 직관 및 경험과는 다른 직관 형태다. 일례로 동물적 현실을 드러내는 경험은 사회적 현상을 인식하는 것과는 다르다. 각 대상 영역은 특별한 '영역 존재론', 인식의 대상 존재의 특별한 양상, 다시 말해 특별한 구성을 갖는다.[45] 각 영역의 이념은 의식 안에서 구성의 특정한 방식을 발견하기 위한 '길잡이'fil conducteur다.[46] "영역적 유를 통해 규정된 한 대상은, 그것이 실재인 한, 일반적으로 지각되는, 표상되는, 사고되는, 정당화되는 존재의 선험적으로 규정된 존재 방식을 갖는다."[47] 구성은 상이하지만, 대상들의 영역들을 따라서만이 아니라 영역의 구성 요소들을 따라서 엄밀하게 규정된다.[48] "영역의 이념은 전체적으로 한정된 현상들의 계열을 규정한다. …… 이러한 현상들은 본질적으로 …… 영역적 이념을 구성하는 …… 부분적 이념들에 의존한다."[49] 물질적 사물의 경우, 이를테면 이 영역의 구성 요소인 공간은 엄밀하게 나타남의 방식을 규정하게 된다.

---

44) *Ideen*, §138, p. 288; §152, pp. 318~319; §153, p. 322.

45) *Ideen*, §152, p. 318.

46) *Ideen*, §§149, 150, pp. 309~316; §153, pp. 322~323.

47) *Ideen*, §149, p. 309; 또한 §79, p. 157; §138, p. 288; §142, pp. 296~297를 보라.

48) *Ideen*, §98, p. 205.

49) *Ideen*, §150, pp. 314~315.

공간적 실재와 같은 실재는 …… 주어지는 현상을 통해서만 지각될 수 있고 언제나 변화하는 다양한 규정 방식만을 가지는 관점들과 방향 안에서 필연적으로 주어져야만 하는 것으로 자신을 보여 준다. 이것은 우리 인간에게만이 아니라 절대적 인식의 이상적 상징인 신에게도 참되다.[50]

물질성과 시간성의 이념은 의식의 대응하는 방식을 성립시키기 위한 실마리 역할을 한다.[51] 이러한 '구성의 문제'는 모든 현상학적 탐구의 목적을 형성하며, 그러한 탐구는 또한 구성적 기능의 관점에서, 의식을 검토하는 현상학에서 독특한 준비 작업의 역할을 한다.[52]

마침내 '구성의' 문제들이 각 대상 영역에 대해 정립되며, 후설의 철학에서 물질적 사물의 영역은 특권화된 위상을 차지한다.[53] 이를 통해서 우리가 앞서 말한 바 있는 후설의 주지주의가 다시 한 번 확증된다. 실재와 마주하는 일차적이고 근본적인 태도는 순수한 관조, '단적인 사물'로서의 사물을 직시하는 관조에 국한된 태도다. 가치의 서술, 유용한 것으로서의 유용한 사물의 성격은 후행적인 것일 따름이다. 이론의 세계가 일차적이다.

인식론은 또한 구성의 문제로 환원되며, 그것은 물음을 정립하는 습관적 방식에 준거해서 생산된다. 문제는 더 이상 주체와 의식의 관

---

50) *Ideen*, §150, p. 315; 또한 §41, pp. 74~75; §44, p. 80; §47, p. 90.
51) *Ideen*, §150, p. 316.
52) *Ideen*, §86, pp. 178~179.
53) *Ideen*, §152, p. 319; 또한 §119, p. 247을 보라.

계의 가능성을 설명하는, 또는 이 관계의 의미만을 해명하고자 하는 것이 아니다. 우리가 전제하지만 해명하지는 않는 '대상성', '초월', '존재' 등의 개념들은 후설의 인식론에서 탐구의 원리적 대상이 된다.[54]

이러한 준거점은, 다만 지향성 ──진리 현상에서의 참된 정초와 인식의 본질 ──의 발견을 가능하게 한다.

이것이 반성의 도움을 힘입어 이루어진 지향성의 이념, 인식론 그 자체다. 만일 반성이 인식의 도움 아래 순수하게 내적인 요소와 마주한다면, 그것은 '인식과 인식 대상과의 관계'를 우리에게 이해시킬 수 없다. 지향성 없는 의식에서, 반성은 빗겨 나간 대상을 절대 발견하지 못한다. 반대로, 만일 우리가 지향성에 천착한다면, 그것은 그 자체로 반성의 대상이 된다. 반성 아래 들어간 의식의 '사건'은 대상과의 관계다.[55] 우리는 사물의 세계로부터 우리에게로 방향을 돌리고, 지향성은 의식 안에서, 노에마의 형식 아래 새로운 것을 발견하게 해준다.[56] 지각은 상관성이 없이는 '지각된 것으로서의 지각된 것'을 검토할 수가 없다. 욕망은 '욕망된 대상' 등이 없이는 절대 존재하지 않는다. 모든 코기토는 사유 대상cogitatum과의 상관성 안에서 포착되어야만 하며, 달리 포착될 수는 없다.[57]

---

54) *LU*, II, p. 21; *Ideen*, §86, p. 176; §135, pp. 280; §147, p. 306; *Phil. als str. Wiss.*, p. 301.

55) *Ideen*, §36, p. 64.

56) *Ideen*, p. 1; §76, p. 142; §135, pp. 278~279; §145, pp. 302~303; *Phil. als str. Wiss.*, p. 301.

57) *Ideen*, §97, p. 202; §128, p. 265; 또 특별히 §97, pp. 204~205.

반성에서의 이 의식에 대한 연구를 후설은 현상학이라고 부른다.[58] 그것은 환원되지 않으며 삶과 삶의 모든 변형의 특성을 존중하기 위해 검토하는, 의식에 대한 순수하게 기술적인 연구étude purement descriptive다.

요컨대, 인식론은 후설에게 현상학이 되며, 인지적 삶 그 자체의 '의식화'prise de conscience; Selbstbesinnung의 형식 아래 제시된다.

그것은 그 순수한 유적 본질 안에서, 그것들이 본질적으로 가지는 특성들과 형식들, 대상적 관계들과 연관되는 내재하는 구조, '타당성', '정당화', '직접적'이고 '간접적인 명증' 및 그러한 구조들에 적용된 반대 항들의 의미, 가능한 인식 대상들의 다양한 영역들과 관련하는 그러한 이념들의 평행적 특성들에 대한 사유와 인식 자체의 자명한 이해에서 도래하는 것을 사유하는 것에 다름 아니다.[59]

이러한 것들이 현상에 적용되는 다양한 문제들이다. 후설은 이 현상학을 특별히 이 문제들의 초월적 의미 때문에 '초월적'이라고 부른다.[60]

---

58) 현상학은 현상의 학문을 의미한다. 현상은 여기서 문제시되는 사태 그 자체와 대립되는 것이 아니다. 다만 현상은 의식에 나타나는 어떤 것, 직관의 대상이 되는 어떤 것이다(LU, III, p. 235). 체험은, 외부 세계와 마찬가지로, 직관의 대상일 수 있으며, 이를 통해 체험이 나타나는 것으로 검토될 현상학적 연구가 제공된다. 좁은 의미에서, 현상학은 후설에게 의식의 현상학을 의미한다. 순수 현상학에 관해서는 계속되는 논의를 보라.

59) LU, II, p. 19.

60) Ideen, §86, p. 178; 또한 §97, p. 204를 보라.

대상들의 영역들에 의거하는 다양한 구성의 이념은, 우리에게 학문의 방법론에 대한 관심을 가지게 하는 결과를 선사한다. 따라서 현대 학문이 운명을 강조하는 견해는 여기서 그 정초를 발견한다. (사회학 특유의 대상과 방법을 부여하기 위한 뒤르켐의 노력은 이러한 생각에서 그 영감을 부여받은 것이 아닐까?) 정초는 의식에 현전하는 방식 자체에서, 또는 상이한 '영역들'에서 초래되는 학문들의 —방법만이 아니라 문제까지도— 다양성을 정당화하는 대상들의 범주에서 비롯된다. 만일 자연주의가 실재의 모든 영역을 자연의 형태로 환원하고 그 내밀한 의미마저 왜곡한다면, 자연주의는 바로 이러한 진실을 오해하고 있다.

　　그런데 구성의 문제는 여전히 다른 의미를 가지며 인식론을 넘어서는 문제를 초래한다. 적어도 우리의 입장에서는 그러하다. 또한 우리는 후설 자신이 이 문제의 결과 및 하이데거의 탈후설적 posthusserlienne 철학에서 나타나는 결과를 상당한 정도로 의식하고 있었다고 믿는다.[61] 후설의 현상학은 학문의 방법을 해명하고 학문의 확실성을 보증하기를 추구하는 인식론의 목적과 문제로 가득 차 있다.

　　실제로 존재 구성이 무엇인지 깨닫게 하기 위해서, 주체의 삶을 향한 반성에는 무엇이 현전하는가? 의식의 작용에서의 반성에 있어, 자연적 태도의 대상은 이러한 작용과 분리할 수 없는 상관성으로서의 노에마의 형식 아래 다시 발견된다. 반성, 지향적 대상을 통해 검토된 것이 사유가 작용하는 데서 정확하게 주어진다. 욕망된 대상은 '욕망

---

61) 우리의 「서론」, 22쪽을 보라.

으로서의' 대상인 자신을 드러내고, '의욕된 것으로서의' 의욕된 대상을, '상상된 것으로서의' 상상된 대상을, 또한 삶의 작용과의 관계 안에서 욕망의 대상, 의지의 대상, 상상력의 대상을 드러낸다.[62] 삶에 주어진 대상의 존재 방식을 기술하는 대상의 이러한 특징은, 그 삶에 대한 반성 안에서만 자신을 드러내고 자연적 태도를 회피하는 새로운 차원을 대상에 첨가한다.[63] 인식은 또한 대상의 대상성 자체와 관련해서 정립된다. 자연적 태도가 관심을 두는 대상의 속성과 더불어, 다른 한편으로 우리는 반성적 태도 안에서의 '방식', 대상이 주어지는 방식, 대상 존재가 존재하는 바를 탐구한다.[64] 또한 존재는 우리의 인지적, 의지적, 그리고 정서적 삶의 다양한 대상과 혼동되기 때문에, 대상의 대상성에 대한 연구는 존재 자체의 현존을 해명하는 일로 환원된다.

우리가 의식에서의 노에마의 형식 아래서 존재 그 자체를 발견하는 순간부터, 우리는 인식론에서 묻는 것으로서의 다음과 같은 물음을 더는 묻지 않게 된다. 인식론에서 했던 물음들이란, 어떤 수단들을 통해, 그리고 어떤 인지적 삶의 사건들을 따라 대상 인식에 이르는가, 또는 우리가 인식하는 대상이 존재하는가 하는 것이다. 우리의 문제

---

62) *Ideen*, §88, pp. 182~83; §95, pp. 198~199.
63) *Ideen*, §150, pp. 313~314; §145, p. 307. 후설이 노에마적 성격은 "반성을 통해서는 규정되지 않는다"(*Ideen*, §108, p. 220)는 사실에 대해 주장할 때, 그는 단지 우리가 지향성의 노에마적 차원을 봄으로써 그 성격들을 파악하는 것이지 노에시스에서의 반성을 통해 발견되는 노에마의 성격에 귀속시킴으로써 파악하는 것이 아니라는 점을 의미한다.
64) *Ideen*, §76, p. 142; §88, p. 183; §93, p. 193; 또한 특별히 §97, pp. 204~205; *Phil. als str. Wiss.*, p. 301.

는 존재가 관련하는 특별한 각각의 경우에서의 존재 자체의 의미다.

우리는 더 나아가 상이한 영역들의 대상들의 대상성의 여러 방식들에 대해 말한다. 우리는 지금 이러한 이념을 더 깊이 파고든다. 다양한 영역들의 대상들은 존재하는 특별한 방식을 갖는다. 현존은 모든 종류의 존재에 무차별적으로 적용되는 공허한 용어가 아니며, 본질은 대상들에 대한 식별의 원리가 아니다. 우리는 대상의 존재에 개입해야 한다. 이것이 바로 이 결론을 선취한 우리의 작업의 시작점에서부터, 특정한 현존의 이념인 자연주의의 원리 자체를 보여 주기 위해 검토한 이유다.

또한 구성의 문제와 관련해서 존재의 문제가 정립된다. 대상의 구성을 분석하는 것은 대상을 향하는 삶의 지향과 그 지향이 대상에게 제공하는 의미를 추적하는 것이다. 현존은 의식이 그 대상을 마주하는 방식, 그리고 의식의 구체적 삶 속에서 대상들을 통해 작용하는 역할에 불과하다. 왜냐하면 그것은 존재의 원천 자체를 발견하는 삶 속에 존재하기 때문이다. 또한 '표상된 것으로 표상된', '욕망된 것으로 욕망된' '노에마' —그 의미를 이끌어 내는 노에시스로부터 분리될 수 없는 노에마[65] — 는 대상의 고유한 의미에 일치하는, 구체적 삶 속에서 그러한 대상의 범주를 통해 작용되는 바를 보여지게 한다. 대상 구성의 노에시스-노에마에 대한 기술은 현상학의 거대한 과제다. 따라서 그것은 단순한 인식론과는 별개로, 모든 제일 질서에 관한 존재론적 관심을 나타낸다. 인식론과 인식 비판은 사실상 이 기초 존재

---

65) *Ideen*, §93, p. 193.

론ontologie fondamentale의 적용과 그 따름정리에 불과하다.

한편으로 구성의 문제의 현상학은 인식론을 벗어나긴 하지만, 적어도 후설의 철학 문헌에 입각해서 보면, 그가 이 측면을 명시적으로 넘어서지는 못한다.

실제로 인식론은, 우리가 그것을 인지적 삶의 분석으로 이해한다면, 삶 전반을 철저히 고찰하는 것이 아니다.

우리는 『논리 연구』가 이론적 삶에 부여한 특권화된 위상을 길게 보여 주었다. 『논리 연구』에서 후설은 의지 등에 대해서, 그것들의 형식 아래서 그것들에게 더 큰 가치를 부여하는 작용이 원리상 표상에 있다고 본다. 『논리 연구』에서 성립된 이러한 이론의 우월성은 후설에게서 절대 부인되지 않는다. 그런데 이러한 관점에서, 『이념들 1』은 한 가지 진전을 나타내고 있다. 그것은 거기서 후설은 비-이론적 작용이, 새롭고 환원 불가능한 하나의 존재론적 구조를 갖는 대상들을 동등하게 구성해 낸다는 점을 확증한다. 아울러 이러한 작용은 판단 작용 및 표상 작용과 마찬가지로 '객관화하는'objectivants 작용이다. 우리는 지향성을 설명하는 우리의 작업의 초반부에서 이미 이 결론을 견지했다. 또한 우리는 세부적인 해명을 위해 본 장을 할애한다. 우리는 이 논지를 현상학이 어떻게 인식론 너머au-delà d'une théorie de la connaissance로 이항되고 풍요로워지는지를 드러내기 위해 재차 거론하는 바이다.

모든 작용 일반, 또한 정서의 작용과 의지의 작용까지도 '객관화하는' 작용이며, 그것이 상이한 존재의 영역들과 또 이것들에 속한 존재론들의 필연적 원천들을 구성하고 있다. 이를테면 가치평가의 작용l'acte de valorisation은 가치론적 대상성을 구성하는데, 이 대상성Gegenständlichkeit은 단적인 사물의 세계와는 구별되며 또 다른 존재의 영역에 속한다.[66]

그런데 이러한 작용들이 존재 안에 도입하는 새로운 특징은 새로운 속성이나 새로운 서술이 아니라 대상을 현존의 차원 자체에 둔다는 점이다. 그것은 전적으로 새로운 '의미의 차원'에 속한다.[67] [그러나] 이와 더불어 "단순한 사태인 사태의 어떤 새로운 규정, 단지 사태의 가치들 …… 미와 추, 선과 악, 예술작품, 기계, 책, 행위die Handlung, 작업die Tat 등"이 구성되는 것은 아니다.[68]

여기서 '가치론적이고 실천적인 진리'라는 것이 이론적 진리의 측면에서 가능하다는 사실이 도출된다.[69] 후설의 진리 개념은 이 점을 쉽게 이해할 수 있게 돕는다. 왜냐하면 진리는 본질적으로 판단 안에서 발견될 뿐만 아니라 직관적 지향성 안에서, 진리로 간주되기 위한 적법한 권리를 갖는 유용하고 실천적인 가치의 세계와의 접촉으로 발견되기 때문이다. 우리는 이 경우 우리가 본서 4, 5장에서 정립한 것으로서, 이론적 관조의 작용으로 여겨지지 않는 특정한 직관과 마주한

---

66) *Ideen*, §117, p. 244.
67) *Ideen*, §116, p. 239.
68) *Ideen*, §116, pp. 239~240; 또한 §95, p. 198; §117, p. 241; §121, p. 250; 특별히 §152, p. 319.
69) *Ideen*, §136, p. 290; §147, pp. 305f.

다. 가치의 세계와의 접촉이 곧장 이론적 인식을 의미하는 것은 아니다.[70] 가치의 현존, 그것이 삶에 현전하는 방식은 이론적으로 표상되는 존재의 존재론적 구조가 아니다.

의식 일반의 현상학은 또한 인식의 현상학일 뿐만 아니라, 이러한 존재하기 위한 방식을 해명한다는 목적에 있어, 삶 속에서의 대상의 원천들을 드러냄으로써 의식에서의 대상 구성에 관한 연구를 추구한다.[71]

분명 삶 속에서의 이러한 대상들의 구성은 이론적 대상의 구성과는 이질적이며 —이론적 대상은 토대의 역할을 해야만 한다[72]— 또한 이를 통해서 『이념들 1』은 『논리 연구』의 확증과 결합된다. 우리는 앞서 사실상 이 이론의 우위성을 표현하고, 물질적 사물의 현상학을 움직이는 그 특권화된 역할을 언급했다.

그런데 존재의 구성에서 이론적 의식의 우위성은 후설에게서 여전히 더욱 심오한 것이다. 현존의 의미(또는 후설의 언어로 말하자면 대상성의 의미)가 대상들의 다양한 범주를 따라 다양해진다고 하더라도, 그 각각이 삶 속에서 다양한 방식으로 구성된다고 하더라도, 이 여러 대상들을 현존하는 것으로 정립하는 작용은 언제나 후설이 억견적 정립thèse doxique이라고 부른 정립, 이론적 질서의 정립을 포괄한다. "정립하는 작용ein positionaler Akt sezt이 정립을 하지만, 이러한 정립의 성질이

---

70) *Ideen*, §37, p. 66을 보라.
71) *Ideen*, §108, p. 221.
72) *Ideen*, §95, pp. 197~198; §102, pp. 213f; §116, p. 239; §119, p. 247.

어떤 것이건, 그 작용도 역시 억견적이다."[73] 또한 후설에게 이 억견적 정립은, 현존하는 것으로서의 대상을 사유하는 지향성의 요소다. 정립하는 작용은 이 작용의 대상들—가치, 미학적 대상, 도구적 대상 등—이 존재하는 의식의 모든 작용을 포괄하는 억견적 정립에 기인한다. 따라서 이러한 후설의 확증은, 그에게 현존이라는 개념이 이론이라는 개념, 인식이라는 개념과 긴밀하게 연결되어 있는 것에 지나지 않는다는 점을 보여 준다. 또한 이것은 그의 교설의 이런 모든 요소들에도 불구하고, 우리를 관조하는 의식과 마주하는 현전présence이라는 것보다 더 풍요로운 현존l'existence 개념으로 나아가게 해준다. 우리는 이 점을 강조하기 위해, 후설의 문헌을 넘어서는 검토를 할 것이다. 그런데 후설의 철학에서, 현존 개념은 우리가 대상을 현존하는 것으로 접근하는 가운데, 이론적으로 인식하는 차원에서 존재한다. 의식의 정립을 포괄하는 억견적 정립의 역할은 어떤 점에서 후설의 현상학이 인식론을 벗어나지 못한다는 점을 강조하게 만든다. 이러한 제한은 모든 인식 작용이 '객관화하는 작용' 및 존재를 구성하는 것이라는 점에 근거해서 그 확증의 범위와 관심을 축소시킨다. 우리는 이 시점에서 후설이 그랬던 것처럼, 다른 형식의 과정 없이 전통적 인간학과 심리학을 통해 전승된 분류법을 따라 이론적, 실천적, 그리고 정서적 삶을 병합하려는 독단론에 주목한다. 일반적인 형태에서, 이것은 후설이 상세화한 구체적인 현상학적 분석인 인식의 현상학에 거의 배타적으로 연관되어 있다.

---

73) *Ideen*, §117, p. 243; 또한 §134, pp. 277f; §117, p. 241; §121, p. 251을 보라.

우리가 앞서 할애한 일반적 검토는 의식에 관한 연구와 그 연구에서 나타나는 문제의 존재론적 위엄에 대한 후설의 태도에서 나타나는 상당한 철학적 관심을 보여 준다. 이러한 태도로부터 우리는 철학적 직관을 자신의 최고의 권위로 삼는 반성을 통해 작용하는 그 이례적 역할에 주목할 수 있다.

철학적 직관은 이제 후설이 현상학에 도입한 '현상학적 환원'이라는 작용에 치우치지 않는 가운데, 더 직접적으로 그 특징이 말해져야 한다. 의심의 여지없이, 철학적 직관은 '현상학적으로 환원된' 의식의 반성과 일치한다. 하지만 우리는 체계의 총체의 기능으로서의 이 작용의 의미를 이해하기 위해 이 최종 지점을 차후에 다뤄질 것으로 남겨 둔다.

"현상학적 방법은 배타적으로 반성의 작용 안에서만 움직인다."[74] 체험은 체험되며, 또한 체험의 현존은 의식의 존재의 사실로 나타난다. 그런데 체험되고 의식된 존재의 사실에서 비롯된 삶은 그 고유한 삶의 대상 그 자체가 아니다. 대상에 관한 삶을 살면서 대상을 소유한다는 것은, 사태 자체가 아니다.[75] 분명 한편으로 삶은 의식의 삶의 본성 자체에 의해서, 의식을 통해 대상으로 간주된 어떤 변형을 겪어냄으로써 체험될 수 있을 뿐만 아니라,[76] 다른 한편으로 이러한 변형은 그 자체로 오직 의식에의 준거하기에 가능하다. 후설에게 반성

---

74) *Ideen*, §77, p. 144.

75) *Ideen*, §77, p. 145; §38, p. 67.

76) *Ideen*, §78, p. 148.

을 통해 도입되고 적법화된 것이 바로 의식 그 자체로의 준거다.[77]

후설은 이러한 명목 아래 "내재적 본질 파악과 다른 한편으로 내재적 경험의 모든 방식"으로 이해한다.[78] 따라서 그것은 "자신의 여러 가지 모든 사건(다양한 체험 계기와 지향들)을 지닌 삶이 명증적으로 파악될 수 있고 분석될 수 있는 작용들에 대한 명목"으로 이해된다.[79]

이 마지막 인용은 한편으로 반성 작용의 직관적 성격을 드러낸다. 반성의 대상은 '몸소' 주어지며, 의식은 '몸소' 그 자체로 현전한다. 그것은 우리에게 내적 직관의 방식이 다음과 같은 다양성을 포괄한다는 점을 보여 준다. 지각은 반성적 직관 작용이 아니다. 실제로 반성 작용은 기억에서, '감정이입'에서, 상상력에서 실행될 수 있다.[80] 따라서 일반적 직관 이론은 반성에 적용된다. 상상력과 기억의 평행론은 똑같이 지각의 예외적인 특권화된 역할에서 발견된다. 진리는 사유의 충전——순수하게 의미화하는 지향——이며, 그 모든 구체적 현실성 안에서 '몸소' 현전하는 대상을 인식하는 직관에 주어지는, 대상 그 자체의 충전이다.

분명 내재적 직관, 곧 반성은 외부 세계를 향하는 직관과의 관계를 통해서, 특권화된 성격, 바로 그 대상의 현전, (우리가 보여 주려고 한) 의식에 정초된 충전의 성격을 나타내며, 이는 우리에게 절대적인 것으로서의 의식을 정립하게 해준다. 『논리 연구』에서 후설이 일반적

---

77) *Ideen*, §150, p. 314.
78) *Ideen*, §78, p. 148.
79) *Ideen*, §78, p. 147.
80) *Ideen*, §38, p. 68; §77, p. 145; §78, p. 148.

인 방식으로 연구한 직관은 연장의 정도, 선명함의 정도, 실재적 내용의 정도를 구별한다.[81] 외적 지각이 그 본성상 이 세 가지 특징의 정도를 현실화할 수 없다는 것은 자명하다. 우리는 외부 대상이 언제나 순수하게 의미화된 계기들의 총체('지평'과 더불어) 속에서 주어진다고 본다. 또한 지각은 선명성을 가질 수는 있지만, 지향적 대상의 전체성은 지각 안에서 명증적으로 현실화될 수 없다.[82] 충전이라는 이상을 현전할 수 있는 것은 내적 직관뿐이다. 내적 직관만이 그 대상 앞에서 단번에 대상을 소유한다.[83] 또한 특정한 비충전이 내재하는 지각에 고유한 사태라고 해도, 의식의 시간적 성격과 반성 대상은 일관적으로 과거로 퇴락한다는 사실 때문에,[84] 이 비충전은 후설이 말한 것처럼,[85] 초재적 지각과는 다른 형태를 갖는다. 우리가 2장에서 언급한 것처럼,[86] 내적 지각의 충전과 외적 지각의 비충전 사이에는 심연이 존재한다.[87]

그런데 의식이 자기 자신을 명시적으로 포착하는 데서 비롯하는 작용으로 정립되는 반성은, 존재하는 것으로서의 이 의식의 삶을 인식하는 권리를 정당화하는 방식에 대한 요구를 해서는 안 되는가? 반성의 모든 철학적 가치는 우리의 삶, 반성 이전에 존재하는 것으로서의

---

81) *LU*, III, pp. 83~84; 또한 이 책의 5장 136~137쪽을 보라.

82) 2장 59~60쪽을 보라.

83) *Ideen*, §144, p. 298.

84) *Ideen*, §77, p. 146.

85) *Ideen*, §44, pp. 82f.

86) 2장 77쪽을 보라.

87) *Ideen*, §49, p. 93.

우리의 삶의 세계를 인식하게 해주는 것으로 나타난다.[88] 결과적으로, 체험이 이미 반성을 통해 변형된 의식에 드러나는 것이라면, 의식의 상태만이 우리가 접근할 수 있도록 변형되는 것이지 그 근원적 형식에서의 삶이 변형되는 것은 아니다. 그러므로 반성의 작용을 더 면밀하게 검토해야만 한다. 그런 다음 우리는 현상학이 삶 일반에 이를 수 있는 것인지 아니면 단지 반성된 삶에만 이를 수 있는 것인지에 대한 선택적 지지를 보내야 한다.[89]

반성의 작용 아래서의 이러한 삶의 변형은 내실적réelles이다. 무엇보다도 반성의 사실 자체는 삶에 이 '반성된 존재'의 성격을 제공하고, 또한 우리는 "결국에 체험들이 이를 통해 전적으로toto coelo 상이한 것으로 변화하는지"를 물을 수 있어야 한다.[90] 더 나아가 의식의 삶은 지속을 가지며, 또한 반성적 작용은 오로지 현재 순간만을, 삶의 실제적 분출을, 다른 계기들이 과거 속에서 흘러가고 미래 속에서 출현하는 와중에 일어나는 '원인상'만을 지각의 방식으로 인식할 수 있다. 또한 과거와 미래는 '파지'retention 내지 '예지'pretention의 작용, 기억과 지각이 동시에 협력하는 특정한 반성을 통해서만 지각된다.[91] 그런데 2장에서 우리가 말한 '코기토'의 확실성은 삶의 현존의 방식 자체 안에 정초되며, 과거 지향의 주어진 것을 의심할 수 있는 동안에도 현재의 계기에 관한 지각에만 속하는 것처럼 보인다. 결국 반성 작용 아래

---

88) *Ideen*, §79, pp. 153~154.
89) *Ideen*, §79, pp. 154~155.
90) *Ideen*, §78, p. 151; §78, p. 148; §98, p. 205; §77, pp. 146~147.
91) *Ideen*, §77, pp. 145~146; §78, p. 149.

서의 현상은 질적인 변형에 종속된다. 기쁨과 분노에 대한 반성이 있을 때, 그것은 자발적인 기쁨과 분노와는 다른 질서에 속한다.[92]

후설은 자신이 형식적 특징을 부여한 원리를 통해서 이 모든 중요한 반대 사항들에 응답한다. 존재하는 것으로서의 의식의 삶을 따르는 반성의 권리에 대한 이의 제기는 불합리하다. 왜냐하면 그것은 모든 회의론이 특징짓는 사실인, 우리가 모순 속에 빠진다는 점을 부정하는 것을 전제하기 때문이다.[93] 실제로 반성의 인지적 능력을 의심하는 것을 긍정하는 사람이라도, 최소한 반성에 대한 의심만큼은 표명한다. 이러한 주장은 반성의 결과다.[94] 다른 한편으로 우리가 반성의 대상 앞에서 자발적 삶에 종속된 변형에 대해 말할 때, 우리는 반성 이전의 삶을 인식하는 가능성을 전제한다. 그렇지 않으면 변형에 대해 어떤 말을 할 수 있겠는가? 바로 이것이 회의론적 논지가 이의를 제기하는 가능성이다.[95] 결국 우리는 반성의 가치를 부정할 수 없다. 왜냐하면 반성이 가치가 없으면, 우리는 절대 반성 자체에 대해서 말할 수 없기 때문이다.[96]

분명 이러한 회의론의 형식적 논박이 충분한 것은 아니다. 후설도 이 점을 인정하는 것처럼 보인다.[97] 반성에 대한 반성, 현상학에 대

---

92) *Ideen*, §70, p. 130; §75, p. 141.
93) *Ideen*, §79, p. 155; §20, p. 37; *LU*, I, pp. 110f.
94) *Ideen*, §79, p. 155.
95) *Ideen*, §79, p. 155~156.
96) *Ideen*, §79, p. 155.

한 일종의 비판은 반성의 가능성과 권리에 대한 비판을 부과한다.[98] 우리는 반성의 확실성이 얼마나 멀리 나아가는지를, 그것이 변형을 통해서 어떻게 원초적 상태를 파악할 수 있는지를 더 면밀하게 검토해야만 한다. (왜냐하면, 그 변형에도 불구하고, 우리는 여전히 원초적 상태가 반성과 무관하게 존재한다는 그것의 특징을 반성의 대상에서 구별하기 때문이다.)[99] 지각의 반성에서 인식되는 것은, 원리상, 존재하고 있을 뿐만 아니라 이전부터 이미 존재해 온 반성의 작용이 있는 동안 지속하는 어떤 것으로 특징지어진다.[100] 『이념들 1』에서 후설은 그 분석의 결과만을 제공한다. 후설에게 지각적 반성의 절대적 권리는 현재 순간은 물론이고 직접적 과거 지향과 미래 지향의 영역에 대해, 체험과 마주하는 것과 체험된 것의 지점에 있는 것에게까지 미친다.[101] 우리의 삶은 현재의 순간에 국한되는 것이 아니라 과거와 미래를 에워싸는 지평에까지 미친다. 그러므로 반성의 비판은 반성적 지각의 권리의 측면, 과거를 파악하는 기억의 권리의 측면에서 정립되어야만 한다. 이 권리는 전적으로 우리의 과거의 본질에 관한 것이 아니다. 우리는 이 점에서 본질적인 잘못을 범하는 것일지도 모른다. "그 권리의

---

97) *LU*, II, p. 10; *Ideen*, §66, p. 124.

98) *Ideen*, §77, p. 147; §79, p. 156. 반성을 통해서 반성을 연구하는 이 작업은 악순환이 아니다. 그것은 단지 논리학과 같은 원리들의 학문에 고유한, 자기로의 귀환일 뿐이다. 결론이 전제에 연관되는 경우에만 악순환이 존재한다. 이와 같은 것은 우리의 경우와는 무관한 것이다. 반성의 권리를 도출해 내야 하는 반성은 그 고유한 결과를 통해 정당화될 것이다. *Ideen*, §65, p. 122; *LU*, I, §19, pp. 53ff.

99) *Ideen*, §77, p. 145.

100) *Ideen*, §45, p. 83.

101) *Ideen*, §78, pp. 150~151.

범위가 아무리 지배적인 것이 될 수 있는 것이라도, 그 권리는 순수하게 상대적이다."[102] 그런데 우리의 과거의 현존이라는 사실 자체에 대해, 우리는 시간의 구조 자체를 따라 그것에 대한 확실성을 가질 수 있다. 현존하고 지속하는 차원에 있는 의식은 시작이나 끝이 있을 수 없다.[103] 시간의 각 순간은 사라지는 과거와 나타날 미래를 요구한다.[104]

또한 반성 비판의 결과를 검토하기 위해 반성의 요구를 제한하는 오류를 범하더라도, 우리는 그런 조심성이 과장된 것이었다는 점을 파악한다. 더 나아가 이 제한 설정은 후설에게 의식의 현존 자체에서 그 토대를 가지는데, 이를 불완전성으로 다루는 것은 불합리하다.[105]

삶 속에서의 대상 구성을 연구하기 위해, 우리는 의식의 삶의 모든 차원에서 실행할 수 있는 직관적 반성을 활용할 수 있다. 직관적 반성은 노에마의 구조를 기술할 수 있으며,[106] 노에시스로부터 분리될 수 없고, 단지 노에시스-노에마의 더 복잡한 구조의 모든 가능한 수준과 유기적으로 결합하기에 이른다. 한 예로 이러한 것은 후설이 되풀이하기iteriert라고 부른 것이다.[107] 이 경우가 대상-핵으로서의 그 자신을 주는 노에마와 관련하며,[108] 다시 말해 다음과 같은 말이 결합된다. 나는 나의 지각에 대한 기억을 기억할 수 있다.[109] 직관적 시선은

---

102) *Ideen*, §78, p. 151; §140, p. 293.
103) *Ideen*, §§81, 82, pp. 163~165.
104) *Ideen*, §82, pp. 164~165; *Phil. als str. Wiss.*, p. 313.
105) *Ideen*, §79, p. 157.
106) *Ideen*, §98, p. 206.
107) *Ideen*, §100, p. 211.
108) 4장 111~114쪽을 보라.

노에마의 결합의 정도를 추적할 수 있고, 여러 수준을 오가면서(이 가능성이 시선에 전해진다)[110] 원하는 대로 노에마를 고정시킨다. 직관적 시선이 주어진 것의 복잡성에 머물고, 주어진 것의 고유한 의미를 존중함으로써, 이를테면 추론적으로 간접적인 어떤 것을 도입하지 않는 것은 필연적인 일이다.[111]

반성은 노에시스와 노에마에 머물러서는 안 된다. 질료적 요소도 똑같이 대상 구성에 참여하며 질료적인 주어진 것에 대한 반성, 이를테면 감각에 대한 반성은 이러한 질료적 차원에서의 구성을 속행하고, 질료적 층이 지향들을 통해서 활성화되는 방식(파악)을 기술하며,[112] 또한 의식의 시간적 구조를 기술한다.[113] 요컨대 현상학적 반성은 그 구체적 형식을 충만하게 갖춘 삶을 향하는 직관적 시선이며, 우리는 이로부터 세계 및 세계의 지향적 삶을 이해하고, 또한 대상을 이해하려고 한다.

그런데 만일 철학적 직관이 삶에 대한 반성이라면, 철학은 삶의 사실의 상태를 점유하며 모든 필증적 법칙을 경멸하는 경험과학으로 환원되지 않을까? 사실적 존재에도 불구하고 필연적인 순간적 코기토의 단순한 이의 제기는, 우연성의 바깥에만 자리하는 것인가? 더 나아가 경험과학이 —우리가 강조한 것처럼—그에 상응하는 존재론이

---

109) *Ideen*, §100, pp. 210~211.
110) *Ideen*, §101, p. 212.
111) *Ideen*, §89, pp. 183~184; *LU*, II, p. 11; *Ideen*, §108, p. 221.
112) *Ideen*, §97, p. 203; §86, p. 176.
113) *Ideen*, §81, p. 163.

정립되는 경우에만 가능하다면, 또한 우리가 의식의 사실의 학문을 다룬다면, 그 토대의 역할을 할 수 있는 선험적 학문은 어디에 있는가?[114]

세계에 대한 직접적 직관에서와 같이, 의식에 대한 반성에서는 이념화가 가능하다. "…… 반성적 작용에서 흐르는 모든 체험은 직관적으로 인식할 수 있는 고유한 본질, 그 고유한 성격에서 그 자체로 검토될 수 있게 하는 내용을 정립할 수 있다."[115] 체험은 본질에 대한 것이면서 또한 필연적 구조에 대한 것인데, 마찬가지로 그것은 형상적 법칙의 지배를 받는다. 의식은 구체적인 개별 대상이며,[116] 또한 의식을 구성하는 최고유의 총체가 하나의 영역을 형성한다. 의식은 하나의 영역이며, 한 존재론의 원천이다. 구성의 문제는 이러한 의식의 형상적 직관의 도움을 힘입어 해결된다. 대상들의 각 범주를 구성하는 작용의 구조는 필연적 구조이며, 이 작용들의 형상적 법칙 속에서 그 정초를 갖는다. 우리가 현재까지 제시한 시간의 구조, 지향성의 구조, 노에시스와 노에마의 상관성, 반성과 반성의 가능성에 대한 것들이 모두 의식의 삶에 대한 기술이다. 이 모든 것들의 구조는 필증적이며 반성의 형상적 직관 속에서 주어진다.

그러므로 현상학은 형상적, 기술적 학science이며 의식의 학이다.[117] 분명 구체적 삶이 그 질적으로 판명한 형태의 다수성에 있어서 본질을 통해 포용되는 것이라면, 우리는 그 삶에 대해 물을 수 있

---

114) *Ideen*, §62, p. 119; §60, p. 113.
115) *Ideen*, §34, p. 61; *Phil. als str. Wiss.*, p. 314.
116) 위에서 지시하는 의미에 대해서는 6장 201쪽을 보라.
117) *Ideen*, §75, p. 139.

다. 지성과 구체적 삶 사이에서의 베르그손적 이율배반은 모든 실재를 제거해 버리는 것이 아닐까? 후설이 마지막까지 절대 제기하지 않았던,[118] 의식의 삶의 지속은 지성의 엄밀한 틀 속에서 인식될 수 있는가? 우리가 비정밀적 본질의 가능성에 대해 앞서 말했던 것처럼, 우리가 어떻게 '공간화'하지 않고서 의식의 삶을 포용할 수 있을지를 이해해야 한다.[119] 기하학에 적대적인 섬세함의 정신과 섬세함과 무관한 기하학의 정신 사이에서 후설은 제3의 길을 가리킨다.

현상학적 반성은 이념화적 반성이다. 구체적인, 지각되는 의식의 상태를 향해 나아감으로써, 반성은 하나의 범례로서 그 본질을 드러내기 위해 존재하게 된다. 그런데 지각은 이념화를 요청하지 않는다. '범례'로서의 상상력 안에서의 대상을 가지는 것은 이념화로—이 편이 더 낫다—족하다.[120] "직접적 본질파악이 …… 범례적 독특성을 단순한 재현전화Vergegenwärtigung의 토대에서 성취할 수 있다는 것은 일반적 본질에 속한다."[121] 이 현상학자는 내실적으로 주어진 것으로부터 자신을 떨어트리고, 또한 모든 가능성의 영역을 관통하기 위한 필연적인 자유를 자신에게 선사한다. 후설은 그 의미를 통해서, 가능한 '범례들'의 무한함을 함축하는 본질의 영역 속으로 들어간다.[122] 또한

---

118) 의식과 지속 간의 연속성에 대해서는 *Ideen*, §75, pp. 139f; §81, pp. 162, 164; *Phil. als str. Wiss.*, p. 313.

119) 6장을 보라. 또한 *Ideen*, §75, p. 139를 보라.

120) *Ideen*, §4, pp. 12, 13; §70, p. 130.

121) *Ideen*, §70, p. 129; 또한 §79, p. 153을 보라.

122) *Ideen*, §70, p. 131.

형상적 진리가 선험적이라는 점을 다시 한 번 나타내며, 선험적 진리가 필연적으로 범례들을 통해서 주어진다는 사실에도 불구하고, 그것들이 본질적 가능성과 연관된다는 점도 나타낸다. 그것은 전체적으로 지각의 '유효성'과는 무관하다.[123] 후설은 역설적으로, "허구는 다른 모든 형상적 학문과 마찬가지로 현상학의 생명력과 관련하는 요소"라고 말한다.[124]

본질 직관을 현시하는 명석성은 매우 일반적인 본질과 관련할 때가 아닌,[125] 본질 직관의 토대가 되는 개별적 본질의 명석성에 의존한다.[126] 이러한 명석성은, 필연적으로 지각에 대한 것이 아니라 상상력의 명석성에서나 존재할 수 있는 것으로, 여기에는 결여가 있을 수 없다. 또한 그것은 현상학의 더 많은 노동을 요구하는 과제 중 하나다. 따라서 그것은 본질 직관을 실천하기 용이하게 만들지 못하며, 또한 후설은 이러한 난점에 대해 여러 차례 언급한다.[127] 그는 처음부터 기나긴 도제 작업을 요구한다. 다시 말해 그는 상상력의 도움을 받기 전에 지각에서 그 작업을 실천해 보라고 조언한다. 역사 속에서, 예술 작품과 시 안에서 스스로를 현시하는 것으로서의 구체적 삶에 대한 연구도 유용하다.

그런데 직관에 도달하기 위해 현상학을 요구하는 이 기나긴 노력이

---

123) *Ideen*, §34, p. 60.
124) *Ideen*, §70, p. 132.
125) *Ideen*, §69, p. 129.
126) *Ideen*, §67, p. 125.
127) *Ideen*, §71, p. 132; §61, p. 117; *LU*, II, p. 11.

형이상학을 야기시키지는 못한다. 한 예로 베르그손이 자유의 작용과의 관계를 최소한으로, 매우 협소하게 말하기 위해 내놓은 직관의 노력에서 인지하게 되는 그러한 형이상학 말이다. 우리는 이 작업의 결론에서 이 문제로 돌아갈 것이다. 본질을 직관하는 것을 배우기 위한 필연적 노력, 그리고 우리가 이미 언급한 후설에게서의 현상학적 환원과 관련하는 또 다른 거대한 노력이 적어도 아직까지 ─지금까지 후설이 저술한 글에서는─의식의 본성과의 관계에서는 연구되지 않았다.[128] 철학적 직관은 베르그손주의 및 '삶의 철학'philosophies de la vie[129]에서와 같이, 모든 생명의 힘이 관여하는 작용, 삶의 운명 속에 중요한 역할을 하는 작용과는 다른 것이다. 후설에게 철학적 직관은 우리가 그것의 모든 충만함과 풍부한 구체성으로 검토했던 삶에 대한 반성이다. 그런데 우리가 검토한 이 삶은 더 이상 살아 있는 것이 아니다. 삶에 대한 이러한 반성은 삶 그 자체와는 매우 분리되어 있으며 인간의 운명과 인간의 형이상학적 본성과 결부되는 삶을 보지를 못한

---

128) 현상학의 영역에 들어가기 위한 필수적인 노력에 대해서는 *Ideen*, pp. 2~3; §9, p. 20; §87, p. 180 그 외 여러 곳. 후설은 이 점을 긍정하는 데 그친다.

129) [옮긴이] Lebensphilosophie, 보통 '생철학'으로 많이 번역되는 용어로, 쇼펜하우어, 딜타이, 베르그손 등 인간의 실존론적 삶이나 자연과 세계의 생명의 약동을 궁극적인 것으로 보는 일련의 철학적 흐름을 가리키는 말로 사용된다. 그런데 생철학이라는 말은 그 의미가 생명을 뜻하는 것인지, 삶을 뜻하는 것인지 불분명하다. 이보다는 차라리 삶의 철학이라는 말이 의미가 분명해 보인다. 삶은 인간의 실존론적, 일상적 삶을 가리킬 수도 있고, 개체가 자기 존재를 유지하는 특성을 일컬을 수도 있다. 전자를 떠올리기 쉬운 경우가 상당히 많을 수 있지만, 그럼에도 불구하고 최근의 우리말 사용의 특성상 '생'이라는 말보다 '삶'이라는 말이 이해를 더욱 쉽게 하는 것 같아 이 번역어를 사용한다.

다. 자연적 태도는 순수하게 관조적이지 못한 태도이며, 세계가 오로지 과학적 탐구의 대상인 것도 아니다. 인간은 삶에 대한 반성, 순수한 이론적 작용을 통과함으로써 현상학적 환원을 갑작스럽게 실현하는 자인 것 같다. 후설에게는 이 부분에 대한 해명이 결여되어 있으며 이 문제 자체를 고려하지 않는다. 철학하는 인간l'homo philosophus의 상황이라는 형이상학적 문제가 후설에게서는 정립되지 않는다.

철학적 직관의 성격은 현상학적 환원에 대한 연구 없이는 완성되지 않는다.

우리가 분석한 것처럼, 의식에 대한 연구는 심리학의 연구와 어떻게 다른가? 이 물음이 자연스럽게 정립된다. 현상학을 정초로, 그리고 철학의 시작으로 이해할 때, 철학과 심리학은 동일시되어서는 안되는 것인가?[130] 『논리 연구』에서 논박된 심리학으로 퇴거하면 안 되는가?

우리는 이미 앞서 『논리 연구』 첫째 권에서의 심리학주의 비판이 나쁜 심리학(자연주의적 심리학)만을 지시하는 것이고, 좋은 의미의 현상학적 심리학에 대한 여지를 남기고 있다는 점에 주목했다. 그런데 심리학과 자연주의의 혼합으로부터 심리학을 따로 떼어 놓고 지향성에서 의식의 본질적 구조를 인식한다고 하더라도, 우리는 여전히 후설에게서 철학으로서의 현상학, 순수한 현상학에 이르지 못한다.[131]

---

130) *Ideen*, p. 2.
131) *LU*, III, pp. 235~236.

심리학적 태도에서 —또한 심리학적 태도의 특징에서 —우리
는 세계에 관한 학문과 관계를 맺는다. 우리가 세계라고 일컫는 실재
의 전체성은 인간의 신체와 심리학적 상태를 포함한다. 인간은 산과
나무와 마찬가지로 세계의 일부다.[132] 심리학은 심리학의 다양한 분야
에서 인간을 신체를 가진 자연적 존재로 연구하며,[133] 세계와 세계의
인과성에 의존하는 존재로 본다. 또한 세계와 연결된 의식은 어떤 식
으로건 세계의 현존에 참여한다. "······ 절대적 즉자[의식—첨가는 레
비나스]는 내재를 상실할 수 있고 초월의 한 성격을 얻는다. 우리는 일
차적이거나 원본적인 의미의 특정한 초월, 곧 물질적 자연 본성의 초
월을 통해서만 직접적으로 볼 수 있다."[134] 만일 세계가 절대적으로 확
실하지 않고, 2장에서 본 것처럼 비-존재의 가능성을 그 자체로 가진
다면, 인간과 의식은 심리학이 하는 것과 같은 그런 성격을 제시해야
만 하고, 제시하게 된다. "······ 경험적 자아는 심리적 사태의 질서 자
체와 마찬가지로 초재적 대상[135]이다."[136]

　　하지만 더 나아가 우리가 드러낸 의식에 대한 반성은 코기토 안
에서 그 자체로 인정되어야만 하는 절대적 현존을 드러낸다. 후설은
"만일 이러한 명증이 실질적으로 충전적으로 존재한다면 —누가 이

132) *Ideen*, pp. 3~4; §33, p. 58; §39, pp. 69, 70; *Phil. als str. Wiss.*, pp. 298~299.

133) *Ideen*, §53, p. 103; §76, p. 143.

134) *Ideen*, §53, p. 103.

135) 여기서 '초재적 대상'은 '내재적 대상' 개념과 대립된다. '내재적 대상'은 특정한 현존
　　방식에서 순수 의식이며, 초재적 대상은 이것에 완전히 소외되어 있다.

136) *LU*, II, pp. 357n; *Ideen*, §39, p. 70.

것을 부인하겠는가?──어떻게 순수한 자아를 인정하지 않을 수 있겠는가?"[137] 결론적으로, 물음으로서의 코기토의 절대적 의식은, 우리의 분석에서 지금까지 반복적으로 제시된 심리학적 의식과 동일시되지 않는다. 이 절대적 의식을 후설은 순수 의식 내지 초월적 의식이라고 부른다. 존재의 참된 원천, 존재 구성의 영역은 심리학적 의식에서 발견되는 것이 아니다.[138] 심리학이 연구하는 경험적 의식은 어떤 방식으로건 우리의 삶을 그 원본성과 최초의 분출 속에서 포착한다.[139] 우리는 이것을 코기토의 명증에서 부여한다. 그런데 심리학이 지향성에 관해 말할 때, 심리학자들은 의식을 신체를 통해서 자연과 인과적으로 연관된 것으로 다루며,[140] '소박한 인간' 역시 의식을 사물들 사이에 있는 하나의 사물로 다루는데, 이 경우 의식은 그 순수성에서 파악되는 것이 아니라, 후설의 표현을 따르면, 세계와 관련해서 '파악되는' 식으로 해석된다. "그것은 파악 또는 경험이라는 특수한 방식, 이러한 [세계와의─첨가는 레비나스] 연결, 이러한 의식의 현실화를 성취하는 통각이라는 방식을 따라 존재한다."[141] 심리학적 의식으로 파악되는 절대적 의식은 명증적으로 그 본성을 절대 잃어버리지 않으며, 그것의 나타나는 방식은 더 이상 변화하지 않는다. 아울러 의식이 다 같은 의

137) *LU*, II, pp. 357n. '순수 자아'는 여기서 심리학의 '경험적 자아'와 대립된다. *Ideen*, §54, p. 106을 보라.

138) *Ideen*, §51, p. 95.

139) *Ideen*, §53, p. 104.

140) *Ideen*, §53, p. 103.

141) *Ideen*, §53, p. 103. 여기서 현실화는 '사물'의 존재론적 구조를 포착하는 작용을 의미한다. 이는 곧 '사물화'다. *Phil. als str. Wiss.*, p. 319. 또한 *Ideen* p. 4를 보라.

식인 것도 아니다. "의식은 그 자체로 절대적 존재로 있는 그것 그대로이다. 그런데 의식은 이러한 존재로 인식되는 것이 아니라 …… 어떤 것으로 파악되며, 또한 이 특정한 통각 안에서 독특한 종류의 초월이 구성된다."[142] "절대적 의식에 대해서 자연 안에서의 심리학적 개별자인 인간이나 동물은 신체에 토대를 둔 통일체로 구성된다."[143]

요컨대 후설은 심리학적 의식과 현상학적 의식을 구별한다. 참으로 구체적인 것은 현상학적 의식이며 심리학적 의식은 현상학적 의식에서 초재하는 다른 대상으로 구성된다. 또한 순수하고 초월적인 의식에서 구성되는 의식[144]의 양상에서, 의식은 연구 대상이 될 수 있고, 또 되어야만 한다. 이런 방식에 대해서 우리는 영혼과 신체의 관계라는 철학적 문제가 놓여 있는 것처럼 보이는 이 '통각'의 의미를 해명할 수 있다.

또 다른 거대한 차이가 여전히 현상학적 태도를 심리학적 태도로부터 분리시킨다. 삶을 향하는 것으로서의 심리학적 태도에서 우리는 세계로 방향을 설정하고, 우리는 이 세계를 현존하는 것으로, 그리고 이러한 삶, 우리의 탐구 탐구 대상을 총괄하는 것으로 정립해 낸다. 분명 심리학적 반성에서 우리는 의식의 질료-노에시스-노에마 구조를 다시 발견하지만, 노에마의 세계는 이러한 태도 안에서 실질적 세계를 의미하지 않으며, 또한 구성하는 방식에 있어서 세계 구성의 원천

---

142) *Ideen*, §53, p. 104.
143) *Ideen*, §53, p. 104.
144) 이를 후설은 현상학적 의식이라고 부른다. *Ideen*, §33, p. 59를 보라.

을 의미하지도 않는다(이는 반대로 현상학적 태도에서 도달할 수 있다). 우리는 자연적 태도를 포기하지 않으면서, 세계의 현존을 해명하지 않으면서 노에마를 연구할 수 있으며, 또한 세계의 현존은 정립하는 작용을 해명하기 위해 세계를 정립하는 작용을 그만두기를 요구하지 않는다. 심리학적 태도에서,[145] 세계의 현존에 대한 믿음은 그것이 해명되지 않는다고 해도 존속하며, 의식의 연구에 내속한다. 다시 말해 삶과 삶의 내재적 의미로 돌아감으로써 심리학이 존재의 원천을 드러나게 해줄 수는 없고, 단지 존재의 영역에 대한 연구를 증대시킬 수는 있다.

우리가 심리학과 현상학 사이에 수립하는 구별은 심리학을 비난하는 것이 아니라[146] 그 범위와 한계를 기술하기 위함이다. 심리학은 철학이 아니다.[147] 세계는 다른 학자들에게서와 마찬가지로 심리학자를 위해서도 존재한다. 심리학은 현상학을 통해 경계가 설정되어야만 하는 권리,[148] 물리학이나 화학과 마찬가지의 참된 권리를 갖는 세계에 대한 학문이다. 한마디를 더 보태자면, 현상학과 (현상학적) 심리학 간의 연결에서,[149] 심리학을 통해 정립된 명제들은 의식의 현상학의 결과와 그대로mot pour mot 일치할 수 있다.[150] 왜냐하면 두 학문 속에

---

145) 이 대목에서, 우리는 내재성의 심리물리학과 심리생리학의 길을 인정하지만, 내재성의 고유한 의미에 대한 연구에 국한된 현상학적 심리학을 논의하고 있다.
146) *Ideen*, p. 2.
147) *Phil. als str. Wiss.*, p. 302.
148) *Phil. als str. Wiss.*, p. 304.
149) *Phil. als str. Wiss.*, p. 302; *Ideen*, §30, p. 52; §53, pp. 104f; §79, pp. 158f.
150) *Ideen*, §76, pp. 143~144; §53, pp. 104f; *Phil. als str. Wiss.*, p. 321.

서 연구되는 수적으로 하나의 같은 의식이기 때문이다.[151] 오로지 이 두 학문의 의미가 다를 뿐이다. 철학적인 학문은 순수한 의식을 연구하고, 심리학적인 학문은 '자연화된' 의식을 연구한다.[152]

심리학은 의식의 특정한 현존을 절대 이해할 수 없다. 왜냐하면 그것은 자연 속에 위치하고 있기 때문이다. 심리학은 세계 안에 '자아' 존재가 사물 존재와 같은 방식으로 있는 세계 내 존재être dans le monde 가 아니라는 것을 절대 이해할 수 없다. '내–존재'In-esse는 양자에 있어 전혀 상이한 성격을 갖는다. 또한 현상학적 환원 이론의 위대한 장점(우리가 현상학적 의식에서 행하는 방법)은, 의식의 현존, 그리고 의식과 세계의 관계가 전체에서 부분의 현전과는 전적으로 다른 형태로 검토되어야만 한다는 점 ─설령 그것이 부정적인 방식에 지나지 않는다 해도─을 보여 주었다.

경험론은 초월적 의식과 현상학적 의식을 동일시한다. 여기에는 크나큰 오류가 존재한다. 그 기원은 이미 데카르트에게서 발견되었다. 로크, 버클리, 흄에게서 그것은 불합리함을 나타내는 것에 지나지 않는다. 의식에 대한 순수한 자연주의적 연구는 그 자연의 실재성 및 범주상에서의 자연에 대한 부정으로 귀결된다.

그런데 후설이 검토한 현상학적 의식과 심리학적 의식의 구별은 피히테와는 반대로 의지와 관련하지 않는 방식으로 나타난다. 초월적 의식은 우리의 구체적 의식에 관한 초월적인 순수 자아와 같은 것이

---

151) *Ideen*, §33, p. 58; §76, p. 143.
152) *Ideen*, §53, p. 104; *Phil. als str. Wiss.*, p. 302.

아닌가?[153] 초월적 의식은 우리에게 있어 현상학적 의식과 무관한 것이 아니다. 초월적 의식은 오히려 현상학적 의식과 가깝다. 왜냐하면 그것은 '어떤 것으로서의' 의식에 대립되는 참된 의식이기 때문이다. 그 자체로 심리학적 의식은 초월적 의식 안에서 구성된다.[154]

현상학적 환원은 곧 우리가 구체적인 진정한 인간으로 되돌아가는 데 도움을 주는 방법이다. 환원 덕분에 우리는 철학적 직관을 실행할 수 있는 순수 의식의 영역을 발견한다.[155] 초월적 의식의 특징은 그러한 작용의 의미를 이해하게 해준다.

세계의 현존을 정리하는 것 대신에, 우리는 자연적 태도 안에서 형성해 낸 것으로서의 우리의 판단을 중단한다. 여기서 의심을 통해 주체를 확증하는 데카르트를 모방한다. 그런데 우리의 의심은 데카르트적 의심과는 다른 의미를 갖는다. 그것은 순수하게 판단 중지적이다.[156] 데카르트에게 판단 중지는, 후설에 의하면 보편적 부정의 성격을 갖는다.[157] 그런데 우리는 세계의 현존을 정립하지 않음과 동시에 세계의 비-현존도 정립하지 않는다.[158] 이 현존의 정립에 대해 우리

---

153) 후설은 이렇게 말한다. "다른 한편으로, 초월적인 것의 세계는 철저히 의식에, 그리고 논리적으로 생각해 낸 의식이 아닌 실제적인 의식에 의지하고 있다(Andererseits ist die zwar nicht auf logisch erdachtes, sondern actuelles angewiesen)"(*Ideen*, §49, p. 92; 강조는 필자).

154) *Ideen*, §54, p. 105; §76, p. 143.

155) *Ideen*, p. 3; §32, p. 56; §33, pp. 58f; §50, pp. 94f; §56, p. 108 그 외 여러 곳.

156) 우리는 환원이 데카르트적 의심과는 다르다고 주장해야만 한다. 데카르트적 의심은 여기서 환원의 특정 성격을 강조하는 것으로만 고려된다.

157) *Ideen*, §31, p. 55.

는 '작용 중지'하고, '괄호 치는' 일을 시행한다.[159] 우리는 현존을 긍정하지 않지만 부정하지도 않는다. 우리는 이러한 긍정과 관련해서 중립에 머무르면서 그것을 연구한다.[160] 후설은 이렇게 적고 있다. "그것 [세계를 현존하는 것으로 정립하는 논지]은 괄호 쳐진 것으로 거기에 존재한다."[161]

그런데 소박한 태도에서 초래되는 판단을 중지함으로써, 우리는 이 판단을 초래하는 의식에 부딪히게 된다. 소박한 태도는 현상학적 환원의 판단 중지[ἐποχή[162]]에 저항한다.[163] 우리는 의식에 적용되는 판단을 '배제하고', '작용 중지'할 수 없다. 우리가 더 길게 해명하는 의식의 특별하면서도 절대적인 현존이 의식을 보존한다. 이러한 현존에 의해서 정립하는 작용은 절대적 확실성, 코기토의 확실성의 성격을 갖는다.

또한 현상학적 판단 중지는 의식의 삶을 검토하는 쪽으로 나아간다. 그것은 존재에 대해 생기를 불어넣는 지향, 또한 그 현존하는 대상을 확증하는 지향으로 드러난다. 의식의 삶은 노에마를 의식에서 분리될 수 없는 것으로 다시 발견해 낸다.[164] 이는 후설의 표현을 따르면, '괄호 치기'를 다시 발견하고, 의식에 대해 존재하며, 또한 현상학적

---

158) *Ideen*, §31, p. 54.

159) *Ideen*, §31, p. 54.

160) *Ideen*, §90, p. 187.

161) *Ideen*, §31, p. 54.

162) 이 말은 다음 대목에서 도입된다. *Ideen*, §31, p. 56.

163) *Ideen*, §33, p. 59.

164) *Ideen*, §76, p. 142; §135, pp. 278~279; §145, pp. 302~303 그 외 여러 곳.

연구를 위해 예비된 것으로 '환원된다.'

그러므로 현상학적 판단 중지는 자연적 태도에 고유한 진리를 파괴하지 않는다. 그것은 오로지 의미를 해명하기를 원한다.[165] "모든 정립과의 관계를 통해서 또 우리는 …… 이 특유한 판단 중지, 즉 진리에 관한 명증적 확신으로 인해 흔들리지 않는 또한 어쩌면 흔들릴 수 없는 확신과 양립하는 어떤 판단의 억제를 실행할 수 있다."[166]

그런데 우리가 판단 중지를 행하는 의식은 초월적이지 심리학적인 것이 아니다. 심리학적 의식은 절대적인 것으로 정립될 수 없으며, 결과적으로 환원에 가로막힌다. 왜냐하면 세계의 전체성과 더불어, 심리학적인 것은 판단 중지에 복속되기 때문이다. 우리의 태도는, 여전히 다음과 같은 근거로, 의식에 대해 반성하는 심리학적 의식과 혼동되어서는 안 된다. 심리학자는 세계의 현존을 정립하며, 동시에 이 현존을 정립하는 작용을 반성한다. 그런데 현상학적 판단 중지는 이런 식의 정립을 전개하는 것을 가로막는다. 우리는 대상을 정립하는 삶과 동일시되지 않으며, 어떤 점에서는 우리를 우리 자신으로부터 떼어놓으며, 다음과 같은 것을 검토하는 데 이르게 된다. 우리는 말하자면 우리가 검토하는 논지에 신뢰를 보내지 못한다.[167]

요컨대 한편으로 우리는 판단 중지 덕분에 의식에 이른다. 왜냐하면 의식은 우리의 판단의 대상, 우리가 가로막는 세계에 관한 모든 명

165) *Ideen*, §90, p. 187.
166) *Ideen*, §31, p. 55.
167) *Ideen*, §90, p. 187.

제로 존속하는 것이기 때문이다. 다른 한편으로, 같은 이유로 이것은 심리학적 의식이 아니라 현상학적 환원 속에서 우리에게 드러나는 초월적 의식이다.

세계의 현존이라는 논지를 포함하는 어떤 주장을 사용하지 않음으로써 우리는 전제와 같은, 자연적 태도 속에서 형성된 어떤 판단의 사용을 제거한다. 결과적으로 우리는 어떤 자연이나 마음이나 경험적이거나 형상적인(영역 존재론) 학문[168]을 전제하지 않는다.[169] 우리는 우리 스스로를 세계 안에서 살아가는 '인격'personne 내지 타자나 신으로 전제하지 않는다.[170] 현상학은 직접적 직관을 통해서만 전개되는 '제일 원리의 학문', 철학적 학문에 어울리는 것으로서, 모든 생소한 전제들과는 구별된다.[171] 이러한 학문은 직접적 직관을 통해서만 전개된다.[172] 그런데 우리는 의식의 영역에서, 노에마의 형식 아래서, 의식에 대해 구성되는 방식에서 학문의 모든 전제를 다시 발견한다.[173] 또한 우리는 우리에게 관심을 둔다. 우리는 의식을 검토하기 위해, 의식과 세계 간의 관계, 대상과의 관계, 그리고 사태와의 관계를 검토하기 때문에 학문의 모든 전제를 다시 발견한다. 우리는 가치와 판단의 영역 및 학문의 명제를 논의하지 않는데, 이것들은 현상학적 탐구의 전

---

168) *Ideen*, §32, pp. 56~57.

169) *Ideen*, §§58~60, pp. 111~115.

170) *Ideen*, §58, p. 110.

171) *Ideen*, §56, p. 108; §59, p. 113; §60, p. 115; §63, p. 121을 보라.

172) *Ideen*, §59, p. 113.

173) *Ideen*, p. 1; §33, p. 57; §76, p. 142; 특별히 §97, p. 204; §135, pp. 278~279; §145, pp. 302~303; *Phil. als str. Wiss.*, p. 301.

제로서의 역할을 하지 못한다.[174) 그런데 우리는 가치, 판단, 명제가 구성되는 방식, 이를테면 삶에서 이것들이 의미하는 바를 묻지 않는다. 현상학은 우리의 삶의 구체적 조직망, 여기서 비롯되는 이해의 구체적 조직망 속에서 대상들—지각의 대상, 학문의 대상, 논리학의 대상—의 세계를 대체하는 것을 추구한다.[175) 노에시스-노에마 분석은 이와 다른 것을 의미하지 않는다.

의식과 관련하는 신체 그 자체는, 심리학에서 심리-물리적 문제라고 부르는 것을 형성해 내는데, 이것은 환원 속에서 사라지는 것이 아니다. 우선 신체는 체험, 내적 감각, 운동 감각적cénesthésique 작용의 총체를 통해 구성된다. 또한 그것은 경험의 전체성에서 특권화된 역할을 하는, 특정한 구조의 지향적 대상으로 우리에게 주어진다. 신체와 의식의 관계가 자연적 대상으로 이해될 때, 심리학적 통각의 현상학적 분석은 의미를 해명해 줄 수 있다. 그 문제는 신체와 의식의 관계가 의미하는 바를 인식하는 일로 환원되는 것처럼 보인다. 다시 말해 그것은 이 관계가 초월적 삶 속에서 어떻게 구성되는지를 따지는 문제이다.

환원은 데카르트적 의심과 같은 잠정적 태도인가? 우리는 문제의 총체와 현상학의 목적 속에서 환원의 지위를 보여 줌으로써, 환원이 데카르트적 의심과 같은 것이 아니라는 점을 보여 주었다고 믿는다. 잠정적인 태도라는 것과는 별개로, 환원은 삶을 존재하는 모든 것

---

174) *Ideen*, §33, p. 57.
175) *Ideen*, §135, p. 278; §147, p. 306.

의 원천으로, 절대적인 존재로 드러내려고 한 후설에게서 절대적 가치를 지닌다.[176]

주체성과 주체성의 고유한 의미에 내속하는 존재론적 가치에 대한 이러한 정립은 후설의 모든 사유의 참된 토대를 구성한다. 존재는 체험된 존재이며 삶 속에서 의미를 갖는다. 현상학적 환원은 우리가 우리의 참된 자아를 나타나게 하는 것에 다름 아닌데, 다만 그것은 삶을 숙고하는 순수하게 이론적이고 관조적인 관점으로 나타난다. 다만 그것은 삶과 더 이상 혼동되지 않는다.

환원은 더 이상 세계 없는 의식을 상상함으로써 단순한 추상을 현실화하기 위해 노심초사하지 않는다──우리의 설명은 이 점을 보여 주려고 했다. 이와 반대로 환원은 우리의 진정한 구체적 삶을 발견하게 해주며,[177] 또한 그것은 인간을 자연의 일부로 파악하고 현존의 의미를 비틀어 버리는 심리학적 태도에도 존재한다.

만일 이러한 작용이 일종의 추상으로 존재한다면, 그것은 후설의 의식 개념에서 답변이 가능한 어떤 변동을 일으킨다. 분명 우리는 지향성이 의식의 본질 그 자체로 정의된다는 점을 보여 주었지만, 다른 한편으로 우리는 필연적으로 의식을 초월적 지향성에 귀속시켰다. 후설의 텍스트, 후설 철학의 일반적 정신은 분명 이 점을 부각시킨다. 세계는 언제나 어떤 것에 대한 의식이라는 것과 분리가 불가능하다. 초월적 지향성의 이념은 내적 지향성──질료적으로 주어진 것을 구성

176) *Ideen*, §51, pp. 95~96.
177) *Ideen*, §51, p. 95.

한 것[178] —이 동일한 형태로 후설에 의해, 잘못 파악된 것일지도 모르는 이 우월한 지점에 존재한다. 그런데 후설은 많은 텍스트에서 순수 내재성의 이념이 모순이며, 그래서 의식이 세계 없이도 존재할 수 있다고는 생각하지 않는다는 점을 암시한다. 분명 이러한 미결의 요소로 인해, 또는 질료와 노에시스의 관계에서의 이러한 모호성으로 인해, 환원은 순수 '질료', 감각주의적 정립의 재생으로 여겨지는 추상의 형태를 기반으로 삼아 구성되어야만 하는 것일 수 있는 그러한 세계를 소유하지 않는 의식으로 돌아가는 것처럼 보인다.

현상학적 환원이 우리가 지금까지 해석한 것처럼, 구체적 삶에 대한 의미 작용 안에서 구체적 삶과 대상을 드러내지 못한다는 점만큼은 분명해 보인다. 구체적 삶은 그 자체로 폐쇄된 의식인 유아론적 삶이 아니다. 구체적 존재는 의식만을 위해 존재하는 것이 아니다. 구체적 존재라는 이념 자체에는 상호 주관적인 세계라는 이념이 담겨 있다. 만일 우리가 우리 자신을 개별적 의식, '자아' 안에서의 대상의 구성을 기술하는 것으로 제한한다면, 우리는 구체적 삶에 존재하는 대상에 이르는 것이 아니라 추상에 이르고 만다. 자아로의 환원, 자아론적 환원은 현상학을 향한 첫번째 단계일 수 없다. 그것은 '타자', 상호 주관적 세계를 드러낸다. 타자의 삶에 대한 현상학적 직관, 감정 이입을 통한 반성은 초월적 상호 주관성의 영역을 열어 주고 주체성에 대한 철학적 직관의 작업을 완성시킨다. 여기서 세계 구성의 문제가

---

178) 이 책의 100쪽을 보라.

일어날 것이다.[179)]

　후설의 저작은 지금까지 상호 주관적 환원에 대해서는 매우 짧은 언급만을 제시했다.[180)] 우리는 더 이상 후설이 말했던 것을 반복할 수 없다. 하지만 우리는 이러한 상호 주관적 환원과 이로부터 야기되는 모든 문제에 대해서도 후설이 열과 성을 다했다고 믿는다. 이 감정 이입, 우리를 상호 주관성에 접근할 수 있게 해주는 직관에 대한 연구는 우리의 신체에 대한 지각 및 타자의 신체와의 유비에서 일어나는 역할을 기술한다. 그는 다른 신체에서 나의 신체와의 유비적인 현존의 형태가 현시되는 삶에 대해 분석했으며, 결국에는 상호 주관성 —그것이 없이는 조금도 현존을 생각할 수 없는 그러한 의식의 실재성 —의 모든 요점들[181)]을 검토함으로써 상호 주관성이 갖는 고유한 구성의 성격을 분석했다. 비록 미출간 작품이 매우 큰 영향력을 발휘하기는 하지만, 우리는 출간되지 않은 작품에는 별다른 권위를 부여하지 않았다.

---

179) *Ideen*, §135, p. 279; §151, p. 317.

180) *Ideen*, §29, pp. 51~52; §45, p. 84; §48, p. 90; §49, p. 92; §66, pp. 124~125; *Phil. als str. Wiss.*, p. 313.

181) 미간행 저작들에서 다뤄진 다른 문제들, 우리가 다룬 것과 관련해서 직접적 관계를 가지지 않는 문제들에 대해 언급해 보자. 이 문제들은 다음과 같다. 인격성으로서의 인간, 역사, 의식의 기원이 바로 그것이다(*Ideen*, §76, p. 142). 우리는 심지어 운명과 같은 문제를 발견할 수 있다. 내재적 시간 구성과 우주적 시간 구성에 대한 연구는 특별히 매우 중대한 것으로 추정된다. *Ideen*, §§81, 82, pp. 161~165; §118, pp. 245~246. 또한 *Zeitbewusstsein*을 보라.

결론

결론을 내리면서, 우선 우리가 이 연구에서 내놓은 논지들을 정확하게 요약해 보자.

직관 이론을 이해하기 위해서, 우리는 존재론에서 시작하여, 후설이 자연학의 대상을 실체화하고 자연학의 형태로 실재의 전체성을 파악하는 자연화된 존재론을 어떤 식으로 넘어서는지를 보여 주려고 했다. 우리는 '체험'이라는 개념과 긴밀하게 연결된 존재 개념에 이른다. 체험은 한편으로는 순차적으로 언제나 모든 존재가 구성되는 장소로서의 그 고유한 현존의 보증에서 시작하는 절대적 존재로 현전하고, 다른 한편으로는 본질적으로 지향적으로 현전한다.

여기서 의식의 삶이 그 고유한 상태로 나타나는 것이 아니라 일관적으로 초재하는 존재자에 직면해서 발견된다는 점이 도출된다. 이 조건에서 진리는 주관적 표상의 내적 적법성이 아닌 '몸소' 주어진 대상 앞에서의 삶의 현전 속에 거한다. 직관은 우리를 존재와 접촉하게 하려고 하는 작용이며, 오로지 직관 안에서 진리의 장소가 발견된다. 직관은 또한 범주의 영역과 본질의 영역에서 그 외연이 쉽게 이해되는 것으로 특징지어진다.

또 다른 한편으로, 우리가 직관의 요구에 신뢰를 줄 수 있게 하는 실재의 다른 영역과의 관계에서 비롯되는 의식의 절대적 현존 개념의 문제 및 이 개념의 우위성 문제가 존재한다. 직관—이 작용의 고유한 의미는 대상을 우리에게 '몸소' 현전하게 한다는 데 있다—에 대해 주어진 것은 참된 존재, 그것이 의식과 무관한 참된 존재와 비교되어서는 안 된다. 초월과 존재라는 개념 자체는 직관을 통해 규정된다. 존재와의 대응을 통해 정당화되어야만 한다는 문제와는 별개로, 직관에 대해 주어진 것이 현존의 기원이며 그 규범을 제공한다. 따라서 직관 이론은 최종 분석에서, 우리의 삶의 고유한 의미를 통해 모든 현존의 규정을 요구하는 의식의 우위성 이론에 의존한다.

그런데 이것은 새로운 차원을 열어 주는 존재를 추구하는 우리의 삶의 고유한 의미의 우위성에서 비롯된다. 우리는 대상들의 각 범주가 삶 속에서 어떤 방식으로 현시되는지를 물을 수 있다. 대상들의 다양한 영역들의 구성에서 삶의 고유한 의미는 무엇인가?

우리는 이 물음이 단순히 대상들에 접근하듯이 삶의 구조에 관계하는 것은 아니라는 것을 보여 주려고 했다. 그것은 인식론으로 소급되는 것이 아니라—삶에서의 모든 존재의 기원을 따라—존재의 현존 자체가 의미하는 바를 탐구한다.

이 탐구의 심원한 철학적 과제는 반성이라는 철학적 직관으로 귀결된다. 다만, 철학적인 것과 관련해서, 반성은 초재하는 대상 세계에 속하는 심리학적 의식만이 아니라 현상학적 환원을 발견하는 궁극적으로 구체적이고 일차적인 순수 의식을 향해야만 한다.

우리는 구성의 문제를 존재론적 문제로 해석했으며, 그 본질적 과제를 현존의 의미를 해명하는 것으로 이해한다. 의식의 현상학이 갖는 탁월한 철학적 역할을 해명하려는 이 해석은 우리가 후설 자신이 해명한 것 이상을 밝혀내는 측면에서 이루어진다. 우리가 이 점을 보여 주었다는 것에는 의심의 여지가 없다. 「대상성이란 무엇을 의미하는가?」라는 『로고스』지에 수록된 논문에 의하면, 본질적인 문제는 의식의 현상을 통해 정립된다.

마르틴 하이데거만이 모든 전통 철학을 통해 불가능한 것으로 간주된 이 문제에 의도적으로 부딪혀 보려고 했다. 이 문제는 대상에 있어서의 존재의 현존의 의미에 관한 것이며, 아리스토텔레스의 '초월'에 결부된 의미, '실체의 실체성'의 의미를 탐구하는 것이다. 우리가 후설 철학의 결과로 강조했던 것은, 한편으로 존재의 현존과 '삶을 마주하는' 존재 방식의 동일시, 그리고 그것이 하는 역할, 대상 구성에서 가시적으로 그것이 드러나는 역할이다. 이것은 하이데거가 주목했던 결과, 또한 그에게 큰 영향을 미친 것으로 간주될 수 있는 결과다. 그는 이 두 가지 점에서—너무 심원한 기원이긴 하나—스승의 흔적이 아로새겨진 길을 계속 걸어가며, 또한 우리는 그가 이 측면에서 후설에게 영감을 얻었다고 보는 것이 정당하다고 믿는다.

우리는 후설이 형상적 직관 안에서—우리에게는 그 필연적 관계들만 드러났을 뿐이다—일어나는 현상의 모든 굴곡을 인식하기 위해, 후설은 비정밀적이고 모호한 본질 개념을 상세하게 구상했다는 점을 살펴보았다. 자연과학과 자연주의의 영향 아래서 이런 본질 개념은 순수하게 주관적인 것으로, 존재 인식에 대해 무가치한 것으로 검토된다. 따라서 후설의 직관은 구체적 실재가 지닌 움직이는 비정밀적 형식을 존중하길 원한다. 이념적인 것을 인식하는 능력으로서의 지성은 직관에 소외되지 않으며, 기하학의 정신에 복종하지 않는 어떤 것에 대한 지각으로서의 직관은 지성과 모순을 일으키지 않는다. 지성과 직관 사이의 베르그손적 대립 관계가 후설에게서 지양되기에 이른다.

그런데 후설의 직관주의가 심원한 주지주의에 매몰되는 다른 측면이 존재한다. 베르그손의 철학적 직관에서는 인간의 구체적 삶과 그 운명이 긴밀하게 연결되어 있다는 점이 발견된다. 다시 말해 그것은 자유의 작용이라는 극치에 다다른다. 이러한 직관의 형이상학적 정초, 구체적 현존을 정의하는 생명의 힘과 직관과의 연결이 후설의 사유에는 결여되어 있다. 후설의 철학은 환원으로 시작한다. 또한 그것은 더 이상 우리가 살아가는 것이 아닌 구체적 양상 속에서 삶을 검토하는 작용이다. 마지막으로 이 점을 상세하게 검토해 보자.

후설은 철학을, 여타 작품에서 계속해서 말하는 것처럼, 과학자 세대의 노력을 통해 전개되는 학문으로서의 기하학과 자연학의 방식에서도 보편타당한 학문으로 간주한다.[1] 이 개념에서 심오한 수준의 주지주의적인 것이, 정밀한 개념들을 따라 전개되는 물질과학으로서의 기하학과 자연과학의 모형으로 포착되는 것과 같은 사실로 나타나지는 않는다. 우리는 후설이 이 학문들에서의 엄밀한 개념의 형태를 가져오지 않는다고 이해한다. 기하학적 모형은 철학 자체의 기능 및

---

1) *Phil. als str. Wiss.*를 보라.

역할과 우리의 삶 속에서의 학문의 역할이 동류의 것이라고 이해한다. 다시 말해 철학은 이론적 학문을 실행하는 인간의 형이상학적 운명 속에 동일한 자리를 점하고 있다. 이러한 개념에서는 철학이 영원한 상에 있어서sub specie aeternitatis 모든 것을 탐구하려고 하는 이론처럼 인간의 역사적 상황과는 무관한 것으로 여겨진다.[2]

우리가 '인간의 역사적 상황'에 대해 의미하는 바를 몇 마디 말로 이해해 보자. 이 말은 인간의 경험적 구성이 모든 장소, 모든 역사의 계기마다 동일한 것이 아니며, 결과적으로 인간은 변화하며, 한 시대에 타당한 학문이 다른 시대에는 무의미할 수도 있다는 사실과는 무관한 것이다. 역사에 대한 자연주의적 이해를 견지하는 논증을 활용하는 회의론과는 반대로, 후설의 논증은 『논리 연구』 1권 및 『엄밀한 학문으로서의 철학』 2부에서 그에 대한 승전보를 알린다. 그 자체로 경험과학인 자연주의적 심리학이나 역사가 학문의 확실성과 학문의 '영원한 상에 있어서' 타당한 성격을 뒤흔들 수는 없다.[3] 인간의 역사

---

2) [옮긴이] 아우구스티누스와 스피노자에게서 유래하는 이 말은, 세계를 포괄적인 전체로 조망하는 관점을 뜻한다. 아우구스티누스나 스피노자 모두에게 이것은 '신적' 관점이었을 것이다. 물론 그 내용은 둘에서 차이가 날 것이다. 또한 영원의 관점이 반드시 '신'으로 수렴될 필요는 없다. 이성이건 자연이건 전체성 아래 모든 문제를 조망하려는 시도가 이 말에 내재해 있다고 보면 될 것이다.

3) 셰스토프는 후설의 지성주의를 공격하기 위해 『철학』(Revue Philosophique)에 두 편의 논문을 할애한다("Memento mori", Vol. CI[1926]; "Qu'est-ce que la vérité?", Vol. CIII[1927]). 그런데 그는 후설의 지성주의를 지지하는 가장 강한 지점 가운데 하나(회의론 및 자연주의적 심리학주의에 대한 후설의 논증)를 공격하는 것처럼 보인다. 우리가 검토한 후설의 지성주의의 성격은 이것과는 매우 다른 질서를 갖는다. 우리의 관점에서는, 회의론이 필연적으로 반-지성주의가 될 필요는 없다.

적 상황은 이와는 다른 의미에서 포착된다. 실재의 기원을 추구하는 삶은, 우리가 '모든 인간은 역사를 갖는다'고 말하는 바로 그런 의미에서 역사적 성격을 드러낸다. 이러한 삶은 돌멩이와 관련해서는 파악되지 않는, 과거적 존재가 갖는 모든 이 특정한 존재 방식을 인간이 가진다는 사실 및 인격성의 구성 안에서 나타나는 이 독특한 현상과 관련한다. 더 나아가 이 역사성은 인간이 먼저 존재하고 그런 다음 시간적이고 역사적인 것이 된다는 식의 인간의 이차적 속성이 아니다. 역사성과 시간성은 인간 실체의 실체성 자체를 형성한다.

예를 들어 하이데거의 사유에서 중요한 자리를 점하는 이러한 의식의 구조는—현상의 고유한 의미에 대한 존중을 뜻하는 차원에서—후설의 영역에서도 드러날 수 있는 것이지만 적어도 지금까지 발간된 후설의 저작들만 놓고 보면, 이것이 후설 자신에 의해서 연구된 것은 아니다. 후설은 지향성, 사회성, 인격성과 의식의 역사성의 관계에 대해 묻지 않는다.

그런데 후설의 작품에서 이러한 문제들의 부재는 그의 사유의 일반적 정식을 통해서 규정되는 것이 아닌가? 의식의 역사성은 근원적 현상으로 나타나지 않는 것처럼 보인다. 왜냐하면 후설에게서 뒷받침되는 이론의 초-역사적 태도는 우리의 모든 의식의 삶이기 때문이다. 표상은 의식의 모든 작용의 토대로 받아들여진다. 이는 의식의 역사성을 강조하고, 결과적으로는 직관에 주지주의적 성격을 부여한다.

같은 이유로 현상학적 환원은 설명을 필요로 하지 않는다. 환원은 철학자가 자기 자신에 대해 반성하는, 다시 말해 세계 안에서 살아가는 인간, 이 세계를 현존하는 것으로 정립하는 인간, 이 세계에 참여하는 인간이 자신을 '중립화하는' 일에서 비롯하는 작용이다. 환원은 자신의 삶을 바라보는 것으로 나타난다. 그런데 이론의 우위성으로 인해, 후설은 다음과 같은 인식의 물음을 정립하지 않는다. 그럼에도 불구하고 궁극적 작용이 되는 우리의 삶의 이러한 '중립화'[4]는, 어떻게 해서 삶에서의 정초로 발견되는가? 소박한 태도에 처한 인간이 어떻게 세계로 뛰어들게 되며, 이러한 '독단적 탄생'[5]이, 어떻게 인간의 소박함을 갑작스럽게 의식하게 되는가? 우리의 삶에 중요한 형이상학적 자유의 작용이 여기에 존재하는가? 후설이 현상학적 환원이 수행될 수 있는지, 그리고 이 가능성이 의식의 본질과 모순을 일으키지 않는지를 물을 때,[6] 그는 순간적으로 의식의 삶에서 환원 자체가 갖는 자리를 규정하는 문제를 건드리는 것처럼 보인다. 하지만 그는 이 문제를, 그 문제를 바라보는 소박한 태도의 '실존론적 정립'을 중립화하는 자유를 말함으로써 해소한다. 그런데 이 문제에 관련한 자유—의심의 유비—는 이론의 자유다. 우리에게는 환원을 실행하는 추진력이 있다. 왜냐하면 우리는 그렇게 할 수 있고, 그것이 인식의 새로운 영역을 우리에게 열어 주기 때문이다. 우리가 환원과 철학적 직관에서 행하는 자유와 추진력La liberté et la poussée은, 그 자체로는 이론의 자유 및 자극과 관련해서 새로운 어떤 것을 제시하지 못한다. 다만 후설에게는 이론의 자유와 자극이 우위에 있는 어떤 것으로 파악된다.

---

4) *Ideen*, §110, p. 223.
5) *Ideen*, §61, p. 117.
6) *Ideen*, §31, p. 53.

후설은 그 자신이 이론 자체에 부여한대로, 그렇게 이론의 자유를 스스로 부여한다.

결과적으로 현상학적 환원의 혁명적 성격에도 불구하고, 그 환원이 성취한 혁명은 후설의 철학에서는, 이론적 차원에 있는 자연적 태도의 본성을 통해서 가능해진다. 또한 환원의 역사적 역할, 현존의 어떤 계기에 역사적 역할이 개입한다는 사실의 의미는, 후설에게 문젯거리조차 되지 않는다.

모든 행위의 토대에 표상이 존재한다는 명제는, 곧 후설 철학의 정신에 대해, 직관의 주지주의적 성격에 대해, 우리가 믿는 그 이상의 거대한 부담을 지운다.

후설에게서 이론의 우위성이 나타난다는 점을 확증함과 동시에, 우리는 그의 본질적 논제가 존재의 위상을 구체적 삶 속에서 찾는 데서 나타난다는 점을 강조하기에 이르렀다. 이것이 바로 실천적인 삶과 미학적인 삶이 지향적 성격을 가지며, 또한 존재의 영역에도 속해 있는 지향적 성격을 통해 구성된 대상들을 가지는 이유이다. 도덕성과 미학의 범주도 똑같이 존재의 구성 요소이며 이것들이 의식에 대해 존재하는 방식 및 의식을 마주하는 방식은 특정한 구조를 가진다. 분명 그러한 범주들은 언제나 순수하게 이론적인 경험 속에서 정초된다. 확실히 이러한 '가치의 대상' 등의 존재의 특성은 그것들이 있는 그대로의 어떤 것으로 존속하는 한 완전히 독특한 것이 되지는 못하지만, 후설의 사유에 있는 이런 난점 내지 파동을 넘어설 가능성 자체가 실천적이고 가치론적인 삶의 지향적 성격에 대한 긍정과 더불어 주어지지는 않을까?

레비나스의 후설 읽기 : 그 내용과 영향

김동규

'순전한' 후설이 아닌 '레비나스의' 후설

『후설 현상학에서의 직관 이론』은 레비나스가 후설의 철학을 하이데 거의 관점에서 참신하게 해명하고, 비판한 책이다. 원래 이 책은 레비나스가 스트라스부르 대학교에서 철학 박사 학위 논문으로 제출한 것을 1930년에 단행본으로 출간한 것이다. 학위 논문의 특성상 이 책은 다른 레비나스의 저술에 비해 수많은 인용과 치밀한 독해 과정으로 가득 차 있다. 우리는 이 책을 통해 그가 얼마나 엄밀하게 후설을 연구했는지 알 수 있다. 그 증표로 "…… 그의 논문은 '아주 훌륭함'이라는 평가를 수여받았다. …… 그리고 레옹 브룅슈비크의 추천으로 이 책은 기관을 통해 상을 받기도 했다".[1] 물론 오늘날의 관점에서 보면 이

---

† 이 글은 2010년 11월에 발간된 『철학논집』 23집(서강대 철학연구소)에 실린 옮긴이의 논문 「후설과 더불어, 후설을 넘어서 : 레비나스의 후설 비판과 지향성의 문제」를 이 책의 해제의 취지에 맞게 대폭 수정, 보완, 변형시킨 것이다.

1) Marie-Anne Lescourret, *Emmanuel Levinas*, Paris: Flammarion, 1994, p. 85(『레비나스 평전』, 변광배·김모세 옮김, 살림출판사, 2006, 130쪽).

러한 레비나스의 연구 자체에 어떤 결점이 있다는 것을 알 수 있다. 왜
냐하면 후설의 "출간되지 않은 작품에는 별다른 권위를 부여하지 않
았다"는 그의 말에서도 볼 수 있듯이, 지금까지 계속 나오고 있는 후
설의 원고들을 그가 전부 검토한 것은 아니기 때문이다.[2] 이것은 당시
의 연구 환경에 기인한 어쩔 수 없는 한계다. 하지만 그렇다고 해서 레
비나스의 후설 해석의 가치가 평가 절하될 수는 없다. 그는 후설을 단
순히 소개하는 것을 넘어 하나의 창조적 독해와 비판을 제시했다. 이
점에서 레비나스는 프랑스에서 후설 현상학 연구의 바람을 일으킨 촉
매제 역할을 했다. 사르트르와 같은 그 당시 프랑스의 대표적 지식인
이자 현상학자도 이 책의 영향을 받았다. 이런 사실에 대해 베르나르-
앙리 레비Bernard-Henri Lévy는 다음과 같이 적고 있다.

> …… 아롱이 '막역한 친구'인 사르트르에게 『후설 현상학에서의 직
> 관 이론』을 읽어 볼 것을 권했을 수 있다. 이것은 당시 무명의 에마
> 뉘엘 레비나스의 첫번째 저서였으며, 아롱의 의견을 따르면 매우 거
> 창한 후설의 사유의 가장 좋은 입문서였다. 사르트르는 곧바로 생
> 미셸 대로에 있는 서점으로 달려갔다. 그리고 지체하지 않고 보도
> 위에서 레비나스의 저서를 자르면서 읽기 시작했다. …… 사르트르
> 는 이 저서를 읽으면서 갑작스럽게 누군가가 '자기 자신을 몰아내
> 고 이익을 가로챈 것' 같은 느낌을 가졌다고 한다. 그리고 한참 뒤에

---

2) 이 책의 261쪽(*Théorie de l'intuition dans la phénoménologie de Husserl*[이하 *TIPH*로 표
기], p.215).

『이별의 의식』에서 나눈 대화에서 "당신은 한순간 완전히 혼란 상태에 빠졌지요"라는 보부아르의 물음에 "아, 글쎄 후설이 내가 하고 싶었던 모든 사유를 벌써 다 발견해 버렸지요!"라고 말한다.[3]

여기서 "자르면서 읽기 시작했다"는 것은 그 당시 책의 제본 상태를 보여 준다. 당시 프랑스에서는 책들이 보통 각 장마다 윗부분이 잘라지지 않은 채로 출간되는 경우가 많았다. 그러니 책을 읽으려면 한 장을 넘길 때마다 책을 잘라 가야 했다. 길거리에서 그런 상태의 책을 한 장씩 잘라 가면서 읽었다는 것은 당시 사르트르가 느낀 레비나스의 글의 흡입력이 얼마나 대단했는지 보여 준다. "나는 레비나스를 통해 현상학에 입문하게 되었다"는 사르트르의 말을 돌이켜 보면,[4] 어쩌면 사르트르가 경이감을 느낀 것은 후설 자체가 아니라 '레비나스의 후설'이었다고도 볼 수 있을 것 같다. 그렇다면 '레비나스의 후설'은 대체 어떻게 해서 사르트르를 매료시킬 수 있었던 것일까? 레비나스의 해석이 사르트르에게 간접적이나마 영향을 미쳤을 것이라는 가정을 가지고서, 본서의 핵심 내용을 해명해 보고자 한다.

현상학과 지향성

레비나스의 이 책은 일견 후설을 담담하게 해설해 놓은 것처럼 보인다. 하지만 레비나스는 후설을 비판적인 시각에서 읽고 있고, 여기에 그의 주장의 핵심이 담겨 있다. 레비나스의 후설 비판 중에서 가장 중요한 대목 하나는 후설의 이론적 의식과 표상적 사유의 우위성에 관해 다룬 부분이다. 이는 레비나스가 후설의 지향성과 직관 이론을 검토하는 과정에서 전개된다. 그렇기 때문에 우리는 후설의 지향성과 직관 개념을 우선 일반적인 수준에서 먼저 이해해 보아야 한다.

후설에게 지향성과 지향성 안에서 수행되는 직관은 현상학적 환원을 통해 발견된 순수 의식의 담지자인 초월적 주체 또는 순수 자아가 가질 수 있는 특권이라고 할 수 있다. 자연적 태도의 일반 정립에서 비롯되는 일상적이고 세속적인 앎과 이해를 모두 괄호 속에 집어넣는 과정을 통해서 우리에게 남겨지는 이른바 주체의 순수 의식을 그 자체로 특징짓는 것이 곧 어떤 것에 대한 의식으로서의 지향성이기 때문이다. 이 때문에 후설은 "현상학 전체를 포괄하는 문제 명칭은 지향성이다. 이 문제 명칭이 바로 의식의 근본 속성을 표현한다"라는 발언을 서슴지 않았다.[5]

이렇듯 현상학적 환원 작업을 통해서 얻어진 순수 의식은 언제나 어떤 것 ─그것이 사물이건 명제건 상상이건 간에─을 지향하

---

3) Bernard-Henri Lévy, *Le siècle de Sartre*, Paris : Bernard Grasset, 2000, p. 153(『사르트르 평전』, 변광배·김모세 옮김, 을유문화사, 2009, 230쪽).

4) Jean-Paul Sartre, "Merleau-Ponty vivant", *Situations* IV, Paris : Gallimard, 1964, p. 192.

5) Edmund Husserl, *Husserliana* Ⅲ/1(이하 Hua Ⅲ/1), *Ideen zu einer reinen Phänomenologie und phänomenologischen Philosophie : Allgemeine Einführung in die reine Phänomenologie*, hrsg. Karl Schuhmann, Den Haag : Martinus Nijhoff, 1950(rpt. 1976), §146, p. 303(『순수현상학과 현상학적 철학의 이념들 1』 [이하 『이념들 1』], 이종훈 옮김, 한길사, 2009, 455쪽). 인용한 쪽수는 레비나스가 사용한 Halle 판의 쪽수와 같은 것이다. 최근 정본으로 사용되는 후설 전집에는 초판의 면수가 병기되어 있다.

는 지향성을 본질로 삼게 된다.[6] 그렇다면 어떤 것을 향하는 순수 의식의 지향성은 지향 작용을 통해 무엇을 하는가? 그것은 이제 자연과학적 사유의 대상이 아닌, 그 자체로 자신을 보여 주고 내어 주는 현상들을 의식 안에서의 체험의 영역 속에서 구성하는 일을 가능하게 한다. 다시 말해 우리에게 개념화되기 이전에 생생하게 주어지는 것들은, 지향성으로서의 의식의 매개를 통해 그것의 생생한 현실성을 의식의 '체험'Erlebnis의 흐름 속에서 드러나게 해준다는 것이다. 이 체험은 흔히 경험론에서 말하는 것처럼 감각 지각을 통한 외부 대상의 수용과는 다른 것이다. 감각 지각을 통해 얻어지는 외부 대상의 표상은 외부 대상 자체가 아니라 우리의 인상과 관념에 불과하다. 그러나 현상학적 사유 세계에서는 이런 경험주의적 사유에서 말하는 인상과 관념의 총체로서의 세계를 거부하고 지향성을 통한 체험의 영역에서 주어지는 현실적이고 실제적인 현상성의 세계를 긍정한다. 이런 측면에서 보자면, 현상학은 관념론에 불과하다는 일각에서의 비난과는 달리 경험주의보다 더 경험주의적인 철학, 혹은 체험주의적인 철학이라고 할 수 있다.

현상학적 사유 구도 내에서 볼 때, 우리에게 주어지는 현상의 '본질'Wesen은 언제나 그 현상 자체에 속해 있으며, 우리는 주체와 주체 바깥의 것과의 지향적 관계 속에서, 즉 지향성을 본질로 삼은 의식의 '봄' 속에서 그 현상의 본질을 꿰뚫는다. 이렇게 지향적 구조 안에서의 본질의 통찰을 후설은 '본질 직관'이라는 말로 규정한다. 보통 이 본질

---

6) 레비나스도 이 점을 명시적으로 강조한다. 이 책의 100~101쪽(*TIPH*, p.79) 참조.

에 대한 통찰을 우리는 어떤 기능이나 개념의 필연적 속성을 두고 사용한다. 예를 들어 '인간은 이성적 동물이다'라고 했을 때 우리는 인간을 인간으로 기능하게 하는 가장 특징적인 능력인 이성을 인간의 본질로 내세우고 있다. 하지만 후설이 말하는 본질은 이렇게 학적으로나 기능적으로 개념 규정된 것을 말하는 것이 아니다. 그는 자연과학이나 일상적 태도 속에서 정립된 규정으로서의 본질이 아니라, 그 모든 규정들 이전에 순수 의식의 지향성 속에서 우리에게 주어지는 것들의 선술어적 핵심을 일컫는 의미로 본질이라는 말을 사용한다. 그렇기 때문에 후설은 일반적인 의미에서의 본질과 구분 지어 현상학적 본질을 염두에 두는 가운데, 현상학에서의 "모든 반성적 분석은 현상학적 본질 분석"이라고 규정한다.[7] 또한 이러한 개념화되기 이전에 생생하게 주어지는 현상의 본질을 통찰하는 것이 곧 직관의 역할임을 후설은 다음과 같이 명시적으로 선언한다. "따라서 우리는 순수 직관 안에서 오직 본질 이론이고자 하는 현상학 속에 선험적인 순수 의식이 범례적으로 주어진 것에서 직접적으로 본질 통찰들을 수행하고"[8] 그리하여 "모든 원본적으로 부여하는 직관이 인식의 권리 원천"이 된다.[9]

이처럼 지향성과 직관은 현상학에서 핵심적인 역할을 수행한다. 정리해 보면, 현상학이 스스로 자신을 보여 주는 현상의 생생함을 포착하는 본질학이라고 했을 때, 지향성은 우리에게 주어지는 현상을 그

---

7) *Hua* III/1, §65, p. 123(『이념들 1』, 216쪽).
8) *Hua* III/1, §66, p. 124(『이념들 1』, 217쪽).
9) *Hua* III/1, §24, p. 43(『이념들 1』, 107쪽).

자체로 향할 수 있도록 주체의 방향을 설정해 준다. 동시에 이렇게 해서 마주한 현상의 본질적 의미를 부여하거나 드러내는 역할을 지향성을 본질로 삼은 순수 의식의 직관이 완수한다고 말할 수 있을 것이다.

『후설 현상학에서의 직관 이론』에서 레비나스의 후설 해석과 비판

그렇다면 이렇게 후설 현상학의 근간을 이루는 것처럼 보이는 지향성과 지향성 안에서 이루어지는 직관을 레비나스가 왜 그렇게 문제로 삼은 것일까?

레비나스의 후설 비판을 더 명확하게 이해하려면 그것이 어떤 관점에서 이루어지는가 하는 문제를 파악해야 한다. 무엇보다도 레비나스의 후설 읽기는 하이데거의 빛 아래서 이루어진다. 이것은 레비나스가 『후설 현상학에서의 직관 이론』 첫머리에서부터 당당하게 밝히는 바이기도 하다. "우리의 목표와의 일치 속에서, 다른 철학자, 특별히 후설의 제자 마르틴 하이데거가 제기한 문제를 해명하는 일을 두려워해서는 안 되는데, 독자들은 그의 영향이 이 책에 스며들어 있음을 자주 느끼게 될 것이다."[10]

이 말은 레비나스가 하이데거의 철학적 '관점'을 적극 수용하여 후설을 재해석하고 있다는 사실을 너무나 분명하게 알려 주고 있다. 그렇다면 이 '관점'의 진상은 무엇일까? 그것은 다름 아니라 후설 철학을 일종의 새로운 존재론의 빛 아래서 읽어 내겠다는 의지의 표명

---

10) 이 책의 21쪽(*TIPH*, p.14).

이다. 지금이야 후설 철학을 존재론으로 읽어 내는 것이 그리 이상한 일이 아닐 수 있지만, 적어도 레비나스가 활동하던 시기에 후설을 존재론적 관점을 본격적으로 도입하여 읽어 낸다는 것은 매우 신선한 시도였다. 왜냐하면 후설의 철학은 기본적으로 인식론적 차원에서 다뤄졌기 때문이다. 레비나스는 이러한 기존의 시도를 넘어서려고 한다. "그러나 우리가 보여 주겠지만—이 작업의 결론에도 나오겠지만—그의 철학은 인식론적 관점을 넘어서는 것이다."[11]

그렇다면 이러한 존재론, 다시 말해 현상학적 존재론의 내용은 과연 무엇일까? 그것은 후설의 현상학이 우리의 존재 이해에 대한 새로운 눈을 열어 준다는 사실을 근간으로 한다. 레비나스에 의하면, 후설의 현상학은 애초부터 존재에 대한 다른 이해의 방식을 염두에 둔 철학이었다. 이는 후설이 자연주의적 존재 이해 방식을 비판한 것을 볼 때 그리 어렵지 않게 이해되는 부분이다. 후설이 볼 때, 자연주의적 관점은 사물을 자연과학적인 인식 대상으로만 이해하게 만든다. 이러한 자연주의적 관점에 기반을 둔 "자연과학자는 …… 그렇게 볼 수 없는 것까지 모든 것을 자연으로 바라보는, 그런 경향이 있다."[12] 더 나아가 이렇게 세계 전체를 자연과학의 대상으로 바라보는 자연주의는,

---

11) 이 책의 24쪽(*TIPH*, p. 17).
12) Edmund Husserl, *Philosophie als strenge Wissenschaft*(이하 *Phil. als str. Wiss.*), hrsg. Wilhelm Szilasi, Frankfurt am Main : Vittorio Klostermann, 1965, p. 294(『엄밀한 학문으로서의 철학』[이하 『엄밀학』], 이종훈 옮김, 지만지, 2008, 30쪽) 여기서 표기된 원서 인용 쪽수는 관례를 따라 이 책이 처음 논문의 형식으로 발간된 『로고스』(*Logos*)지의 쪽수를 따른다. 원문에도 이 쪽수가 병기되어 있다.

이 세계를 오직 인과성의 사슬하에 묶어 둘 위험성을 내포하고 있다. 즉, 이런 이해 방식 안에서는

> 모든 사물은 자연 안에서 …… 인과성의 통일점이라는 사실을 통해 '자신의' 본성을 갖는다. 이 실재적 속성들(사물적·실재적 물체의 속성)은 동일자의 변화에 관해 인과법칙으로 미리 지시된 가능성들에 대한 명칭이다. 따라서 동일자는 그 본성에 관해서는 오직 이 인과법칙에 호소함으로써만 규정될 수 있다.[13]

그리고 후설에 의하면, 이런 인과법칙에 의거한 이해 방식을 궁극적인 것으로 보는

> 자연과학자는 …… 자연, 무엇보다 물리적 자연 이외의 어떤 것도 인정하지 않는다. 존재하는 모든 것은 물리적 자연의 총체성에 속하는 그 자체로 물리적인 것이거나, 심리적인 것이지만 어쨌든 물리적인 것에 종속된 단순히 가변적인 것, 즉 기껏해야 이차적인 '평행하는 수반 사태'일 뿐이다.[14]

이러한 자연주의적 이해는 사물들, 세계의 존재 의미를 자연과학적 존재 의미에 대한 이해 속에 가두는 결과를 초래한다. 물론 후설도

---

13) *Phil. als str. Wiss.*, p. 311(『엄밀학』, 73쪽).
14) *Phil. als str. Wiss.*, p. 294(『엄밀학』, 31쪽).

이런 자연주의적 존재 의미를 무조건적으로 거부하지는 않는다. 다만, 자연주의적 이해는 사물이나 세계의 존재를 이해하는 하나의 이해 방식에 불과한 것이지 그것이 전부는 아니다. 이것만이 모든 사태 및 존재를 이해하는 궁극적인 방식이라고 규정할 경우 그것은 독단의 길로 들어서고 만다. 그리고 이러한 태도는 삶과 존재하는 세계의 풍성한 의미를 알 수 있는 기회를 앗아간다.

레비나스는 바로 이런 측면에서 자연주의적 존재 이해를 극복하는 새로운 존재론의 길을 후설이 열고자 했다고 지적한다. 즉, "우리는 이제 후설의 현상학이 자연주의적 존재론을 극복하는 가운데, 어떤 식으로 또 다른 철학적 방법 개념과 진리 일반 개념에 도달하는지를 물어야 한다."[15]

그렇다면 후설은 어떤 식으로 자연주의적 존재론을 극복하는가? 이는 앞서도 이미 언급한 대로, 현상학적 환원이 초래한 절대적 현존으로서의 순수 의식에 대한 발견과 이 의식에서 비롯하는 지향성과 직관 작용을 통해서이다. 그런데 레비나스는 단순히 지향성을 본질로 삼는 의식과 여기에서 비롯하는 직관 작용을 인식론적 관점에서만 대두시키지 않는다. 그는 후설이 중요시한 지향성 안에서의 본질이 개념적·자연주의적 이해를 기반으로 해서 마주하게 되는 대상에 앞서 이미 우리에게 그 자체로 생생하게 나타나는 현상들의 의미 그 자체라고 본다. 즉, 세계를 자연주의적 방식이 아닌 현상학적 방식으로 볼 수 있다는 것은 세계에 대한 새로운 의미, 곧 현상학적인 체험 세계의

---

15) 이 책의 50쪽(*TIPH*, p.38).

의미의 발견을 가능하게 해준다는 것이다. 즉, 삶의 세계의 풍성한 의미를 이해하는 일이 후설이 제시한 현상학을 통해 가능해졌고, 이것이 바로 레비나스가 후설의 현상학을 통해 밝혀내는 요점이다.

후설 현상학의 이러한 존재론적 함축을 이해하기 위해서, "자연을 포함한 모든 존재의 기원은 의식의 삶의 고유한 의미를 통해 규정되는 것이지 그 역은 아니라는 점을 보여 주는 것과 존재 개념의 의미 자체로 내려가 더 깊은 심연을 파고들어 가는 것은 필수적인 과제가 된다".[16] 이 맥락에서 레비나스는 후설 철학에서 현상학적 잔여로 여겨지는 순수 의식의 절대적 현존을 새로운 존재 의미를 정립하는 현상학적 존재론으로 나아가는 핵심 통로로 간주한다. 그런데 무엇보다도 중요한 것은 이 절대적으로 현존하는 의식이 데카르트적인 의미에서의 실체로 현존하는 것이 아니라 지향성 자체로 현존한다는 사실이다. 레비나스의 말을 직접 들어보자.

후설의 지향성은 의식의 속성, 예를 들어 의식의 존재하는 방식과 무관한 성격을 갖는 것으로, 의식 내용의 단순한 양태로 받아들여질 수가 없다. 지향성은 바로 지향성 개념이 특징짓고자 하는 이 의식의 현존 방식 그 자체이다.[17]

지향성은 이제 의식의 세계 연관성을 그 자체로 표현해 주는 용

---

16) 이 책의 54쪽(*TIPH*, p.40).
17) 이 책의 90쪽(*TIPH*, p.70).

어가 된다. 원본적인 존재의 의미는 세계와 관계 맺고 있는 세계 지향성으로서의 의식을 통해서 드러난다. "오직 의식만이, 의식을 마주하고, 의식에 나타나는 특정한 방식인 세계의 존재 의미를 인식 가능한 것이 되게 할 수 있다."[18] 그렇다면 이 의식의 지향성에서 비롯하는 세계의 존재의 의미, 현상학적 존재 의미란 대체 무엇일까?

여기서 레비나스가 후설을 비판하는 핵심 논점이 등장한다. 레비나스가 보는 후설의 지향성에서는, 존재자의 존재 의미, 세계의 존재 의미가 이론적인 본질 이해의 수준에 머무른다. "즉 이론과 표상은 구체적인 모든 삶의 토대가 되고, 다른 모든 것들의 정초를 보증하는 지향성의 형식이다."[19] 레비나스가 보기에는 삶의 다양한 대상들은 단지 이론적으로 환원되는 것이 아니다. 대상에 대한 기쁨, 슬픔, 사랑 등과 같은 정서적·감성적 작용은 이론적이고 표상적인 의식에 환원되지 않는 다른 존재 의미의 차원에서 다뤄져야 한다. 물론 후설이 이러한 이론적이지 않은 현상의 현상성을 인정한다는 점을 레비나스가 부정하지는 않는다. 다만 문제가 되는 것은 이 모든 가치론적·정서적 대상들도 이론적 사유와 표상의 차원을 반드시 거쳐야만 그 다양한, 새로운 의미를 우리에게 드러낸다는 점이다. 이러한 후설 철학의 한계와 쟁점을 지적하기 위해 레비나스는 다음과 같은 후설의 말을 언급한다.

---

18) 이 책의 80쪽(*TIPH*, p.62).
19) 이 책의 110쪽(*TIPH*, p.86).

우리는 표상이라는 명칭하에, 그 말이 갖는 보다 더 좁은 의미에서, 지각이나 직관, 유사 지각들에서와 같이, 어떤 것이 우리에게 대상이 되는in welchem uns etwas gegenständlich wird 그러한 어떤 작용을 도입할 수 있으며, 이 경우 지각, 직관은 단일한 포착 대상을 파악하고 단일한 사유의 발산 안에서 대상을 향한다. 또는 그것은 여전히 범주적 진술에서 주체가 표현하는 단일한 규정에 대한 작용, 가설적 주장이라는 작용에서 선재하는 것Vorderglieder으로 기능하는 직접적인 전제의 작용Akte des schlichten Voraussetzens에서 비롯된다.[20]

여기서 보듯이 후설은 어떤 것을 표상 아래 객관화하는 작용을 언급한다. 이것이 바로『논리 연구』에서 일관되게 표명되는 이론적 대상화를 위한 이론적 의식의 우위성이다. 여기서 말하는 이론적 대상화란 가치 판단이 아니라 이론적 판단을 위한 사태 인식 작용의 일환을 의미한다. 예를 들어 '여기 이 사람이 아름답다'라는 판단은 일종의 가치 판단이자 비객관화적 지향성에서 비롯한다. 그런데 후설에게 이러한 가치 판단을 위해서는 우선적으로 이론적 정립으로서의 판단이 선행되어야 한다. 즉 '여기 사람이 있다'는 이론적 사실을 향하는 지향성의 이론적 객관화 작용이 가치 판단이나 정서적 판단의 영역에 속하는 비객관화 작용의 기초가 된다는 것이다.[21]

---

20) Edmund Husserl, *Husserliana* XIX/1, *Logische Untersuchungen*, hrsg. Ursula Panzen, Den Haag : Martinus Nijhoff, 1984, p. b, 459.

21) 비객관화 작용과 객관화 작용, 비대상적 지향성과 대상적 지향성의 관계에 대해서는 다음을 참조하라. 이남인,『현상학과 해석학』, 117~126쪽.

그렇다면 직관의 역할은 어떻게 되는가? 만일 직관이 다른 어떤 매개도 거치지 않은 채 곧장 사태의 본질로 다가가는 것이라고 할 때, 그 직관은 정서적이거나 가치론적인 것이 아니라 이론적으로 대상을 명사화하거나 사실 판단을 가능하게 해주는 정초의 역할을 담당한다. 직관 작용의 기본적인 역할도 바로 이것이다. "존재와 접촉하는 것인 직관 작용은, 『이념들 1』에서 객관화하는 작용이라는 개념으로 도입하려고 시도한 변형에도 불구하고, 우선적으로는 이론적 작용, 객관화하는 작용이다."[22] 이제 직관의 역할은 무엇보다도 객관화하는 작용이란 미명 아래 축소되었다. 레비나스는 이런 측면을 주지주의라고 부르며 강하게 비판한다. 레비나스에게는 후설 사유의 바로 이러한 지성주의가 문제로 다가왔다. "그런데 만일 객관화하는 작용이라는 개념이 주장의 영역에서 차용되고 그렇게 해서 그것이 후설의 직관주의를 주지주의로 더럽힌다면", 이러한 지성주의에 의해 탐구되는 "실재하는 세계는 인식의 세계다."[23] 이것이 바로 레비나스가 후설의 현상학을 인식 중심적 한계를 가진 철학으로, 주지주의로 간주해서, 극복의 대상으로 삼게 된 이유다.

여기서 한 가지 의문이 제기될 수 있다. 이론적 대상화가 비-이론적 대상화의 기초가 된다고 해서 무엇이 문제인가? 비-이론적 가치 지향이나 욕망과 같은 것의 지향을 후설이 부정한 것은 아니지 않은가? 레비나스에게 사물이나 사태는 그 자체로 이론의 대상이 아니라

---

22) 이 책의 126쪽(*TIPH*, p.99).

23) 이 책의 124쪽(*TIPH*, pp.98~99).

가치나 사용의 대상이 될 수 있다. 즉, 이론적인 사유로의 포섭이 일차적인 것이 아니라 가치나 사용적, 정서적 의미가 이론적 사실 판단을 하게 만드는 것에 앞서는 가치론적 현상들일 수 있다는 것이다. 그런데 후설의 현상학에 입각했을 때, "사물에 소속된 '가치', '사용' 등의 특징은, 우리를 통해 사물들에 귀속되지만 그 특징이 대상을 현존 안에서 구성하지는 않는다."[24]

이 지점에서 우리는 지향성 개념의 새로운 정립이 레비나스에게 일어나고 있다는 사실을 감지할 수 있다. 후설에게 근본적이고 일차적인 지향은 객관화하는 지향이었다. 이런 이론적 지향을 기반으로 해서 비객관화의 지향이 가능해진다. 이 두 가지 모두 지향성이라는 동일한 하나의 지향성이라는 틀 안에 있는 것이라고는 하더라도 그 위계 관계는 후설에게 분명하게 드러나 있다.

이 지점에서 우리는 레비나스에게 드리워진 하이데거의 영향력을 쉽게 파악할 수 있다. 하이데거가 현존재의 초월을 이야기할 때, 그 초월은 곧 자기(또는 현존재Dasein)로부터 세계로의 초월이다. 그런데 그 세계로의 초월 속에서 인간 현존재가 마주하게 되는 대상들은 일차적으로 사용의 전체성 안에서 그 의미를 드러내는 것으로, 주체와 실천적 행동 관계를 맺는 대상들이다. 우리는 이것을 곧 하이데거적인 의미의 지향성이라고 말할 수 있을 것인데, 이러한 하이데거 철학의 영감이 레비나스의 후설 독해에 일정 부분 반영되어 있음은 두말할 나위도 없다. 이런 점에서 레비나스가 후설에게서 자유로워지기

---

24) 이 책의 124쪽(*TIPH*, p.98).

위해 하이데거의 사유를 활용했다는 글렌 모리슨의 지적은 일견 정당하다.[25]

『후설 현상학에서의 직관 이론』 그 이후

하지만 이상과 같은 문제의식을 기반으로 하여 레비나스가 곧장 후설을 포기하는가? 그렇지는 않다. 그는 후설에게서 더 많은 사유의 가능성을 그의 지향성 개념을 기반으로 해서 찾고자 한다. 그런데 여기서의 지향성은 주지주의적 직관과 객관화하는 작용이라는 인식 중심의 세계관을 탈피하는 감각적이고 신체적인 지향성이다. 이것이 바로 레비나스가 후설의 철학을 메마른 주지주의를 넘어서는 철학으로 이해하는 단초다.

그러면 그 단초는 구체적으로 어디에서 오는 것일까? 레비나스는 알프레드 슈츠가 편집해서 1940년에 선보인 당시 후설의 미간행 원고 「공간 구성에 관한 주석」[26]을 분석하는 가운데, 후설에게서 단순히 객관적이고 지성적이기만 한 지향성이 아닌, 신체적이고 운동 감각에 근거한 지향성 개념을 파헤친다. 레비나스에 의하면, 이 글에서 후설은 "공간 구성으로 나아가기 위하여 운동 지각에서 출발한다."[27]

---

25) Glenn Morrison, "Levinas' Philosophical Origins : Husserl, Heidegger and Rosenzweig", *Heythrop Journal*, XLVI(2005), p. 41 참조.

26) 이 글은 다음과 같이 연재된 바 있다. Edmund Husserl, "Notizen Zur Raum-konstitution", ed. Alfred Schütz, *Philosophy and Phenomenological Research*, Vol. 1, No. 1(Sep., 1940), pp. 21~37, 217~226.

다시 말해 공간의 구성은 객관화하는 지향의 차원이 아니라 그것에 앞서는 운동 지각이라는 감각의 차원에서 이루어지는 주체의 활동이라는 것이다. "운동 지각은 대상들에 대한 지각에 앞서는, 감각적인 것의 차원에서 시작한다."[28] 여기서 말하는 감각적 차원에서 행해지는 운동 지각을 후설은 운동 감각Kinästhesie으로 간주한다. 그는—적어도 「공간 구성에 관한 주석」에서는—이 운동 감각을 기반으로 삼아 지각 경험과 신체적 운동이 일어난다고 주장한다. 다시 말해 후설이 "모든 경험적 운동을 나의 운동 감각적 행동이나 운동 감각적 정지 상태로의 지향적 소급 관계"로 설정하여 의식을 육화한 신체성의 주체를 보여 주었다는 것이다.[29] 레비나스는 심지어 "자아 태도 안에서의 자아, 나는 나 자신을 나의 신체성Leiblichkeit 안에서 파악한다 …… 나는 나 자신을 운동 감각적 기능 안에서 파악한다"고 주장하는 후설의 지향성이 단순히 이론적인 지향성에 국한되지 않는다고 파악한다.[30] 레비나스는 후설의 "이러한 운동 감각적 감성의 현상학은 대상화하는 것과는 전혀 다른 지향을 일으킨다"고 평가하며,[31] 『후설 현상학에서의 직관 이론』에서 보여 주었던 후설에 대한 비판과는 달리, 그에게서 오히려 '관념론의 종식'의 단초를 본다.[32] 즉 우리에게 의식이 아니

---

27) Emmanuel Levinas, "Intentionalité et métaphysique", *En découvrant l'existence avec Husserl et Heidegger*, Paris : J. Vrin, 1982(1949), p. 140.

28) ibid., p. 140.

29) Husserl, "Notizen Zur Raum-konstitution", p. 24. 강조는 후설.

30) ibid., p. 25.

31) Levinas, "Intentionalité et métaphysique", p. 141.

32) ibid., p. 142 참조.

라 운동 감각적 지향이 가능하다면, 신체가 딛고 서 있는 이 대지, 더 나아가 타인과 신체적으로 접촉할 수 있는 근거가 마련될 수 있다는 것이다. 다시 말해 레비나스는 전형적인 초월적 관념론자로서의 후설에게서 제시되는 의식의 삶으로서의 체험이 아니라 신체적인 삶으로서의 체험이 가능해지는 진정한 체험을 근간으로 하는 현상학의 가능성이 다른 사람도 아닌 후설에게 내재해 있다는 사실을 통찰했다.

이 지점에서 현상학의 해석자로서의 레비나스가 주목하는 것은 다름 아닌 후설 철학의 균열이다. 운동 감각을 통해 감각적으로 연관되는 세계로의 초월이 곧, 이론적 의식의 초월을 폐기하는 것은 아니다. 레비나스는 『후설 현상학에서의 직관 이론』을 쓸 당시, 후설이 이론적 의식에 우위를 둔다고 주장했던 견해를 계속 견지한다. 다만 후설이 관념론의 노선에서 이탈하는 것처럼 보이는 바로 그 내적 균열의 지점을 봄으로써, 거기서 사유의 모험을 감행한다. 레비나스는 이러한 균열을 해결하려는 시도를 하지 않는다. 오히려 이 균열을 반가위하며, 이 균열을 자신의 철학과 관련해서 긍정적인 차원으로 받아들인다. "후설이 도달한 초월적 관념론에 대한 이탈과 세계 속의 참여 사이에서의 머뭇거림은, 그의 약점이 아니라 강점이다."[33]

이론적 의식에서 비롯하는 지향성이 이론적 대상 세계를 보여 주는 데 그쳤다면, 운동 감각적 지향은 세계의 의미를 새롭게 이해하게 만든다. 레비나스는 이를 더 밀고나가 후설의 현상학에서 윤리적 사

---

33) Levinas, "La ruine de la représentation", *En découvrant l'existence avec Husserl et Heidegger*, p. 133.

유의 기반을 찾아낸다. 우리가 감각적 세계로 만나는 이른바 대지와 하늘이 둘러싼 세계를 후설은 사유를 초과하는 '지평'으로 받아들인다. 인식론적으로 세계에 대상적 의미를 부여할 때도, 늘 우리의 지향의 일차적 대상을 둘러싼 배경이 되는 세계가 이미 우리에 대해 전제되어 있다는 것이다. 이러한 사유 구도의 특징을 두고서, 후설은 이렇게 말한다.

> 의식으로서의 모든 코기토는 가장 넓은 의미에서 그것이 사념된 것을 사념함이지만, 지향적 분석은 이 사념된 것이 각각의 계기에서 ('더 이상'이 사념된 것과 함께) 그때그때의 계기 속에서 명백하게 사념된 것으로 앞에 놓여 있는 것 이상이라는 근본적 인식에 의해 통제된다. …… 모든 의식에 놓여 있는 이 '자신을 넘어서 사념함'은 의식의 본질적 계기로 관찰되어야 한다.[34]

여기서 레비나스는 지평을 사유에 대해 초과되는 세계로 간주한다. 후설 역시 이러한 지평의 중요성을 간과하지 않는다. "모든 지향성의 구조가 지평 구조를 함축한다는 사실은 절대적으로 새로운 현상학적 분석과 방법을 규정한다"고 말한다.[35] 즉, 주체의 의식의 지향성은 한편으로 대상의 이론적 본질을 직관하기 위해 특정 대상을 향하면서

---

34) Edmund Husserl, *Husserliana* I, *Cartesianische Meditationen und Pariser Vorträge*, hrsg. Stephan Strasser, Den haag : Martinus Nijhoff, 1950, rpt. 1970, p. 84(『데카르트적 성찰』, 이종훈 옮김, 한길사, 2002, 95쪽).
35) ibid., p. 86(『데카르트적 성찰』, 98쪽).

도 그 대상이 놓여 있는 배경들, 더 나아가서는 감각적이고 신체적인 주체의 삶의 터전이 되는 생활 세계로서의 지평을 향하고 있다. 후설이 여기서 어디에 더 우위를 두는지, 지향과 지평의 관계를 후설의 사유 구도 속에서 어떻게 해명할 수 있을지 하는 문제는 중요한 탐구 주제가 될 수 있기는 하지만 이것이 레비나스의 관심사는 아니다. 오히려 레비나스는 의미 부여Sinngebung를 실행하는 주체의 자유와 주체가 지평으로서의 세계에 소속되는 사실 자체를 모두 끌어안으면서, 여기서 벌어지는 이론적 표상의 파괴와 타자성의 도래를 보고자 한다. 주체의 지향은 대상의 의미를 구성하는 의미를 부여하는 작용을 하는 와중에 자신이 포섭하지 못하는 세계의 또 다른 차원을 필연적으로 발견한다. 이것은 앞서 말했듯이 사유의 초과를 일으키는 영역이므로 객관화하는 표상의 영역이 될 수가 없다. 더 나아가 나의 주관적 표상으로 상정될 수 없는, 이론적 대상으로 환원될 수 없는 세계는 철저히 주체나 동일성의 영역에 포섭되지 않는 타자가 되는 것이 아닌가? 레비나스는 이러한 지평으로서의 감각적·물질적 세계를 일종의 타자, 또는 '사회'로 상정한다.[36] 이러한 사회의 도래는 단순한 인식론적 관계로의 파악이 불가능한 영역이 주어졌음을 의미한다. 그래서 레비나스는 이론적 인식의 작용인 줄만 알았던 의미 부여의 작용 속에서 "윤리적 의미 부여가 가능하게 되는, 말하자면 본질적으로 타자에 대해 존중하게 되는" 일을 발견할 가능성이 생긴다고 본다.[37] 비록 후설에

---

36) Levinas, "La ruine de la représentation", p. 133 참조.
37) ibid, p. 136.

게서 이 윤리적 의미 부여가 적극적으로 개현되지는 않는다고 하더라도 일정 수준에서 분명하게 내재해 있다는 것이다. "후설 자신에게서, 객관화하는 작용에서 기획된, 상호 주관성에서, 리듬에 맞춰 잠을 재우려고 하는 객관화하는 구성으로는 환원이 불가능한, 사회적 관계를 느닷없이 잠에서 깨운다."[38]

물론 레비나스가 후설의 지향성에서 이러한 귀중한 통찰을 배웠다고 해서 후설을 전적으로 끌고 가려고 한 것은 아니다. 왜냐하면 후설의 철학에서 타자에 대한 존중 가능성이 있다고는 해도 그것이 무한으로서의 절대적 타자가 나에게로 현현하는 사건을 정당화시키지는 못하기 때문이다. 후설의 철학에서 "자기 자신과는 다른 타자와의 관계는 자신과는 다른 타자로 침투함으로, 이행성으로만 가능해진다."[39] 다시 말해 후설에게서 타자와의 관계를 가능하게 하는 상호 주관성이라는 것은, 내가 유비를 통해서건 다른 어떤 작용을 통해서건, 철저히 나에게서 출발하는 나의 지향성의 작용이기 때문에, 레비나스는 후설에게서 자신의 절대적 타자성의 철학이 나올 수는 없다고 보았고, 이와 관련하여 후설과 거리를 둔다. 하지만 현상학이 물질성과 신체성을 강조하면서 윤리학으로 전환될 수 있는 가능성은 충분히 가지고 있다고 생각했다. 후설 사유의 이러한 특징을 그는 지향성과 관련지어 '가치론적 지향성'l'intentionnalité axiologique[40]이라고 일컬었다.

---

38) Levinas, "La ruine de la représentation", p. 136.

39) Levinas, "Intentionalité et métaphysique", p. 142.

40) Emmanuel Levinas, *Ethique et Infini*, Paris : Fayard, 1982; Le Livre de Poche, 1984, p. 22(『윤리와 무한』, 양명수 옮김, 다산글방, 2000, 39쪽. 여기서는 1984년 출간된 문고

물론 이 가치론적 지향성이 후설에게서 어느 정도 적극적으로 구현되는지는 의문이다.

다만 여기서 말하는 현상학적 사유의 자양분이라는 말은 이중적 의미로 이해되어야 한다. 레비나스가 시도하는 초월과 물질성에 대한 사유는 감각적이고 물질적인 세계에 대한 지향적 분석에 의거한다. 이는 분명 앞서 살펴본 후설 현상학의 빚을 지고 있는 부분이다.

그런데 도입된 개념들에 대한 설명과 전개는, 전부 현상학적 방법에 빚을 지고 있다. 지향적 분석은 구체적인 것에 대한 탐구이다. 개념을 정의하는 사유의 직접적 시선하에 포착된 개념은, 그렇지만 이 소박한 사유가 모르는 사이에, 이러한 사유에서 비롯되는 협의를 벗어난 지평 속에 뿌리박힌 것으로 자신을 드러낸다. 곧 이러한 지평들은 개념들에 하나의 의미를 제공한다──이러한 것이 후설의 본질적 교훈이다.[41]

사유로 환원되지 않는 지평적 물질 세계에 대한 지향적 분석이 레비나스의 사유의 꽃이 완연하게 만개하는 시점에도 역시나 반영되어 있음을 우리는 이 구절을 통해 분명하게 알 수 있다. 다른 한편으로 레비나스는 물질적 세계와 그 세계에 속해 있는 주체의 주체성을 지향적 분석을 통해 해명하긴 하지만 타자의 절대적 타자성만큼은 결

판 원서를 인용했다).

41) Emmanuel Levinas, *Totalité et Infini*(1961), La haye : Martinus Nijhoff, 1965, p. xvi.

코 지향성으로 환원할 수 없는, 무한으로 나에게 도래하는 형이상학적 관계로 설정한다. 이 점에서 결코 이론적 의식을 포기하지 않는 후설의 사유는 단절의 대상이 된다.[42] 이것이 바로 후설의 "표상은 또한, 지향성의 작용 내에서는, 특권화된 사건의 자리를 차지한다"는 평가가 계속되는 이유다.[43] 이러한 레비나스의 태도들은 초창기부터 이어져 온 후설에 대한 그의 이중적 태도, 후설과 더불어 사유하면서도, 후설을 넘어서는 그의 태도를 그대로 반영하고 있다.

후설을 넘어서

정리해 보자. 레비나스의 후설에 대한 창조적 독해는 어떤 것인가? 그것은 객관화하는 작용에서 극치를 이루는 주지주의로 미끄러지지 않는 현상학의 가능성에 대한 요청이다. 레비나스가 『후설 현상학에서의 직관 이론』 이후에도 후설의 사유의 발전적 측면을 엿보고 있었던 것은 사실이지만, 이론적 의식에 우위성을 두는 현상학에 머무르지 않기 위해 레비나스는 하이데거와 손을 잡는다. 하이데거에 대한 가장 치열한 반대자였던 레비나스의 향후 태도에 비추어 보면, 이러한 초창기의 그의 태도는 기이한 것처럼 보인다. 하지만 레비나스는 그 철학의 내용상의 측면에서 하이데거를 따라가는 것이 아니라 현상학

---

42) 후설을 적극적으로 극복하려고 하는 레비나스의 태도에 대한 연구에 대해서는 다음의 글을 참조하라. 강영안, 「레비나스 철학에서 주체성과 타자: 후설의 자아론적 철학에 대한 레비나스의 대응」, 『철학과 현상학 연구』, 한국현상학회, 4집, 1990, 243~263쪽.

43) Levinas, *Totalité et Infini*, p. 97.

의 적극적 전개의 차원에서 하이데거와 손을 잡았던 것이다. "실재에 마주한 우리의 일차적 태도는 이론적 관조의 태도인가? 세계는, 그 존재 자체에 있어서, 행위의 중심으로, 마르틴 하이데거의 언어로 말하자면 활동성 내지 염려의 장으로 나타나서는 안 되는가?"[44] 하이데거에게 이 세계는 현존재와 실천적인 행동 관계를 맺는 가운데 의미를 드러내는 장champ이다. 여기서는 이론이 아닌 실천과 행위, 활동성, 능동성이 더 중요하다. 후설에게는 이 점이 일차적인 것으로 부각만 되지 않았을 뿐, 상당 부분 내재해 있다는 것이 레비나스의 기본 시각이다. "또한 우리는 후설 자신이 이 문제의 결과 및 하이데거의 탈후설적 철학에서 나타나는 결과를 상당한 정도로 의식하고 있었다고 믿는다."[45] 그렇다면 이런 식의 현상학, 즉 실천적인, 가치론적인 세계 지향이 우위에 있는 현상학에서 드러나야 할 철학적 주제는 무엇인가? 여기서 우리는 레비나스의 다음과 같은 매우 흥미로운 말에 주목해야 한다.

그는 순간적으로 의식의 삶에서 환원 자체가 갖는 자리를 규정하는 문제를 건드리는 것처럼 보인다. 하지만 그는 이 문제를, 그 문제를 바라보는 소박한 태도의 '실존론적 정립'을 중립화하는 자유를 말함으로써 해소한다. 그런데 이 문제에 관련한 자유 — 의심의 유비 — 는 이론의 자유다. 우리에게는 환원을 실행하는 추진력이 있

---

44) 이 책의 214쪽(*TIPH*, p.174).
45) 이 책의 229쪽(*TIPH*, p.187).

다. 왜냐하면 우리는 그렇게 할 수 있고, 그것의 인식의 새로운 영역을 우리에게 열어 주기 때문이다. 우리가 환원과 철학적 직관에서 행하는 자유와 추진력은 그 자체로는 이론의 자유 및 자극과 관련해서 새로운 어떤 것을 제시하지 못한다. 다만 후설에게는 이론의 자유와 자극이 우위에 있는 어떤 것으로 파악된다.[46]

현상학적 체험 즉 지향성으로서의 의식의 삶은, 현상학적 환원이라는, 후설이 종교적 회심에 견주기도 하는 급격한 주체의 근본적인 삶의 방향 전환을 통해 가능하다. 소박하고 자연적인 태도에 매몰된 세속적 인간이 자연주의적 세계관에 함몰되어 있는 모든 것을 의문시하고, 진정한 존재의 의미를 탐구하기 위한 태도로 전환하는 것이 곧 환원이다. 레비나스는 이 환원이 우리에게 삶의 "자유와 추진력"을 일으킨다고 본다. 후설에게 이것이 비록 이론의 자유에 그치는 것이라고 하더라도, 레비나스는 진정한 현상학적 태도가 궁극적으로는 자유에 있는 것처럼 말한다. 이것은 마치 하이데거가 "현존재의 초월과 자유는 동일하다!"고 말하면서[47] 제시한 그러한 자유에 가까워 보인다. 다시 말해 그것은 이론적이라기보다 실천적이며, 실제적인 존재 의미의 이해를 시도하는 세계로의 참여engagement로서의 초월에 가깝다. 레비나스가 보여 준 이론적 의식에 대한 비판적 태도와 실천적이고

---

46) 이 책의 268쪽(*TIPH*, p.222).

47) Martin Heidegger, *Metaphysische Anfangsgründe der Logik im Ausgang von Leibniz* (Gesamtausgabe, 26), Frankfurt a. M. : Klostermann, 1978, p. 238.

실존론적인 하이데거적인 존재 이해 및 세계 이해에 대한 호감 어린 태도를 놓고 보자면, 이 점은 더욱 분명해진다. 말하자면 이것은 후설이 제시했던, "이러한 개념에서는 철학이 영원한 상에 있어서 모든 것을 탐구하려고 하는 이론처럼 인간의 삶의 역사적 상황과는 무관한 것으로 여겨진다"는 그의 우려에서 빚어진 반발인 셈이다.[48] 레비나스는 구체적인 인간의 역사적 상황 속에서 구현되는 현상학을 하기를 원했고, 바로 그 맥락에서 인간의 자유와 추진력을 그저 이론의 자유 정도로 축소시키고 싶어하지 않았던 것이다. 물론 향후 레비나스의 철학적 탐구에서, 그가 하이데거식의 자유의 현상학을 개진하지는 않는다.

그렇기 때문에 우리는 여기서 서두에서 언급한 사르트르로 돌아가야 한다. 사르트르야말로 프랑스에서 레비나스를 통해 현상학을 배움으로써, 초창기 레비나스의 현상학적 이념을 누구보다 잘 구현한 인물이 아닐까? 사르트르에게 지향성으로서의 의식은 자기 안의 모든 것을 자기 바깥으로 내던짐으로써 철저한 무^{néant}에 도달한 의식이다. 이 무로서의 의식은 자기 안에 최소한의 내용이나 질료도 갖지 않음으로써, 더욱 철저하게 본질 없는 실존으로 나타난다. 그렇다면 이 절대적 실존으로서의 의식이 하는 것은 무엇인가? 그것은 다름 아닌 의식의 지향성의 실천으로서의 세계로의 기투 내지 참여다. 자기 자신 안에 아무런 본질적 기반을 가지지 않은 채, 의식의 기투와 참여를 통한 자기의식으로의 회귀하는 주체만이 존재할 뿐이다. 사르트르에게는 "만일 세계와 존재 전체가 환원되었다면, 이는 세계와 존재 전

---

48) 이 책의 266쪽(*TIPH*, p.220).

체가 의식에 대해 지향적인 것이 되었다고 말할 수 있다. …… 왜냐하면 의식이 일어난다는 것은 자유가 초래되고 세계를 지향한다는 것을 의미하기 때문이다."[49] 그런데 이러한 의식 주체의 "행위의 제일 조건은 자유다".[50] 레비나스의 용어를 빌리자면, 현상학적 환원에 관한 주체의 진정한 자유와 추진력이 사르트르 특유의 현상학적 존재론을 통해——레비나스의 의도와는 다르다고 하더라도——다소간 구현되고 있는 것처럼 보인다. 물론 사르트르의 현상학이 레비나스의 후설 해석을 따른 것이라고 한다면, 이는 과도한 해석이겠지만, 적어도 사르트르의 현상학이 레비나스의 후설 연구 및 후설에 대한 문제 의식을 기반으로 삼아 발전을 거듭한 것이라고는 말할 수 있지 않을까? 아니면 우리는 이러한 레비나스의 후설 해석이 사르트르의 '현상학'에 추진력이 되었다는 정도의 말은 할 수 있겠다. "나는 레비나스를 통해 현상학에 입문하게 되었다"는 사르트르의 말과 더불어, 다음과 같은 레비나스의 말을 인정할 수 있다면, 그리고 사르트르가 받아들인 후설이, 적어도 그 최초의 순간에는, 그저 단순히 순전한 후설이 아니라 레비나스의 후설이라면 말이다. 물론 사르트르의 고유성은 레비나스도 인정하는 바다.

나중에, 그는 내 분석이 지나치게 학술적이었으며 자신이 더 잘할

---

49) Pierre Thévenaz, *De Husserl à Merleau-Ponty : Qu'est-ce que la phénoménologie?*, Neuchatel : Éditions de la Baconnière, 1966, p. 89(『현상학이란 무엇인가』, 김동규 옮김, 그린비출판사, 2011, 78쪽).

50) Jean-Paul Sartre, *L'être et le néant*, Paris : Gallimard, 1976, p. 477.

수 있었다고 안심했지요! 또 그래서 그는 후설과 하이데거에 대한 일관된 연구에 몰두했습니다. 그 결과가 『상상력』(1940)에서 『존재와 무』(1945)에 이르는 일군의 진취적인 분석이었습니다.[51]

이 말에서 보듯, 레비나스는 사르트르의 고유성을 인정하고 있는데, 그럼에도 이런 사르트르의 현상학이 레비나스의 후설 이해를 전유한 결과라는 사실만큼은 부정할 수 없을 것이다.

지금까지 간략하게나마 레비나스의 후설 해석의 진상을 파헤쳐 보았다. 약간의 상상력을 동원해 본서가 사르트르에게 미친 영향을 가정한 것은, 독자들의 흥미를 유발시키는 동시에 현상학 해석자이자 소개자로서의 레비나스의 위상을 돋보이게 하기 위함이었다.

분명 이 책은 후설 자체를 이해하기 위해서나 레비나스 특유의 현상학을 이해하고 향후 프랑스 현상학의 발전의 전조를 이해하기에 매우 좋은 책이다. 프랑스의 후설 철학 도입 1 내지 2세대를 대변하는 책 가운데 하나라는 점에서 보면, 본서의 역사적 가치는 결코 무시할 수 없다. 아울러 향후 레비나스가 자신의 독창적 사유를 개진할 때 활용한 현상학적 기술 역시, 이 책에서 나타난 그의 현상학에 대한 기본 태도와 해석에서 비롯되었다는 사실도 분명한 사실이다.

---

51) Richard Kearney, "Emmanuel Levinas : Ethics of the Infinite", *Debates in Continental Philosophy : Conversation with Contemporary Thinkers*, New York : Fordham University Press, 2004, p. 68.

참고문헌

* 여타 후설의 저작들에 대해서는 「후설의 저작 및 약어표」(14쪽)를 참조

Brentano, Franz, *Psychologie vom empirischen Standpunkt*, Hamburg : Felix Meiner, 1874

Burloud, Albert, *La pensée d'après les recherches expérimentales de H. J. Watt, de Messer et de Bühler*, Paris : Alcan, 1927

Cassirer, Ernst, *Erkenntnisproblem*, Berlin : Bruno Cassirer, 1907

Delbos, Victor, "Husserl : Sa critique du psychologisme et sa conception d'une Logique pure", *Revue de Métaphysique Et de Morale*, 19(5), 1911

_____, "Sa Critique du psychologisme et sa conception d'une logique pure", *Revue de métaphysique et de morale*, Vol. XIX, 1911

Goblot, "Qu'est-ce que le réel?", *Revue de l'université de Bruxelles*, Vol. XXXII, Octobre~Novembre 1927

Goblot, Edmond, "Expérience et intuition", *Journal de psychologie*, XXII, 1928

Groethuysen, Bernard, *Introduction à la pensée Philosophique Allemande depuis Nietzsche*, Paris : Librairie Stock, 1927.

Gurvitch, Georges, "La Philosophie phénoménologique en Allemagne", *Revue de métaphysique et de morale*, 36, 1928

Gurwitsch, Aron, "La Philosophie phénoménologique en Allemagne", *Revue de métaphysique et de morale*, XXXV, no. 4, 1928

Hamelin, Octave, *Essai*, Paris : Alcan, 1907

Heidegger, Martin, "Sein und Zeit", *Jahrbuch für Philosophie und phäno menologische Forschung*, VIII, 1927

Héring, Jean, "Idee, Wesen, Wesenheit", *Jahrbuch für Philolsophie und phänoménologie et philosophie religieuse*, Bd. 4, 1921

_____, *Phénoménologie et philosophie religieuse*, Paris : Alcan, 1925

Höffding, Harald, *La Philosophie de Bergson, trans. Jacques de Coussange*, Paris : Alcan, 1916

Husserl, Edmund, "Bericht über deutsche Schriften zur Logik in den Jahren 1895~1899", *Archiv für systematische Philosophie*, X, 1903

Ingarden, Roman, "Essentiale Fragen", *Jahrbuch für Philosophie und phäno menologische Forschung*, VI, 1923

Kant, Immanuel, *Critique de la raison pure*

_____, *Handschriftlicher Nachlass*, 22 vols., Berlin : G. Reimer, 1910~1940

Kremer, René, *Le Néo-Réalisme américain*, Louvain-Paris : Alcan, 1920

Kynast, Reinhard, *Das Problem der Phänomenologie*, Breslau : Trewendt & Granier, 1917

_____, *Intitive Erkenntnis*, Breslau : Trewendt & Granier, 1919

Leibniz, Gottfried W., "Letter à De Volder", *Oeuvres*, Hrsg. C. I. Gerhardt, Berlin : Weidman, 1875~1890, Tome II, 10 Novembre 1703

Levinas, Emmaunel, "Sur les Ideen de M. E. Husserl", *Revue philosophique de la France et de l'étranger*, n° 3~4, 1929

Lipps, Hans, *Untersuchungen zur Phänomenologie der Erkenntnis*, Bonn : F. Cohen, 1927~1928

Lotze, Herman, *Logik : Drei Bücher vom Denken, vom Untersuchen und vom Erkennen*, Leipzig : S. Hirzel, 1874

Pfänder, Alexander, "Zur Psychologie der Gesinnungen", *Jahrbuch für Philosophie und phänomenologische Forschung*, I, 1913

Shestov, Lev, "Memento mori", *Revue Philosophique*, Vol. CI, 1926

_____, "Qu'est-ce que la vérité?", *Revue Philosophique*, Vol. CIII, 1927

Spaïer, Albert, *La Pensée concrète*, Paris : Alcan, 1927

Zeller, Eduard, *Philosophie der Griechen*, Leipzig : Reisland, 1921

찾아보기

* 쪽수 옆의 'n'은 'note'(각주)의 약자이다.